本书是国家社科基金重点项目（21AZD108）、广东省教育厅广东省重点建设学科科研能力提升项目"粤港澳大湾区数字金融与产业链重构理论和实践研究"（2021ZDJS137）、广东省社会科学研究基地"珠澳数据谷与经济高质量发展研究中心"和广东省高校人文社科重点研究基地"珠澳数据谷与自贸区研究基地"（2023WZJD013）的阶段性成果。

数字化推动经济高质量发展研究

何维达　沈颂东　等著

中国财经出版传媒集团

经济科学出版社

Economic Science Press

·北 京·

图书在版编目（CIP）数据

数字化推动经济高质量发展研究 / 何维达等著．
北京 ： 经济科学出版社，2024.10． -- ISBN 978 - 7
- 5218 - 6383 - 3

Ⅰ. F492

中国国家版本馆 CIP 数据核字第 2024HN9219 号

责任编辑：谭志军
责任校对：刘　昕
责任印制：范　艳

数字化推动经济高质量发展研究

何维达　沈颂东　等著

经济科学出版社出版、发行　新华书店经销
社址：北京市海淀区阜成路甲 28 号　邮编：100142
总编部电话：010 - 88191217　发行部电话：010 - 88191522
网址：www. esp. com. cn
电子邮箱：esp@ esp. com. cn
天猫网店：经济科学出版社旗舰店
网址：http：//jjkxcbs. tmall. com
北京季蜂印刷有限公司印装
710 × 1000　16 开　17.5 印张　300000 字
2024 年 10 月第 1 版　2024 年 10 月第 1 次印刷
ISBN 978 - 7 - 5218 - 6383 - 3　定价：68.00 元

前言

　　数字经济方兴未艾，成为中国乃至全球经济高质量发展的新引擎。本书《数字经济推动经济高质量发展的影响研究》是在国家社科基金重点项目和广东省社科规划招标项目基础上完成的部分研究成果。全书共分为十章，其中第一章和第二章是理论基础和方法的研究，主要阐述本书的研究背景和意义，国内外有关数字经济和高质量发展的理论及其研究方法，构建理论框架，为后面各章的研究奠定基础。第三章和第四章是在前面的理论基础上，具体分析大数据背景下的制造业转型升级问题，并对快递与电子商务产业链协同度进行研究。第五章和第六章分别研究了数字新基建对中国参与全球价值链的影响，以及电信基础设施对中国经济增长的贡献。第七章研究数字普惠金融、融资约束对农业企业绩效的影响。第八章分析广东珠海跨境结算的金融与贸易影响因素。第九章、第十章和第十一章分别研究了数字经济安全风险类型、形成机理及风险防控，数字化背景下供应链金融信用风险影响与评估，以及中国数字资产交易的风险问题与发展对策。

　　具体说，本书研究的内容和基本观点如下。

　　（1）阐述了数字经济和经济高质量发展的相关理论及研究动态，主要包括新发展战略理论、中心—外围理论和数字经济理论。梳理了国内外相关研究动态，一是新发展格局及经济高质量发展，包括内涵界定，高质量发展主要影响因素，评价指标体系与实证分析等；二是综述了数字经济及其推进作用的研究动态及进展，包括 ICT 技术对我国及粤港澳经济发展的影响，信息化在经济高质量发展中的应用等。

（2）探讨了大数据背景下制造业转型升级的思路与对策研究。在第三章，研究大数据背景下制造业转型升级的思路与对策，具体包括如下内容：大数据对制造业转型升级的作用模式，基于大数据的制造业转型升级的基本思路，大数据推动制造业转型升级面临的主要问题，大数据对制造业转型升级的对策建议。

（3）研究了大数据时代快递与电子商务产业链协同度。在第四章，首先介绍了协同理论及其应用；其次构建了序参量指标体系，主要实证研究大数据时代快递与电子商务产业链的协同度；在此基础上，进行实证分析和检验，并得出了一些有价值的结论。

（4）深入分析了数字新基建对中国参与全球价值链的影响。数字新基建是数字经济的重要组成部分。在第五章，首先综述了全球价值链的相关理论，并分析了数字新基建在全球价值链的作用；其次构建了评价指标体系和计量模型，实证分析数字新基建对中国参与全球价值链的影响，得到有价值的结论，即按数字新基建类型划分，信息基础设施对中国参与全球价值链的正向影响最为显著，创新基础设施次之，而融合基础设施的影响效应并不显著。

（5）利用中国电信改革外生变量克服了电信基础设施与经济增长的内生性，分别考察了不同行业周期固定和移动电话基础设施对经济增长的影响，研究发现，在电信行业发展初期（1990～1999 年），移动电话和固定电话基础设施共同发展促进了经济增长；后期其贡献趋于递减，而固定电话基础设施对经济增长呈现出负向影响。

（6）评价了数字普惠金融、融资约束对农业企业绩效的影响。在第六章，首先综述了数字普惠金融、融资约束等理论研究进展；其次构建了计量模型，探索数字普惠金融、融资约束对农业企业绩效的影响，并进行检验、分析，得到有价值的结论：数字普惠金融对于农业企业绩效有正向影响，数字普惠金融可以通过降低供应链强度水平来遮掩其对于农业企业绩效的促进，数字普惠金融也可以通过缓解融资约束水平来提升企业绩效，东部地区数字普惠金融发展程度更成熟，对于农业企业绩效的正向作用更明显。

（7）探讨了广东珠海跨境结算的金融与贸易影响因素。在第八章，首先分析了广东珠海跨境结算在金融方面的现状及问题和广东珠海跨境结算在贸易方面的现状及问题；其次构建模型，分别分析了金融因素对珠海跨境结算的影响和贸易因素对珠海跨境结算的影响，并提出了相关对策建议。

（8）揭示了数字经济安全风险类型、形成机理及风险防控。在第八章，首先论述了数字经济安全风险类型划分，包括数字产业化风险、产业数字化风险、数据价值化风险和数字化治理风险；其次分析了数字经济安全风险事件的识别；在此基础上，分析了典型数字经济安全风险的成因及传播路径，并提出加强数字经济安全风险保障能力建设的对策建议。

（9）分别评估了数字化背景下供应链金融信用风险和中国数字资产交易的风险问题。在第九章，首先提出研究假设，其次构建数字化发展指数和计量模型，进行实证分析，并进行了内生性检验与稳健性检验，得出了一些有价值的结论，如数字化发展指数与企业的 Z 值之间呈现显著正相关，代表数字化发展与企业信用风险水平呈现显著负相关。在第十章，首先分析了中国数字资产交易的风险问题，并通过两个案例分析，说明区块链技术支持的数字资产交易风险防范，还进一步探讨了区块链技术应用中应解决的其他问题，提出了相关对策建议。

2024 年 9 月 25 日

目 录

第一章　导　　言

第一节　研究背景及意义

一、研究背景

在国际格局出现大变动情况下，以美国为首的西方发达国家发展陷入经济衰退，而一些非西方国家尤其是中国保持了稳定发展的势头。在此情况下美国等处于极度焦虑与恐慌，并采取新的战略以维护其安全和霸权。特别是自 2020 年新冠疫情以来，美国为了遏制中国崛起对中国高科技企业华为、中兴通讯、腾讯、阿里巴巴等实施制裁，以保护其国家安全。美国商务部早在 1998 年就发布了《浮现中的数字经济》①报告，揭开美国数字经济发展序幕（姜奇平，1998）。近年来美国又先后发布了美国数字经济议程、美国全球数字经济大战略等，将发展大数据和数字经济作为实现繁荣和保持竞争力的关键。德国提出工业 4.0，力推制造业转型升级。2021 年 3 月欧盟发布了《2030 数字化指南：实现数字十年的欧洲路径》纲要文件，涵盖了欧盟到 2030 年实现数字化转型的愿景、目标和途径。日本自 2013 年开始，每年制定科学技术创新综合战略，从

---

① 姜奇平等译. 浮现中的数字经济：美国商务部报告［M］. 北京：中国人民大学出版社，1998.

"智能化、系统化、全球化"视角推动科技创新和发展数字经济（梅宏，2022）。

党和国家十分重视数字经济的发展。目前，我国数字经济顶层战略规划体系渐趋完备，具体政策或规划有：《中共中央、国务院关于构建数据基础制度更好发挥数据要素作用的意见》（以下简称"数据二十条"）、《中华人民共和国国民经济和社会发展第十四个五年规划和 2035 年远景目标纲要》、《"十四五"数字经济发展规划》、《数字中国建设整体布局规划》和《国务院关于印发"十四五"数字经济发展规划的通知》等相继出台，构成我国发展数字经济的顶层设计体系。

据中国信息通信研究院发布的《中国数字经济发展研究报告（2023）》数据显示，2022 年年底，我国数字经济总体规模达 50.2 万亿元，占 GDP 比重达 41.5%，同比增长 10.3%。其中，我国数字产业化规模达 9.2 万亿元，占数字经济比重 18.3%；产业数字化规模达 41 万亿元，占数字经济比重 81.7%。[①] 但是，我国区域经济发展不平衡，这已成为新时代经济高质量发展的突出短板。因此，在新发展格局下，如何以数字经济推动我国经济高质量发展？这已成为摆在我们面前的一个重要课题。

二、研究意义

党的十九届六中全会及二十大报告，指明了我国未来发展的方向。数字经济作为一种新形态、新动能的价值和作用获得了政府及学界的充分肯定。如何运用数字经济推动我国经济高质量发展，并防范数字经济安全风险，对于经济理论创新，更好地保持经济高质量和可持续发展具有重要的理论价值和应用价值。具体表现在以下几个方面。

（一）理论价值

（1）推进数字经济理论创新研究。数字经济是应用大数据、云计算等

---

① 中国数字经济发展研究报告（2023）［R］. 北京：中国信息通讯研究院，2023.

数字技术作用于商品和服务等相关的经济活动，是一种崭新的经济形态。数字经济的出现使得传统经济学理论面临挑战，迫切需要理论创新研究来解释这一新的经济现象。本书通过深入剖析数字经济的本质和特征，以及数字商品、数字经济安全等基本概念，分析数字产品的社会再生产过程，数据采集与获取、数据整理与分析、数据应用与共享、数字经济安全风险预警与防范等。研究数字经济特性、数字经济对经济高质量发展的影响等，有利于推动数字经济理论的研究与创新。

（2）推动经济高质量发展尤其是广东省经济高质量发展理论研究。一方面，识别关键影响因素和有效推进机制，揭示其内在机理。另一方面，通过建立路径优化模型，为我国分类推进数字经济与高质量发展提供理论指导。

（3）通过建立路径优化模型，为我国分类推进数字经济高质量发展提供理论指导和政策支持。

（二）应用价值和社会意义

（1）大力推进数字经济高质量发展。数字经济是当今中国和世界经济发展的新引擎、新动能，以数字经济为代表的科技创新要素成为催生新发展动能的核心驱动力。一方面，数字产业化催生经济增长新动能。伴随新一代信息技术蓬勃发展，以5G、大数据、人工智能为代表的数字产业逐渐成为我国产业结构中的重要组成部分。截至2022年年底，累计建成开通5G基站231.2万个，5G用户达5.61亿户，全球占比均超过60%。[①] 在线教育、互联网医疗、线上办公等数字经济催生出的实体经济新形态在激活消费市场、扩大就业等方面发挥越来越重要的作用，成为推动我国经济发展的新动能。另一方面，传统产业数字化加速释放经济增长潜力。目前大数据、云计算、工业互联网、人工智能等数字技术深度渗透到实体经济中，为产业数字转型创造了必要条件。因此，加强数字经济的研究，对于数字经济推动我国经济高质量发展，具有重要的现实意义。

---

① 中国数字经济发展研究报告（2023）［R］. 北京：中国信息通讯研究院，2023.

（2）贯彻落实党的二十大报告提出的数字经济推动高质量发展的精神，为我国数字经济发展尤其是粤港澳大湾区完善数字经济发展规划提供指导性建议。同时，提升数字经济推动经济高质量发展模式及推进路径的适用性，为相关部门提供可操作思路和政策建议。

（3）着力提高企业国际竞争力水平。新一代信息通信技术如何带动技术流、资金流、人才流、物资流发展？关键是要看企业的数字经济发展。本书将数字经济置于国家经济发展战略高度，使数字化解决了"有数据"的问题，网络化解决了"能流动"的问题，智能化解决数据"自动流动"等问题。这样，一方面，可以把正确的数据在正确的时间以正确的方式传递给企业，能够把海量的工业数据转化为信息，信息转化为知识，知识转化为科学决策，以应对和解决制造过程的复杂性和不确定性等问题，进而提高制造资源的配置效率。另一方面，由于企业国际竞争力水平提高，抗风险能力也随之提高，有利于提升整个国家的数字经济安全水平。

第二节　研究依据及数据说明

一、研究依据

在本研究过程中，我们参考了大量的政策文件，有中共中央和国务院的文件，也有国外的有关文件和资料。主要有以下各项。

中国共产党第二十次全国代表大会报告《高举中国特色社会主义伟大旗帜 为全面建设社会主义现代化国家而团结奋斗》，2022。

中共中央、国务院《关于新时代加快完善社会主义市场经济体制的意见》（新华社北京 2020 年 5 月 18 日电）。

中共中央、国务院《关于构建数据基础制度更好发挥数据要素作用的意见》（简称"数据二十条"）。

中共中央 国务院印发《数字中国建设整体布局规划》，2023。

《关于"十四五"规划和2035年远景目标纲要的决议》，2021。

国务院关于印发"十四五"数字经济发展规划的通知（国发〔2021〕29号）。

二十国集团（G20）《数字经济伙伴关系协定》（DEPA）。

二、数据说明

本书所引用数据，包括以下五个来源：

历年《中国统计年鉴》《中国经济年鉴》的数据。

世界银行数据（World Bank Open Data）。

中国万方数据库。

中国知网数据库。

调查和问卷得来的部分数据。

第三节　研究目标及研究框架

一、研究目标

本书的主要研究目的，是以党的二十大报告为指导，坚持以推动高质量发展为主题，以数字化技术和数字经济推动我国经济高质量发展。具体说，通过研究实现如下具体目标。

（1）有效促进体制贯通。我国人口众多，地大物博，经济发展不平衡。所以，要运用数字经济推动我国经济高质量发展，其根本出路就是要克服不平衡产生的阻隔，实现地区之间、城市之间的深入合作和一体联动。因此，要利用数字技术跨越时空、兼容并包的品质和高创新性、强渗透性、广覆盖性的特点，打破体制障碍，促进机制联动或贯通，做到求同存异，有效化解利益约束，促进资源要素的快捷流动和高效配置。

（2）更好地优化政府治理。目前，社会上存在形式主义和官僚主义，总是"随心所欲"和"大而化之"，这种做法不仅违背了客观规律和扼杀了经济运行的活力，也给我国经济高质量发展带来风险。因此，必须建立积极有为而又科学运作的政府治理体系。在厘清权责边界、强化约束机制的同时，要将数字技术广泛应用政府管理服务，推动政府治理流程再造和模式优化，依靠体制和数字双重制约，促使政府治理和行政服务水平迈向新的台阶。

（3）推进数字化转型。数字经济包括数字产业化、产业数字化、数据价值化和数字化治理。其中，产业数字化转型是数字经济发展的基础。要根据不同产业的特点和差异化需求，强化数字技术的定向供给，全面构建数字产业体系。根据我国区域经济发展不平衡的特点，重点加强农业生产、加工、销售、物流各环节数字化改造，创新发展智慧农业；推动研发设计、生产制造、经营管理、市场服务全链条数字化渗透，纵深推进工业数字化转型；强化制造业数字赋能，推动制造业高端化、智能化、绿色化发展；加快商贸、物流、金融等服务化数字化运用，促进第三产业协同发展。

（4）加强数字服务平台建设。大力构建云计算、智能算法、工业互联网、大数据中心等公共服务平台，为企业"上云用数赋能"和经济社会活动数字化转型创造有利条件，并推动有能力的企业搭建和开放数字技术服务平台。要重点解决因改造成本高、投资周期长、技术难度大而造成的中小企业"不愿转、不敢转、不会转"问题，通过建设政府公共服务平台为中小企业排忧解难。同时，通过政企合作，联手打造新型数字技术应用场景和数字经济产业集聚区，为推进企业、产业数字化转型提供示范区。

（5）推动数据的开放共享。数据是现代经济的关键要素，在某种程度上甚至超过了传统的劳动、资本等生产要素。数据的完整、真实性和开放性，是公共数字资源的重要特征，实现数据共享是数字经济和整个经济社会高质量发展的基本要求。因此，要着力解决数据封闭或分割形成的数字鸿沟问题，特别要科学处理开放共享和有效保护的关系。通过合作，推动政务数据跨层级、跨地区、跨部门有序共享，打破数字壁垒，破解数字鸿沟，构建统一的国家公共数据开放平台和开放利用端口。当然，对基础公共数据与敏感隐私信息加以区别对待，做好隐私信息和数据安全的风险防控。

二、主要研究框架和研究内容

（一）主要研究框架

本书根据学科领域趋势、理论应用特点，注重基础性、前瞻性和交叉性研究创新，结合国家战略需求，并按照理论探索与实践应用相结合的思路开展研究。具体说，按照文献研究→理论研究→实证研究→应用研究四个维度展开，并遵循"明晰数字经济的理论内涵和理论基础→把脉数字经济推动我国经济高质量发展的影响因素与发展趋势→构建计量模型并实证研究→探索数字经济推动经济高质量发展的模式与案例→提出数字经济推进经济高质量发展的新思路与路径"的总体思路开展研究。本书的总体思路、研究视角和研究路径如图 1-1 所示。

（二）重点研究内容

第一章"导言"。在数字经济快速发展的背景下，持续推进我国经济高质量发展具有重要的理论意义和应用价值。本章主要概述本书的研究背景和意义，研究依据及数据说明，研究目标及研究框架、研究方法及研究思路，以及主要创新与不足等。本章是总体框架，为后面各章节的研究奠定基础。

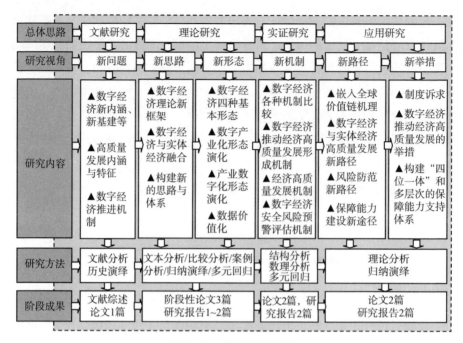

图 1-1　总体研究思路

第二章"相关理论及研究综述"。本章首先介绍了与本书相关的理论，主要包括新发展战略理论、中心—外围理论和数字经济理论等。其次，介绍了国内外相关研究动态，一是新发展格局及经济高质量发展，包括内涵界定，高质量发展主要影响因素，评价指标体系与实证分析等；二是综述了数字经济及其推进作用的研究动态及进展，包括 ICT 技术对我国及粤港澳经济发展的影响，信息化在经济高质量发展中的应用等。在此基础上进行了简要评述。

第三章"大数据背景下制造业转型升级的思路与对策研究"。本章主要研究大数据背景下制造业转型升级的思路与对策，具体包括如下内容：大数据对制造业转型升级的作用模式，基于大数据的制造业转型升级的基本思路，大数据推动制造业转型升级面临的主要问题，大数据对制造业转型升级的对策建议。

第四章"大数据时代快递与电子商务产业链协同度研究"。本章首先介绍了协同理论及其应用。其次，构建了序参量指标体系，主要实证研究大数据时代快递与电子商务产业链的协同度。在此基础上，进行实证分析和检验，并得出了一些有价值的结论。

第五章"数字新基建对中国参与全球价值链的影响研究"。数字新基建是数字经济的重要组成部分。本章综述了全球价值链的相关理论，并分析了数字新基建在全球价值链的作用。其次，构建评价指标体系和计量模型，实证分析数字新基建对中国参与全球价值链的影响，得到有价值的结论，即按数字新基建类型划分，信息基础设施对中国参与全球价值链的正向影响最为显著，创新基础设施次之，而融合基础设施的影响效应并不显著。

第六章"电信基础设施推动中国经济增长的作用研究"。本章考虑了经济增长的动态性，利用系统广义矩估计法（SYS-GMM）考察了移动和固定电话基础设施对中国经济增长的影响。本章利用静态和动态模型分别实证分析了整个考察期间移动和固定电话基础设施对经济增长的影响，然后利用动态模型分别考察了行业发展早期和成熟期移动和固定电话基础设施对经济增长的影响，并对实证结果进行了稳健性检验。本章的研究结论对于指导我国政府新一轮电信基础设施建设具有重要的政策含义。

第七章"数字普惠金融、融资约束对农业企业绩效的影响研究"。本章首先综述了数字普惠金融、融资约束等理论研究进展，其次构建计量模型，探索数字普惠金融、融资约束对农业企业绩效的影响，并进行检验。通过分析，得到了有价值的结论：数字普惠金融对于农业企业绩效有正向影响；数字普惠金融可以通过降低供应链强度水平来遮掩其对于农业企业绩效的促进，数字普惠金融也可以通过缓解融资约束水平来提升企业绩效。东部地区数字普惠金融发展程度更成熟，对于农业企业绩效的正向作用更明显。

第八章"广东珠海跨境结算的金融与贸易影响因素研究"。本章首先分析了广东珠海跨境结算在金融方面的现状及问题和广东珠海跨境结算在贸易方面的现状及问题；其次构建模型，分别分析了金融因素对珠海跨境结算的影响和贸易因素对珠海跨境结算的影响，并提出了相关对策建议。

第九章"数字经济安全风险类型、形成机理及风险防控"。本章首先论述了数字经济安全风险类型划分，包括数字产业化风险、产业数字化风险、数据价值化风险和数字化治理风险。其次，分析了数字经济安全风险事件的识别。在此基础上，分析了典型数字经济安全风险的成因及传播路径。在此基础上，提出加强数字经济安全风险保障能力建设的对策建议。

第十章"数字化背景下供应链金融信用风险影响与评估"。本章首先提出研究假设，然后构建数字化发展指数和计量模型，其次进行实证分析，并进行了内生性检验与稳健性检验，得出了一些有价值的结论，如数字化发展指数与企业的 Z 值之间呈现显著正相关，代表数字化发展与企业信用风险水平呈现显著负相关。

第十一章"中国数字资产交易的风险问题与发展对策"。本章首先分析了中国数字资产交易的风险问题，并通过两个案例分析，说明区块链技术支持的数字资产交易风险防范，还进一步探讨了区块链技术应用中应解决的其他问题，提出了相关对策建议。

第四节　研究方法及研究思路（技术路线）

一、研究方法

本书针对数字经济推动经济高质量发展展开。具体拟采用如下研究方法（见图 1 −2）。

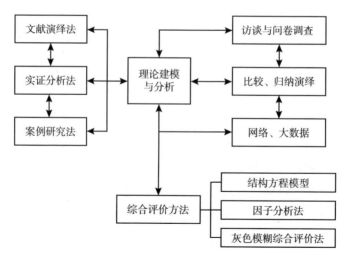

图 1 −2　本书主要研究方法示意

（一）文献演绎法

根据文献筛选的结果总结出目前与研究内容相关的理论基础与最新研究成果，提炼出相关研究范式与研究方法，确定本书研究起点与大致的研究方向；然后，通过对总结出来的理论基础、研究成果、研究方法与范式分析，选择研究视角、研究思路以及研究方法等，并考察所掌握的理论基础、研究成果以及方法的适用性。

具体说，采用文献演绎法主要研究回顾国内外相关文献，总结进展与不足，为后续研究与设计奠定基础。在梳理文献资料基础上，借助 Nvivo 软件对关键词词频进行文本分析，梳理目前主流理论研究动态、演进趋势和政策工具等，归纳国内外有关数字经济发展及其对经济高质量发展的影响文献，并制订研究计划和研究路线，为实证提供理论指导；归纳国内外数字经济推动高质量发展的新鲜经验。其他研究内容均建立在现有文献的基础上，同时运用历史分析、情景分析以及辩证分析的方法，考察所掌握的理论基础、研究成果以及方法的适用性问题。最终，通过大量期刊论文的获取、筛选以及聚焦，进一步对国内外文献进行跟踪、筛选、聚焦、归纳、整理，构建并动态更新现有文献资料库，为后续研究提供文献保障。

（二）实证分析方法

经济学的实证分析是一种根据经验数据加以证明的分析方法。在运用实证分析法研究经济问题时，就是要提出用于解释事实的理论，并以此为根据作出预测。数字经济既是一个理论问题也是一个实践问题，因而在对数字经济推动经济高质量发展的时候，需要用到实证分析方法。通过构建数学模型，收集有关数据，采取定性分析与定量分析相结合的方式进行研究。例如，在探索大数据背景下制造业转型升级的影响、大数据时代快递与电子商务产业链协同度和数字普惠金融、融资约束对农业企业绩效的影响等问题时，就会运用科学的抽象法，舍弃一些影响较小的因素或变量，这样把可以计量的复杂现象简化和抽象为为数不多的主要变量。

（三）案例研究方法

案例研究方法（Case Analysis Method），又称个案研究法。课题组拟从以下几个步骤运用案例研究方法（见图1-3）。

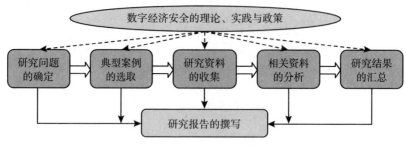

图1-3　案例研究方法步骤

（1）研究问题的确定，主要是针对课题的研究背景以及研究内容，根据前期设计的技术路线，确定需要通过案例分析解决的现实问题。

（2）产业数字化企业和数字产业化企业样本的选取，根据课题研究问题的需要，结合阿里巴巴、腾讯和国家能源集团等重点样本综合选取若干典型案例，同时，本书将利用模糊聚类分析对以上典型案例进行归类，运用欧式距离计算模型比较水平的差异。

（3）研究资料的收集，主要收集产业数字化企业和数字产业化研究样本涉及经济、治理、生活以及利益相关者等方面的资料。

（4）相关资料的分析，是对所有收集到的案例相关资料开展案例内分析、跨案例相互印证分析和跨案例比较分析，这是一个循环往复的过程，直到可以对前期的问题做出判断，对各个问题得到研究结果。

（5）研究结果的汇总，对案例分析得出的所有结果进行汇总以及比较分析等，需要运用案例研究方法。

（四）理论建模分析法

在文献研究与案例研究的基础上，选择合适的理论去解释我国数字经济推动经济高质量发展、数字新基建的实际情况，试图构建理论模型，为深入开展研究指明方向。具体来说，拟采用理论建模法，构建数字经济推动经济高质量发展的理论模型、构建快递与电子商务协同度模型、构建数字经济安全风险评估体系和评估模型等。

一般意义上，本书的理论建模及应用的基本步骤如图1－4所示。

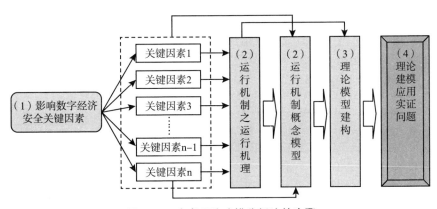

图1－4　本书理论建模分析法的步骤

（五）实地考察、访谈咨询与问卷调查相结合

在调研过程中，拟采用实地考察、访谈咨询与问卷调查相结合的方法，以获得第一手资料。例如，选择具有代表性的重点行业和重点企业进行实地考察，了解制造业企业的数字化水平，数字金融发展状况、数据分析建模增值情况以及安全风险等；同时，还将了解数字产业化和产业数字化的进展。设计调研问卷时，向生产层面、技术层面和管理层面人员发放问卷，了解数字经济推动经济高质量发展的动态。此外，通过与统计局、涉及产业的政府主管部门及企业管理者访谈咨询测度指标设计的合理性，与关键部门和关键人物进行访谈，对数字经济发展及经济高质量发展的以往相关政策进行剖析，评价政策效果，并提出相关政策思路。

（六）社会网络分析法

社会网络分析法（Social Network Analysis）是一套规范的对社会关系与经济结构进行分析的方法，主要包括以下几步：①研究对象的确定，确定拟研究对象和调查社会网的网络边界。②收集、整理数据，确定研究对象及边界后，需要对研究对象相互关系的数据进行收集和整理。③数据处理。本研究用 UCINET7.0 软件完成此步骤及后续的操作。④对数据进行分析，使用 UCINET 软件绘制网络图，根据需求计算出各部分指标，通过这些内容对所要分析的对象进行分析。⑤解释结论，对计算出的定量结果做出定性解释，从而得出相应的研究结论（见图 1 - 5）。

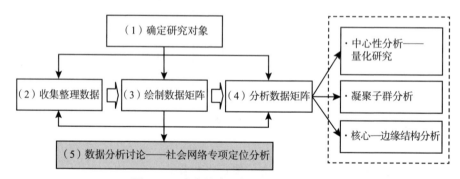

图 1 - 5 本书社会网络分析法操作步骤

（七）大数据挖掘方法

大数据挖掘（DataMining）是从大量的、不完全的、有噪声的、模糊的、随机的数据中提取隐含在其中的、人们事先不知道的、但又是潜在有用的信息和知识的过程，主要内容包括：数据挖掘对象、数据挖掘流畅、数据挖掘分类等。本研究采用大数据挖掘方法，研究高性能的数据处理，并且有效地处理通过各种渠道获取的结构化数据、半结构化数据和非结构化大数据，将具有关联性的数据整合成具有相互关联的大数据集，以便开展研究。

综上所述，本书拟采用的研究方法如表 1-1 所示。

表 1-1　　　　　　　　　　　研究方法汇总

项目内容	文献演绎	实证分析	案例研究	理论建模	实地考察问卷调查	社会网络、大数据挖掘
数字经济和高质量发展文献综述	√					√
大数据背景下制造业转型升级的思路与对策	√	√		√	√	
大数据时代快递与电子商务产业链协同研究	√	√		√	√	√
普惠金融与融资研究	√	√		√		√
数字新基建对参与全球价值链的影响	√	√		√	√	
数字化广东产业高质量发展研究	√	√	√	√	√	
数字经济安全风险评估研究	√	√	√	√	√	√
供应链金融信用风险影响与评估	√	√	√	√	√	√
中国数字资产交易的风险问题	√	√		√	√	

二、研究技术路线

本书的总体思路及技术路线包括：研究背景与研究意义分析→文献评述与理论提炼→项目研究的总体框架→剖析和明确我国数字经济推动经济高质量发展的重要性和复杂性→归纳和确定相应的研究范式和创新点→构建基本框架→研究成果的讨论、提炼与整合→研究成果的应用，提供咨询和决策依据。具体如图 1-6 所示。

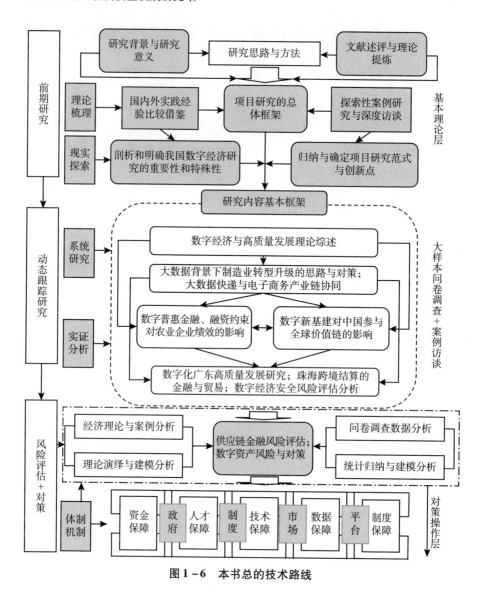

图 1-6　本书总的技术路线

第五节　创新之处与不足

一、本研究的创新之处

本书的主要创新包括以下几个方面。

（1）研究视角创新。在党的二十大报告指引下，本书提出以数字经济为抓手，研究数字经济推动经济高质量发展的影响因素及具体表现，尤其是广东省和珠海市的状况，具有新颖性和前沿性。

（2）内容创新，主要是如下两个方面。

①提炼影响数字经济推动粤港澳经济高质量发展的关键要素，包括数字技术发展环境、信息化基础支撑、生产信息化、经营信息化和治理信息化等要素。

②构建计量模型，探讨数字经济推动经济高质量发展的具体实现形式。

（3）研究方法创新。本书运用多种研究方法，并结合实际情况，改进了某些方法，使其更为科学和具有可操作性。

二、本研究的不足

主要的研究不足：一是未能涵盖数字经济的全貌，存在挂一漏万的现象。二是实证研究的有些数据比较旧，未能包括最近两年的数据，有待今后研究进一步补充和完善。

第二章　相关理论及研究综述

本书主要以中国知网、SCI—Hub 和 SSCI 社会科学引文索引数据库三个网站查阅国内外数字经济与经济高质量发展的相关文献。截至 2022 年 10 月底，收集的文献大约 1500 多篇。经过认真筛选，最终确定 300 多篇研究文献有较高的关联度。这些文献主要集中在数字经济相关问题研究，经济高质量发展相关问题研究等。现在综述如下：

第一节　相 关 理 论

在研究中，我们主要参考了与新发展战略理论、中心—外围理论和数字经济理论等相关理论，下面简单说明。

一、新 发 展 战 略 理 论

习近平总书记在 2015 年 10 月 29 日党的十八届五中全会的报告中，首次提出在中国迈向高质量发展过程中必须遵循"五大发展理念"，后来专门提出了把握新发展阶段，贯彻新发展理念，构建新发展格局。① 这也是确定在未来一个阶段内我国及各地区发展的基本方向和发展导向。"五大发展理念"是指创新，协调，绿色，开放，共享，这是高水平发展的内在逻辑。

---

① 习近平. 论把握新发展阶段，贯彻新发展理念，构建新发展格局 [M]. 北京：中央文献出版社，2022.

五大发展理念具有战略性、纲领性、统领性等特征。

新发展理念进一步明确了未来很长一段时间我国的发展思路、发展方向和工作重点。提高经济发展策略的综合性和全面性，可从下列五大方面入手：一是创新发展战略，重点是解决经济社会发展的基础动力问题。要通过持续提升国家科学经济发展水平，持续提高国家技术创新，不断扩大新技术对经济社会蓬勃发展的运用范围和广度，提高科技含量是国家经济水平乃至整个我国经济社会发展战略中的重要环节。二是搞好协调，重点是解决发展不平衡的障碍，尤其是加强国家对区域经济和城市经济发展的政策支持力度，进一步完善城市经济建设和基础设施建设体系，为全区域的经济社会发展创造基础动力要素，并利用优势资源配置进行城市内部的动态合作，注重经济快速发展的整体效益，以减少重大社会问题出现的概率。三是绿色发展，重点是人与自然的和谐。中国的自然资源匮乏，污染物增加，自然资源衰退。通过新的城市发展规划，继续健全城市建设，以增强环保承受能力，为中国城市经济社会发展创造了更宽广的发展空间。四是开放发展，重点是提高对外开放合作的力量与水平，实现国内贸易畅通，扩大国际经贸展览多元化，改善经济对外开放质量，增强处理国际经贸摩擦问题的能力，进一步提升经济对外开放水平。五是共享发展，强调的是社会公平和正义，强调覆盖范围。中国的市场经济日益发达，但配置不公平现象始终出现，人均收入差异和公共服务水平的差异也很大。在共享社会改革发展成果同时，也在现实情况和制度设计等方面都还有着不健全的地方。因此，当前我国发展战略特别强调"创新、协调、绿色、开放、共享"五大理念的高度融合，进而共同推动经济高质量发展。

二、中心—外围理论

20 世纪 40 年代，阿根廷的经济学家劳尔·普雷维什首次提出"中心—外围"理论。[①] 这一理论有时也称为"核心—边缘"理论或"中心—边

---

① Raul Prebisch. The Economic Development of Latin America and its Principal Problems ［J］. Economic Bulletin for Latin America，Vol. 7，1962（1）：1–12.

缘"理论。该理论指出，发达国家、发展中国家相互之间的经济发展模式是不平等的，其中，中心主要是指发达国家，与之对应的外围则是指发展中国家。20 世纪 60 年代，美国经济学家弗里德曼指出，将中心与外围的关系扩展到地区之间。中心指的是较为发达的区域，而发展缓慢的区域则成为外围。

理解"中心—外围"理论，有助于探索黄河流域高质量经济发展的空间差异，区分区域的主导中心地区和滞后外围地区。对探索高质量经济发展水平的空间结构模式具有积极作用。考察黄河流域是否存在发达地区带动周边落后地区的发展模式，是对整个流域高质量经济发展具有指南针的作用。

三、数字经济理论

美国的唐·塔普斯科特是全球著名的新经济学家和商业策略大师，1996 年他在其专著《数字经济》一书中，首次提出"数字经济"这一概念。[1] 许多国际机构和组织对数字经济也作出了概括，例如，经济合作与发展组织（简称 OECD）[2] 对数字经济进行了界定，并进行定量测算。2016 年 G20 杭州峰会发布的《二十国集团数字经济发展与合作倡议》[3] 中的定义最具代表性，认为"数字经济是指以使用数字化的知识和信息作为关键生产要素、以现代信息网络作为重要载体、以信息通信技术的有效使用作为效率提升和经济结构优化的重要推动力的一系列经济活动"。可以说，数字经济代表了围绕数据这种关键的生产要素所进行的一系列生产、流通和消费的经济活动的总和。数字经济理论主要数字化技术和数据这两个支柱或两大生产要素，包括四个主体部分：数字产业化、产业数字化、数据价值化和数字化治理。

---

① Don Tapscott. The digital economy：Promise and peril in the age of network and intelligenc［M］. e. Vol. 1. NewYork：McGraw – Hill，1996.

② OECD. Measuring the Digital Economy：A new Perspective［M］. OECD Publishing，2014：45 – 49.

③ G20 杭州峰会发布的《二十国集团数字经济发展与合作倡议》［R］. 2016.

第二节　国内外研究文献综述

我们搜索了国内外相关文献 500 多篇，发现有关研究主题主要集中在如下几个方面（见表 2 - 1）。

表 2 - 1　　　　　　　　　　国内外文献研究主题

研究主题	研究内容与视角	代表文献人物
新发展格局与经济高质量发展	新发展格局；经济高质量发展内涵	金碚，1998；杨伟民，2017；赵昌文，2017；林兆木，2018；刘迎秋，2018；金碚，2018；任保平，2018；张军扩，2018；赵通，2018；曹正勇，2018；王雄飞，2018；黄祖辉，2018；万宝瑞，2019；曾伟玉，2019；夏青，2019；何维达等，2022
	高质量发展主要影响因素	汪卫霞，2011；朱秋博等，2014；王乐君，2017；钟钰，2018；王彬等，2018；杨依茹等，2019；敖明，2019；夏青，2019；谷洪波等，2019；王振华等，2019；Christopher L. Delgado，1997；Stephan J. Goetz，2002；M Soderbom，2009；Walker A.，2013
	评价指标体系与实证分析	魏敏和李书昊，2018；万晓榆等，2019；许弟伟，2019；张红宇等，2019；罗必良，2020
数字经济及其推进作用	基本概念与内涵界定	郭红东等，2018；曾伟玉，2019；毛薇等，2019；彭超，2019；王久波，2019；常倩等，2019；张鸿等，2020；Muel-ler Rolf A. E.，2001；Ramiro Goncalves，2017
	信息通讯技术（ICT）对我国及粤港澳经济发展的影响	郑世林等，2014；张晓燕，2016；宋晓玲，2017；刘晓倩等 2018；程名望、张家平，2019；曾亿武等，2019；曾伟玉，2019；Chaudhuri R.，2009；Nyamwaya M. et al.，2018；Panganiban G. G. F.，2018；Pivoto et al.，2019；Turland and Slade，2019
	信息化在经济高质量发展中应用	舒桂珍，2007；李长江等 2011；杜传忠等，2017；王滢和张瑞东，2017；田真平，2017；杜永红，2017；王耀宗等 2018；朱士华；2018；苏红键，2019；毛薇等，2019；胡豹，顾益康，2019

一、新发展格局及经济高质量发展

（一）内涵界定

2020 年 4 月，习近平总书记在中央财经委员会第七次会议上提出构建新发展格局。2023 年习近平总书记再次提出加快构建新发展格局，把握未来发展主动权。[①] 最近几年，我国学术界对新发展格局和经济高质量发展进行了大量研究。金碚（1998）从经济学角度分析了高质量发展的涵义，认为从经济学的基础理论看，所谓质量，是指产品能够满足实际需要的使用价值特性。进入高质量发展新时代，体现经济发展的本真性质，对满足人民日益增长的美好生活需要的使用价值面即供给侧的关注。黄祖辉（2018）认为，实现美丽乡村建设与经济高质量发展相得益彰，要从发展理念和发展方式变革入手，坚持以绿色发展理念为引领，走融合发展之路。万宝瑞（2012）提出通过科技创新，推进中国农业高质量发展。杨伟民（2018）提出了经济高质量发展的思路与对策。蔡昉（2018）提出，通过提高全要素生产率推动高质量发展。

（二）高质量发展主要影响因素

国外学者研究的着重点主要偏重在数字经济发展以及经济增长层面[②]，没有将高质量发展这一概念专门独立出来，主要是包含以下几个方面：经济发展质量的内涵研究国外的学者对经济发展质量的研究一般分为两派：一种是把经济增长和经济发展视为一个问题，没有仔细区分两者的异同；另一种则是将经济增长和经济发展的概念专门分开来诠释，使经济发展的内涵更加先进。此外，教育水平、市场整合与结构转型在经济高质量发展过程中也发

---

① 习近平. 加快构建新发展格局 把握未来发展主动权 [J]. 求是，2022（8）：1－6.
② DBCD. Advancing Australia as a Digital Economy：An Update to the National Digital Economy Strategy [M]. Canberra，2013.

挥重要作用。[1]

国内学者从不同视角对数字经济与高质量发展进行了有益探索。汪卫霞（2011）认为信息化水平、人力资本水平等是推动农业经济增长的新动力。任保平（2018）则分析了新时代中国经济从高速增长转向高质量发展的理论逻辑及影响因素，并从宏观、中观与微观多层次进行系统分析。曾伟玉较早针对粤港澳大湾区的经济增长及其影响因素进行了较为系统的研究，认为影响因素是多元的，既包括经济因素，也包括社会和体制机制方面的因素。[2]

（三）评价指标体系与实证分析

魏敏和李书昊（2018）构建计量模型，对新时代中国经济高质量发展进行实证分析，得出了有价值的结论。刘亚雪、田成诗和程立燕（2020），构建了一套比较复杂的评价指标体系，对世界经济高质量发展水平进行测度和比较。万晓榆、罗焱卿、袁野（2019）较早构建了数字经济发展的评估指标体系，并从投入产出视角对我国数字经济高质量发展进行了评估。刘凤芹、苏丛丛（2021）从新基建角度对中国经济高质量发展进行了实证分析，并提出了相关对策建议。此外，李青、马晶（2023）还从产业国际竞争力的角度，分析了粤港澳大湾区的产业竞争力水平和状态（见表2-2）。

表2-2 国内外关于数字经济估算的指标体系

	指数名称	发布方	时间	一级指标	二级指标	三级指标	出处
国外	数字产业分类标准	美国商务部	2002	4	32	—	Digital Economy 2002
	数字经济与社会指数（DESI）	欧盟	2014	5	12	31	DESI：2017：Digital Economy and Society Index
	衡量数字经济	联合国经合组织	2016	6	—	—	Measuring the Digital Economy：A New Perspective

---

① Digital Auto Report 2020 ［R］. Strategy and PwC, 2020, Volume 1.
② 曾伟玉. 粤港澳大湾区研究［M］. 北京：社会科学文献出版社，2019。应该说，曾伟玉先生的《粤港澳大湾区研究》，是系列丛书，研究范围比较广泛，不仅包括经济。

续表

	指数名称	发布方	时间	一级指标	二级指标	三级指标	出处
国内	数字经济指数	信息通信研究院	2017 2018	3	23	—	中国数字经济发展白皮书 2017～2020
	互联网＋数字经济指数	腾讯研究院	2017	4	14	135	中国"互联网"＋数字经济指数 2017
	数字经济指数	赛迪研究院	2017	5	34	—	2017 数字经济指数（DESI）
	全球数字经济竞争力指数	上海社科院	2017	4	12	24	全球数字经济竞争力发展报告 2017
	中国数字经济指数	财经＆数联	2018	4	14	—	中国数字经济（修订版）
	数字经济发展指数	阿里研究院	2018	5	14	—	2018 全球数字经济发展指数

资料来源：万晓榆，罗焱卿，袁野. 数字经济发展的评估指标体系研究——基于投入产出视角 [J]. 重庆邮电大学学报（社会科学版），2019，Vol. 31，Issue（6）：111－122。

二、数字经济及其推进作用

（一）基本概念界定

数字经济是以云计算、大数据、人工智能、区块链等信息通信技术为载体的经济形态，它不只是经济和治理体系的简单数字化，还需要电子商务与互联网、数字化、信息化深层次融合。康伟、姜宝（2018）分析了数字经济的概念及其面临的挑战。毛薇、王贤（2019）界定了数字化和信息化的概念，提出了农村信息服务模式。此外，刘涛、周红瑞（2022）运用数字经济理论分析了农村高质量发展的区域差异与动态演进。

（二）ICT 技术对我国及粤港澳经济发展的影响

ICT 的发展与我国及粤港澳经济融合程度紧密相关，对于粤港澳大湾区的经济发展起了推进作用。意大利学者康塞塔·卡斯蒂格朗（Concetta Castiglione）较早以案例形式分析了 ICT 技术与技术效率的关联性。[①] 曾伟玉（2019）系统研究了粤港澳大湾区的差异性，以及技术对粤港澳大湾区经济发展的影响效应，并提出相关对策建议。随着数字技术（包括互联网技术、大数据、云计算和人工智能等）的发展，数字经济得到快速发展，不仅促进了就业，也提高了经济发展水平，并在促进公共服务公平性和缩小城乡信息不对称性方面发挥重要作用。

（三）信息化在经济高质量发展中的应用

在数字经济背景下，以"人工智能＋治理"开启智慧城市和智慧农村治理，实现了公共服务和治理信息化。王耀宗、牛明雷（2018）提出以数字乡村战略统筹推进新时代农村经济发展。王胜、余娜、付锐（2021）依托数字经济的发展，以现代信息技术为重要推动力，探讨了数字乡村建设问题。但是，由于城乡数字鸿沟、地区发展不平衡等问题依然存在，需要进一步拓展研究。

第三节 简 要 评 述

国内外学者对数字经济与高质量发展进行探索，既有从宏观层面讨论互联网、人工智能、大数据等信息技术应用对我国和粤港澳经济增长的影响，也有从微观层面探讨 ICT 对生产率的提高，积累了不少理论成果。但是，应该看到目前国内外研究还是存在一定的局限性，主要表现在以下方面。

（1）理论研究的系统性不够。局部研究较多，系统性研究缺乏。国内外研究数字经济的文献主要侧重于一般理论和方法，国外在数理分析方面走在前面，国内定性研究的文献较多；有关数字经济对经济高质量发展的文献

---

① Concetta Castiglione. Technical efficiency and ICT investment in Italian manufacturing firms ［J］. Applied Economics，2012，44（14）.

有不少，而数字经济推进粤港澳大湾区经济高质量发展的文献比较少，缺乏系统研究。

（2）研究的广度和深度有待加强。虽然我国对数字经济的研究逐渐成为热点，但已有研究的视角和侧重点还不够广泛，除了对数字经济与数字治理的研究相对丰富之外，对数字经济在区域的差异性尤其是对粤港澳大湾区的差异性和特殊性的研究不够深入。

（3）现有研究多以单一对象为视角，对数字化推动粤港澳经济高质量发展的理论和实证研究不够，区域经济发展不平衡问题依旧突出。

因此，在前人研究基础上，我们深入探索新发展格局下数字经济推动粤港澳经济高质量发展的内在机理、效应评价与路径优化，有利于丰富数字经济理论，为推动粤港澳大湾区经济高质量发展提供思路及对策建议。

第三章 大数据背景下制造业转型升级的思路与对策研究

本章主要研究大数据背景下制造业转型升级问题。[①]

随着全球产业竞争格局的重大调整，重视制造业成为世界主要大国促进经济转型发展的战略选择，欧美等发达国家纷纷以制造业作为振兴实体经济的重要抓手。美国积极推动"再工业化"，在高端制造业领域形成了一批新的增长点；德国实施工业4.0战略，推动制造业智能化转型，重塑国家经济竞争优势；印度、巴西等一些发展中国家也在大力发展制造业，并积极向国际市场空间拓展（岳孜，2016）。我国制造业面对着发达国家和发展中国家制造业的"双重挤压"。随着我国经济发展进入新常态，绿色发展不断深入，劳动力、原材料、土地厂房等成本要素不断上升，投资和出口拉动效应减弱，主要依靠资源要素投入推动经济增长及规模扩张驱动的粗放发展模式难以为继，转型升级任务刻不容缓，迫在眉睫。

大数据时代的到来，带来了新的生产率增长和消费盈利模式，为我国制造业转型升级开辟了新思路、新模式和新途径，它已成为塑造国家竞争力的战略制高点，世界各国纷纷提出大数据国家发展战略。例如，美国推出了"大数据研究与发展"战略和"联邦大数据研究与开发计划"，不断加强大数据产业布局。欧盟提出了"数据驱动经济"战略，倡导欧洲各国抢抓大数据发展机遇。日本颁布了"面向2020年的ICT综合战略"，以"活跃在

---

① 房建奇，沈颂东，亢秀秋. 大数据背景下制造业转型升级的思路与对策研究 [J]. 福建师范大学学报（哲学社会科学版），2019（1）：21 – 27 + 168。本次作者对原文进行了部分修改。

ICT 领域的日本"为目标，促进大数据应用发展。澳大利亚政府发布了公共服务大数据战略，重视大数据在提升公共服务质量领域的发展。此外，英国、印度、新加坡等国家也出台了类似大政策，推动大数据产业发展。为有效应对新一轮信息技术革命和产业变革，我国陆续颁布了大数据行动纲要、中国制造 2025、大数据产业发展规划、"互联网＋"行动、"互联网＋先进制造业"发展工业互联网等一系列重大政策，积极推进制造业与大数据融合发展，利用大数据改造传统产业、培育新的发展动力，全面提升制造业的质量和效益，助推中国制造向中国创造转变，中国速度向中国质量转变，中国产品向中国品牌转变。

近年来，在全球经济数字化浪潮的推动下，我国大数据与制造业融合发展态势良好。首先，大数据产业体系基本形成，在大数据资源建设、大数据技术、大数据应用等领域涌现了很多新模式和新业态；其次，制造业大数据应用不断拓展，行业数据资源采集、整合、共享和利用的能力在逐步提升。再者，大数据对传统制造业转型升级的能力不断提升，产业各个环节的数据链条逐渐被打通，全流程的数据闭环正在形成，大数据应用产品不断涌现，正驱动制造业生产方式和管理模式变革，推动其向网络化、数字化和智能化方向发展。但总体来看，目前我国大数据与制造业融合领域整体上还处于发展初期，与发达国家相比，在融合行业数量、融合应用深度、融合业务规模、融合发展均衡性等方面还存在一定的差距。对此，我国制造业应因势而动、顺势而为，牢牢抓住当前大数据产业与制造业融合发展这一难得的历史机遇和战略窗口期，加速创新驱动发展，实现成功转型。

第一节　大数据对制造业转型升级的作用模式

提到"大数据"概念，目前学术界和企业界尚未有一个统一规范的定义。著名研究机构 Gartner 将"大数据"定义为需要新处理模式才能具有更强的决策力、洞察发现力和流程优化能力的海量、高增长率和多样化的信息资产（何军，2014）。大数据通过作用于制造业的设计、研发、生产、管理、售后服务等全业务全流程，为制造业提质增效与转型升级提供了新的路径和模式。

一、创新研发设计模式，实现个性化定制

传统制造企业在生产经营过程中，由于缺少来自市场的准确数据，其经营计划、生产组织、产品研发及销售活动往往存在很大的不确定性，难以对市场需求、产品销售状况做出准确分析与预测，很容易导致产品设计、生产、销售等各环节不匹配、不合理的现象，从而造成产能过剩，特别是当前在产业竞争激烈、市场需求多样化的情况下，这种问题就更加明显。大数据技术能够有效地解决制造企业供需匹配矛盾。一方面，通过大数据对企业收集的用户个性化产品需求、产品交互及交易数据进行挖掘分析，能够准确掌握消费者的使用习惯和个人偏好，为用户量身定做产品。另一方面，在产品研发设计过程中应用大数据，借助于众创、众包等方式，将消费者带入产品研发设计环节，推动产品设计方案的持续改进，实现资源集成共享和产品协同创新。其次，利用大数据虚拟仿真技术，可以对原有研发设计环节过程进行模拟分析、评估验证和优化改进，从而减少产品技术改良工作，优化生产工艺流程，缩短了产品研发周期，降低了成本能耗，极大地提升了制造业的生产效率（李致远，陈光，2016）。

二、建立先进生产体系，实现智能化生产

智能化生产是以大数据为中心，以自动化为基础。制造企业通过对设备、生产线、车间和工厂的全面数字化改造，将生产制造各个环节的数据进行集聚整合，利用大数据技术实时监控生产制造的全过程，促进信息共享、系统整合和业务协同，推动生产流程自动化、精准化、个性化和柔性化，形成智能车间、智能工厂、数字化车间等现代化先进生产体系，实现智能化生

产，使传统制造业的产销融合更加协同、供需对接更加精准、资源配置更加高效，从而提高制造业的质量和效益。

三、优化产业链分工，实现网络化协同

大数据的广泛应用突破了地域、组织、技术上的限制，可以把众多中小企业及产学研各个环节的资源有效地整合起来，让生产要素在不同产业、行业和企业内部实现有效配置，从而形成一种更加高效的产业链，促进产品更新、质量提升和价值创造。同时，它能够在生产者与消费者之间建立了信息服务桥梁，及时、主动、准确地响应客户需要，满足客户多元化需求，打破了传统品牌商对市场的垄断地位。从某种意义上来讲，这种基于大数据的制造业生产模式，将形成一个全新的产业链，推动生产模式与商业模式创新，从而带动和引导大批中小企业走出传统生产模式，助推传统制造业转型升级。

四、优化经营管理体系，实现精益化管理

在激烈市场竞争环境下，尽管很多企业采取科学管理、全面质量管理等方式不断完善经济管理体系，使企业的生产经营效率得到了最大程度的提高，但从整个产业链角度看，这些传统方式很难实现制造业的高质量发展。而大数据可以使企业更容易了解、判断与分析产业链的现状，能够帮助企业找到生产要素的最佳投入比例，便于根据市场需求合理组织资源、制订生产计划、按照各自的核心能力参与产业分工，从而使制造企业的组织管理更加高效，减少了产业链中各环节由于人为管理失误而造成的损失和浪费，提高了计划、决策的精准性。同时，避免了企业产业链上由于信息不对称导致的"牛鞭效应"，实现了产品从研发设计、生产运营到营销服务全过程的无缝衔接和业务协同，为制造企业提高效率、降低成本创造了空间，促进了产业提质增效、转型升级发展。

第二节 基于大数据的制造业转型升级的基本思路

早在 10 多年前，我国制造业转型升级就已成为学术界和企业界的热门话题，虽然研究探索出很多路径和方式，但总体而言，制造业的转型升级之路就是要从低成本劳动力、高资源能源消耗、产品附加值低的制造模式，发展为高技术含量、高产品质量、高附加值的制造模式，进而建成制造业强国。当前，我国制造业转型升级的重点方向是信息化与工业化的融合发展，而"大数据＋制造业"是两化融合的重要目标，对制造业创新驱动发展意义重大。那么，在新常态背景下制造业如何利用大数据实现成功转型、高质量发展，面对新技术要有新思路。

一、以大数据思维为导向

大数据思维就是从大数据角度出发，进行思考、分析和解决问题的思维方式。与传统思维相比，大数据思维注重的是对象之间的相关关系，它是"以大见小"的思维方式，能够对形式多样的数据进行监控、操作，总体把握、全局掌控事物的发展变化。大数据思维不是从某个人的思维框架出发，而是通过海量数据碰撞、加工和处理，来发现规律、创造价值，它超越了人们对事物理解和判断自身思维框架的局限。就制造业而言，传统制造业思维模式突出的是以产品、技术为中心，而非以用户、服务为中心，企业采取产品理念，通过以产定销的方式进行大规模生产，客户只能被动地接受企业的产品，导致产品同质化及需求侧乏力，造成制造业产能过剩的问题。而制造业大数据思维是基于产品、市场、用户、服务、价值量及整个商业生态系统的视角，通过大数据加工来解决处理制造业发展中的各种问题。这种思维方式以用户为中心，以大数据应用为手段，让用户参与产品研发设计、生产运营及市场营销的全过程，围绕用户需求和体验进行研发、设计、生产、销售产品，创新资源配置方式和生产组织模式，及时准确地满足用户多样化、个性化需要，为客户提供更优质的服务，提高制造业供给能力，实现产销供需精准对接。因此，积极树立"大数据＋制造业"融合发展观念，主动用大数据思维武装自己的头脑，解决自身发展中的速度、质量、服务及各个环节中的薄弱问题，加快生产、组织、运营、管理全面变革，创新资源配置方式和组织运营模式，努力培育大数据与制造业融合发展新模式，打造差异化的核心竞争力，才能促进行业转型升级（艾庆庆，2017）。

二、以工业互联网平台为支撑

工业互联网是制造业大数据应用的重要基础设施，是推进大数据与制造业融合发展的基本前提和首要任务。2017 年 11 月 27 日，国务院印发了《关于深化"互联网＋先进制造业"发展工业互联网的指导意见》[①]（以下简称《意见》），就加快工业互联网建设做出了重要部署，提出了发展行动指南和具体任务举措。当前，我国制造业要以《意见》为指导，围绕网络、平台和安全三大功能体系，积极推进面向智能制造单元、智能工厂及物联网应用的低延时、高可靠、广覆盖的工业互联网建设，实现制造业产业上下游、夸领域的互联互通，打破"信息孤岛"，汇聚制造业大数据资源，支撑制造业大数据分析、处理和应用，促进创新资源、生产能力、市场需求的集聚与对接，整合优化全产业链要素资源，推进制造业供给侧结构性改革，从而实现制造业由大到强的转变升级。

三、以智能制造为主攻方向

智能制造是《中国制造 2025》的重要目标，是推进制造强国建设的主攻方向。从美国、德国等发达国家制造业发展经验来看，大数据推动制造业转型升级需要从五个方面推进：一是产品智能化，即产品本身要具备自动存

---

① 国务院关于深化"互联网＋先进制造业"发展工业互联网的指导意见（索引号：000014349/2017 - 00206）.

储数据、感知命令、与控制中心通信的能力，这样产品才能被自动化生产线有效识别、定位指令。二是工业设备智能化，这是智能制造的主体，其他任何领域的智能化都离不开制造设备的智能化。三是生产方式智能化，根据用户个性化需要进行自动化生成，实现柔性制造和智慧生产。四是管理智能化，企业利用大数据实现纵向、横向、端到端集成，可以及时、准确、完整地获取用户数据，与产业链上的所有利益相关者共同打造物联网，从而使管理方式更加科学、高效、便捷。五是服务智能化，智能制造模式使消费者全程参与整个产品生命周期，能够实时准确地获取消费者对产品的需求信息和改进意见，为用户提供人性化、便利化和个性化的服务。因此，制造企业只有建立一个完整、高效、科学的智能制造生态系统，推动制造全过程、产业全链条、产品全生命周期的网络化、数字化和智能化，才能有效地提升制造业的质量和效益，实现转型升级，做强中国制造。

四、以创新驱动发展为动力引擎

从国际上正反两方面经验来看，创新是驱动我国制造业发展的主要动力，是行业转型升级的根本出路。大数据作为一种国家重要的战略资源，正加速驱动着制造业生产、管理、营销模式的全面变革。当前，制造企业亟须利用大数据技术重塑和创新组织经营管理方式，积极培育构建"数据驱动"的制造发展新模式。一是创新研发设计模式。搭建协同创新平台，运用工业大数据挖掘分析消费者的个性化需要，使消费者参与产品的需求分析和研发设计过程，发展众设、众包等新型设计模式，促进创新资源和要素的开放、合作、共享，形成全流程产品设计创新体系，实现产品大规模个性化定制。二是创新生产制造模式。建立先进生产体系，优化和改善生产管控流程，创新生产组织方式，推动生产制造数字化、网络化、智能化，形成一体化生产管控、柔性生产、精益生产、敏捷制造等生产制造新模式，实现智能化制造。三是创新经营管理模式。构建以数据为经营管理方式，使产品研发、生产、管理、决策、营销、服务等各项运营活动紧密结合、协同配合，实现生产过程数字化、业务流程的集成化、管理方式网络化、决策支持智能化。四是创新商业模式。依托大数据技术手段，积极培育网络精准营销、全产业链追溯、远程在线诊断、供应链金融等服务新模式，推动制造业由生产型制造向服务型制造转变，使制造经营模式从以产品为中心向以服务中心转变。通过研发设计、生产制造、经营管理和商业模式等方面创新，将全面系统地推动制造业的质量和效益实现的提升，加速制造强国建设。

五、以工匠精神为发展助力

毋庸置疑，互联网、大数据、云计算、人工智能等新一代信息技术的发展，为我国制造业转型升级、创新发展开辟了新路径。但要实现从制造大国迈入制造强国的宏伟目标，仅仅依靠技术上的创新是不够的，还必须培育"工匠精神"。技术创新与工匠精神之间的关系如同"硬件"与"软件"的关系，技术创新是制造业转型升级的"硬件"，而工匠精神则是制造业转型升级必不可少的"软件"，没有"软件"，"硬件"就难以充分发挥作用。因此，建设制造强国，除了具有先进的技术，先进的文化以外，还在很大程度上依赖于精益求精、注重细节的工匠精神，即"互联网精神＋工匠精神"。培育工匠精神是一个需要社会、企业和劳动者共同推进的系统性工程，不仅要厚植工匠精神孕育生长的环境，使工匠精神成为企业文化的核心和企业价值观的内核，还要完善工匠的激励机制，对身怀绝技的工匠给予应有的重视，让其受到高规格的待遇。唯其如此，工匠精神才能在制造业落地生根、开花结果，成为推动制造业强国建设的精神动力和力量源泉。

第三节 大数据推动制造业转型
升级面临的主要问题

近年来，在中国制造2025、深化制造业与互联网融合发展等政策的推动下，大数据对制造业转型升级的能力不断提升，但由于行业发展阶段等特点不同，大数据驱动制造业转型升级之路仍然任重而道远，主要面临着以下问题。

一、信息化总体水平不高，与制造业融合深度不够

据《世界经理人》关于"2015 中国制造业信息化管理状况调研"的结果显示，我国制造行业中 90% 的企业信息化建设基础不足，信息化水平总体偏低，43% 的企业信息化覆盖业务部门范围较窄，各 IT 系统处于割裂状态或者集成程度不高。从数据质量方面来看，大多数制造企业缺乏科学、现代的数据采集机制，且数据质量把控不严，直接导致数据可用性和价值较低，已成为制约大数据与传统制造业融合发展的重要障碍。根据 Experian 公司的数据质量指标报告，83% 的企业认为，低劣的数据质量影响了企业盈利，还因此造成了资源浪费、生产力损失和交流上的额外开支。

二、数据集成和共享的水平较低，成为"大数据 + 制造业"融合发展的掣肘

一方面，企业内部由于"信息孤岛"和"数据壁垒"的普遍存在，且缺乏数据资源管理的意识和方法，导致数据集成与汇总面临着很大难度和挑战。另一方面，企业间数据共享流通渠道和规范缺乏。一是处于观念、技术和利益等角度考量，掌握大量用户和数据的大型企业，往往将数据"金矿"视为"私产"，主观上不愿意对外开放，导致制造业上下游企业间数据不能共享，未能形成覆盖产业链的数据闭环，严重阻碍了大数据价值的发挥。二是现有法律法规虽然对网络运营者收集、使用、保存用户个人信息等数据资源进行了规定，但对共享用户数据的要求、规范、场景和条件，缺乏具体法律法规制度规范。三是市场化的数据交易应用机制尚不健全，缺乏合理沟通与管控方法，制约了数据的流动、共享。

三、缺乏成熟的平台级工具，企业使用数据进行分析管理的难度较大

当前，工业大数据作为一种新生事物，正处于发展起步阶段，面临着数据规范缺乏、标准不统一、平台技术架构复杂等一系列问题，面向制造业提供大数据解决方案的发展尚不成熟，难以满足制造业大数据应用需求，且由于制造企业信息化水平不一、行业应用场景区别较大，以致大数据技术企业开发的技术平台与各行业实际应用需要存在显著差异。目前我国大部分行业仍未能形成主流的平台级工具，特别是工业大数据平台，这为制造业应用大数据增添了难度。据调查，中国地区的受访企业中仅有 32% 的企业部署了大数据平台。

四、缺乏产业龙头企业，未能形成成熟的商业模式和示范带动效益

首先，我国制造业近年来迅速崛起一批了在某方面能力较为突出的龙头企业，但尚缺乏大数据等新信息技术与制造业融合发展的典型企业，没有对新形势下制造业转型升级、高质量发展起到引领、示范和带动作用，导致在全产业链、全环节上推进"中国智造"的能力仍然欠缺。其次，由于高质量数据的缺失以及平台级工具的缺失，制造业采用大数据进行分析和管理的成熟度不高，创新创业不够活跃。利用大数据进行精准营销的商业收益存在争议，而在客户感知、传播效果、隐私保护、合规应用等方面也饱受诟病。

五、网络安全风险不断增高

随着互联网的深入发展，计算机病毒、网络攻击、网络诈骗等网络安全问题日益突出，给制造业的信息安全以及健康发展带来了威胁和挑战。而我

国的网络安全领域，不仅在研发能力、防范能力等方面存在着不足，而且网络立法还存在着很多空白之处，使制造企业应用大数据面临着数据、用户信息泄露等不同方面的安全隐患。

第四节　大数据对制造业转型升级的对策建议

大数据对传统制造业的转型升级是一项非常复杂的系统性工程，需要政府部门、制造企业协同配合、共同推进，才能科学、有序、规范地推进。

一、政府部门要主动谋划，发挥推动和引导作用

第一，支持鼓励大数据创新创业。鼓励大数据行业应用的大众创业、万众创新，营造大数据应用的创业氛围。扶持大数据创新开发团队，打造大数据创新成果转化平台，提供"一站式"配套服务，筛选出具有经济效益和社会效益的重点行业和商业模式。通过采取政府购买和一定补贴的形式，鼓励资源丰富、技术先进的大数据领先企业建设大数据平台，开放平台数据、计算能力、开放环境等基础资源，降低创新创业成本。

第二，积极推进数据资产管理和共享开放。吸纳国内外数据资产管理的先进经验，利用最新技术开展政务和行业的数据资源管理；以企业为主导，通过建立制造业数据平台、完善各平台之间的互联互通机制，促进数据流通共享；进一步完善用户个人信息保护法律体系，规范用户数据授权流程和服务协议，健全用户数据保护法律体系和使用规范；鼓励企业通过商业谈判明确双边数据共享的权利和义务，积极推动行业数据共享。

第三，降低制造业应用大数据的技术门槛。支持鼓励大数据技术企业不断提升平台和应用的可用性和操作便捷程度，向制造企业提供产品、服务和技术解决方案；帮助制造企业构建数据化思维，基于数据开放平台构建大数据应用生态，通过加强宣传等方式鼓励制造企业选用适合的大数据平台，逐

步推动大数据在制造业领域的广泛应用，有效汇聚数据资源，从而降低制造业大数据应用的门槛。

第四，增强网络安全保障能力。不断健全网络安全法律法规和制度体系，加快推进工业互联网、大数据、云计算等重点领域安全标准研制；深入强化关键信息基础设施安全保护能力，提升关键信息基础设施态势感知、威胁发现和应急处置等能力；建立跨界数据流动安全保护机制，持续强化网络数据安全和用户信息保护；推动大数据、人工智能、工业互联网等领域安全技术研发，全面提升网络安全保障能力；加强国家交流与合作，推进建立开放互联、共享共治的国际互联网治理体系。

第五，推动试点示范。制定出台"大数据＋制造业"发展规划，明确融合发展的思路、目标、任务和举措。一方面，选择一批具有创新性、典型推广意义的制造企业开展试点示范，探索发展模式和路径，树立行业标杆、打造行业样板，共享成功经验，加以宣传推广；另一方面，出台鼓励支持制造业与互联网企业跨界融合的相关政策，尽快培育出一批依靠信息化、具有互联网思维的跨界龙头企业，引导和带动制造业转型升级。

二、企业要加快大数据部署应用，突出在融合发展中主体作用

第一，重新塑造制造模式。从组织内部入手，以大数据应用为抓手，以创新驱动为核心，以用户需求为导向，充分利用大数据技术对业务流程、组织体系、经营模式等进行变革，建立基于大数据的市场需求分析，生产流程优化、供应链与物流管理、客户关系管理、能源管理、产品全生命周期管理、智能化客户服务提供等全业务全流程全产业链的新型制造模式，加快形成个性化定制、柔性化生产和精益化管理的生产经营管理体系，推动制造业智能化发展，向质量和效益提升方向转变。

第二，建立协同创新模式。整合内外部资源，借助大数据等信息技术建立用户精准互动、科研院所广泛参与、产业链上下游企业高度协同等多层次、全方位、可持续的网络化协同创新平台，促进创新要素资源集聚利用，不断提高企业的科技创新能力，缩短产品研发周期，为制造企业的可持续创

新发展增添活力和后劲。

第三，推动服务化转型发展。以满足市场需求为中心，以拓展产品功能、提升交易效率、提高集成能力等价值增值为目标，发展网络精准营销、全生命周期管理、远程在线监控、融资租赁、供应链金融等新业务，向服务环节延伸产业链条，实现制造业价值链的拓展和提升。

第四章 大数据时代快递与电子 商务产业链协同度研究

本章主要研究快递与电子商务产业链协同问题。[①]

第一节 相关理论与文献综述

大数据及互联网时代，很多传统产业都会在市场的作用下，不断地进行跨界的整合、创新，并形成新的商业模式。商业模式是否成功主要看能否给社会带来更大的效用。而产业链的关键环节在于是否能形成相互合作、互相依靠、共同成长的高度协同状态，这是其内在运行合理性的体现。在如今的互联网时代，网络购物给人们带来了极大的方便，电子商务与快递已成为人们生活中必不可少的两大元素。电子商务的兴起给快递带来了巨大的发展空间，催生了快递的发展。但快递作为电子商务的支撑，目前发展较慢，已成为阻碍电子商务发展的主要因素（韩瑞玲等，2011；李鹏飞和张攀，2014；陈宾，2016）。在推动供给侧结构性改革中，快递与电子商务的协同发展具有巨大的潜力。

目前，已有一部分学者关注快递与电子商务的协同发展问题，但多数为供应链视角下的模型分析或者简单的关联分析，从产业链视角以及协同学理

---

① 沈颂东，亢秀秋. 大数据时代快递与电子商务产业链协同度研究 [J]. 数量经济技术经济研究，2018，35（7）：41-58.

论的研究很少。供应链强调的是供应商、制造商、分销商和零售商等这些将产品或服务提供给最终用户所涉及的上下游企业，是对应于多个企业而言的，并不能充分地说明快递与电子商务这两个产业之间的关系。产业链强调的是分工所带来的不同质的产业的链条关系（郁义鸿，2005），快递与电子商务作为一种新型的产业链形态，具有重要的研究意义（王法涛和苑春荟，2014）。快递与电子商务的协同发展是一个涉及产业链中多个环节的复杂系统，每个环节可以单独作为一个子系统，子系统之间通过信息和知识的交换相互作用，这种复杂性体现在整体性、相关性和动态性上。快递与电子商务之间并不是简单的关联关系，而是两个子系统之间的复杂作用关系。协同学理论的基本思想是在开放的系统中，子系统在相互作用下从无序到有序的演化（张亚明等，2009；郑荣等，2013），用来阐释快递与电子商务产业链的演化进程，能够更全面的说明二者之间的协同关系。因此，从产业链视角以及协同学理论研究快递与电子商务的协同发展过程是十分必要的。

一、产业链理论

产业链（Industrial Chain）最初起源于中国学者对产业关系的研究，但其基本思想建立在古典主流经济学中的劳动分工基础上。产业链的本质是以劳动分工为基础的产业优化组合，目的在于提高产业竞争力和经济效率。从产业关系角度，依据郁义鸿（2005）的定义，产业链是指在一种最终产品的生产加工过程中——从最初的自然资源到最终产品到达消费者手中——所包含的各个环节构成的整个生产链条。每个产业作为产业链中的一个环节进行链接，产业之间具有紧密的内在联系（卢明华等，2004）。更进一步来讲，产业链是产业间关系的表达（杨锐，2012）。从组织分工角度，产业链强调的是相关联的异质产业之间的分工合作关系，是在劳动分工经济基础上建立的一种产业组织形式。产业链作为一种相互协作的生产链条，将相关联的产业进行优化组合，是提高整体经济效率和产业在市场上的竞争力的有效方式（杜龙政等，2010）。

郁义鸿（2005）依据产品自身的特性和技术条件因素将纵向产业链分

成三种类型，分别为：上游产业的产品作为最终产品的类型Ⅰ，在这种类型中下游产业是上游产业的分销；上游产业的产品作为中间产品的类型Ⅱ，在这种类型中上游产业的产品是下游产业的投入品；上游产业的产品既可以作为最终产品又可以作为中间产品的类型Ⅲ，在这种类型中上游产业的产品既可以是面对零售商的最终产品，也可以是下游产业的投入品。在电子商务和快递产业链中，电子商务作为上游产业，面对的是终端消费者，而快递链接在电子商务与终端消费者之间，既不生产产品和加工产品，也不销售产品，其特性为递送商品的服务性媒介，是保证电子商务稳定运营的基础。因此，很难将电子商务和快递产业链归为以上任何一种类型中。研究电子商务和快递这一新型的产业链形式，弥补了以往产业链研究中的不足。

通过加强快递与电子商务这两个产业之间的分工、协调、整合、沟通以及相互关联，使得具有不同功能和不同价值的产业有机的联系在一起，形成产业链结构，并产生协同效应（胡求光和朱安心，2017）。这种产业链的协同，促进了整体效率的最优化，自发的形成利益最大化的经营模式，激发产业链整合和纵向一体化等模式的创新。最终，实现产业链整体上的对于市场需求变化的快速反应和运作效率的最优化。

二、协同学理论

安索夫（Ansoff）[①] 在1965年首次将协同思想引入到管理学中，指出各个独立的主体或系统能够形成合作群体，形成的合作群体相比于各个独立主体或系统的简单汇总而言，能够表现出更好的业务效果。各个独立的主体或系统在相互联系和发展的过程中形成合作群体，在合作群体内部通过各要素之间的配合、协作以及支配作用，使独立的主体或系统有机结合在一起，并产生不同于原来的质变。哈肯（Haken）在1978年出版的《协同学》一书中，首次正式提出协同学的概念，并将协同学建立为一门正式学科。协同理论的基本思想是，在一个开放系统中存在着大量既独立运动又相互作用的子

---

① 安索夫（Igor Ansoff）在1965年出版成名作《公司战略》，并首次向公司经理们提出了协同理念。

系统，当子系统之间的协同效应较弱时，系统是无序的，当子系统的协同效应达到并超过某一临界点时，系统通过自组织发生相变而呈现出稳定协同的有序状态（Haken，1989）。

协同学理论是以系统论、信息论、控制论、突变论等现代科学成果为基础发展而来的理论，具有深厚的理论基础。快递与电子商务产业链的协同作用取决于其内部各种要素之间的相互作用，将快递与电子商务两个子系统内的各种要素、资源进行合理的配置，在自组织和市场等动因的促使下（张亚明等，2009），产业链内的每一个成员企业通过自主和自发的寻求合作和发展，发生知识、技术、创新和价值等信息的沟通与交换，在竞争中协调相互之间的相关联系。当这种相互作用到达在临界点处时，系统整体发生质变而形成协同效应（郑荣等，2013），逐渐进入协调稳定发展的有序状态。

协同学理论的优势在于，采用统计学与动力学的方法，通过建立数学模型，能够将复杂的社会现象转化为系统、严谨、客观的方程语言进行定量分析，以研究复杂系统从无序转变到有序的演进和变化规律（唐晓波和黄圆媛，2005）。以协同学理论为依据的协同度测算的相关成果较为丰富，例如，金学芳和侯家麟（2016）应用协同学理论研究了企业并购中各企业子系统以及复合系统的协同度，并提出了提升协同度的策略。吴笑等（2015）以协同学理论为基础，建立了协同创新的协同度测算模型，构建了指标体系，并实证研究验证了模型的有效性。毕克新和孙德花（2010）依据协同学理论中的序参量原理和役使原理，从系统的角度入手，创造性地建立了工艺创新与产品创新协同度模型，实证研究了制造业中的产品创新与工艺创新的协同发展。

也有少量学者依据协同学理论研究了电子商务与快递的协同度，如刘丹和卢伟伟（2014）以及武淑萍和于宝琴（2016），分别构建了电子商务与快递的协同发展模型，并测算了协同度。现有的关于协同学理论应用的文献中，多为不同系统或系统内部的协同创新以及协同模型的构建，在产业协同的研究中也多为制造业与物流业的协同，对于快递与电子商务的协同发展研究较少。此外，随着大数据的发展，以及电子商务与快递产业数据监测的逐步完善，序参量指标的筛选以及可供分析的数据更加完整（王佐，2017），这有利于协同学理论的进一步优化应用。

三、快递与电子商务的协同发展

快递与电子商务作为产业链中不可分割的一个整体，二者的发展相辅相成。学者们从不同的角度研究了快递与电子商务的协同发展问题，但相关研究结论并不一致。在协同关系上，快递与电子商务作为一个密不可分的共同体，之间的协整关系具有长期稳定性，具有良好的协同关系（李鹏华，2016)，并且这种协同关系建立在电子商务快速发展的基础之上，但快递的滞后发展是协同关系的阻碍（陈宾，2016)。相反，也有学者认为，虽然快递与电子商务分别处于不同的发展阶段，快递所处的发展阶段落后于电子商务，但发展速度高于电子商务，快递与电子商务协同度较低（卢明华等，2004)。在关联强度上，网络购物与快递物流之间关联较强，快递物流是网络购物的支撑，网络购物为快递物流带来了机遇，网络购物与快递物流之间呈现出倒"U"形的曲线关系（韩瑞玲等，2011；Haken，1989)。相反，李俊英（2011）采用灰色关联分析方法，分析了快递与供应链中的前向产业之间的关联度，指出快递与前向产业的关联度均较高，但相对来说电子商务与快递的关联度最小。

综上所述，现有的少量研究中，学者们对于快递与电子商务的协同发展问题的相关研究结论并不一致，无论是在协同关系还是在关联强度上，均有相对立的结论出现。快递与电子商务之间的协同发展复杂程度较高，涉及复杂的流程与密切的相互作用关系，具有资源互补性和功能互补性，现有研究未能体现出这种复杂性。

第二节　快递与电子商务协同度模型构建

鉴于快递与电子商务处于同一产业链中的特殊性，本书依据协同理论，分析了快递与电子商务产业链协同的基本架构，以及快递与电子商务产业链协同作用机制，并在此基础上构建了快递与电子商务产业链协同度模型。

一、基于协同理论的分析

为了更清晰地研究快递与电子商务的协同机制，我们选择从产业链的角度来研究电子商务与快递之间的协作。在产业链协同的研究中，产业链描述的是具有内在联系和相关性的产业之间形成的功能性链状结构（郑大庆等，2011），产业链中的上游和下游之间发生大量的知识、信息、技术和价值交换。产业链的核心问题是如何动态的协调相关产业，以提高相关产业的市场反应能力、经济效益和运作效率（谢莉娟等，2016）。据此，本书建立了快递与电子商务产业链协同模型，如图 4-1 所示。产业链中的关键环节为电子商务、快递和顾客。电子商务作为产业链的上游，将产品递交给快递，通过快递再将产品转交给处在下游的顾客（这里的顾客包括零售商、分销商以及终端顾客），顾客收到产品后将资金付给电子商务。在这个过程中，快递作为一种特殊的存在，既不是制造商、分销商和零售商，也不是产业链终端的顾客，不与终端顾客发生交易关系，但却受到顾客的监督与约束。从本质上看，快递所出售的是递送服务，具有媒介的作用，交易方只有电子商务一侧，但却为电子商务和顾客两侧提供服务。在产业链中，快递与电子商务的协同合作是整个产业链良好运作的关键环节。协同合作不仅可以优化节点企业与第三方物流间的整体利润，还会获得共赢的局面（杨德礼和于江，2003）。快递与电子商务之间的良好协作，需要有协同要素的支撑，包括协同绩效、同步决策、信息共享、激励一致、流程创新等（Togar，2008）。

根据协同学理论，本书将快递和电子商务作为两个独立又相互作用的子系统，将快递与电子商务构成的协同产业链作为一个复合系统。快递子系统与电子商务子系统之间的协同作用如图 4-2 所示。快递子系统与电子商务子系统分别在战略决策层、管理控制层和运作执行层三个层次上进行协同合作（韩军涛，2014；罗琼，2013）。在此过程中，两个子系统之间在无形中会有知识流以及信息流的传递，这些信息、知识经过选择以及内化等过程，由隐性知识转变为显性知识，被各子系统所利用，以此往复循环，复合系统将逐渐强大并迎来质的变化，即产生协同效应（乔志强，2009）。

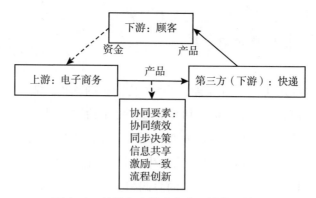

图 4-1　快递与电子商务产业链协同模型

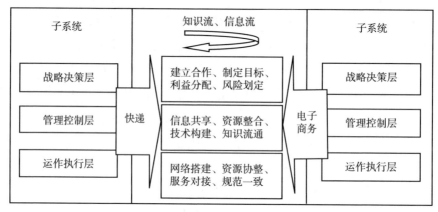

图 4-2　快递与电子商务复合系统协同

二、协同度模型构建

　　根据上文中建立的快递与电子商务产业链协同作用模型图和快递与电子商务复合系统协同图，深入了解了快递与电子商务在产业链中的协同模式，以及复合系统内部的协同方式，据此，在协同学理论的基础上，构建快递电子商务协同度模型（杜龙政等，2010；胡求光和朱安心，2007；Haken，1978）。

定义 1：协同过程

设快递与电子商务组成的复合系统 $S = f(S_1, S_2)$，S_1 为快递子系统，

S_2 为电子商务子系统，f 为快递子系统与电子商务子系统协同发展的复合因子。

在复合系统的协同演化过程中，每一个子系统都由若干个序参量所支配，序参量操控着复合系统中子系统之间的协同作用。

设子系统 S_i 的序参量为 $e_i = (e_{i1}, e_{i2}, \cdots, e_{in})$，其中，$i \in [1, 2]$，$n \geq 1$，$\beta_{ij} \leq e_{ij} \leq \alpha_{ij}$，$j \in [1, n]$。这里的 β_{ij} 和 α_{ij} 分别是系统在稳定状态下，序参量 e_{ij} 的下限与上限。

依据协同理论，慢参量在临界点处会对系统产生截然相反的正、负两种功效。这里的正功效是指随着慢参量的增大，系统的有序度增大；负功效是指随着慢参量的增大，系统有序度降低。

因此，一般假定，e_{i1}，e_{i2}，$\cdots$，e_{il} 的取值越大，系统有序度就越高；$e_{il}+1$，$e_{il}+2$，$\cdots$，e_{in} 的取值越大，系统有序度就越低。由此，可以定义子系统序参量有序度以及子系统有序度。

定义 2：子系统有序度

快递子系统与电子商务子系统 S_i 的序参量 e_{ij} 的有序度公式为：

$$u_i(e_{ij}) = \begin{cases} \dfrac{e_{ij} - \beta_{ij}}{\alpha_{ij} - \beta_{ij}}, & j \in [1, l] \\[3mm] \dfrac{\alpha_{ij} - e_{ij}}{\alpha_{ij} - \beta_{ij}}, & j \in [l+1, n] \end{cases} \qquad (4-1)$$

由式（4-1）可知，$u_i(e_{ij}) \in [0, 1]$，$u_i(e_{ij})$ 的值越大，序参量 e_{ij} 对系统有序度的作用越大。因此，从整体上来看，序参量 e_{ij} 在子系统 S_i 有序度中的贡献作用，可以通过序参量有序度 $u_i(e_{ij})$ 的集成来实现。子系统有序度在整体上的表现，不仅取决于序参量有序度的大小，还取决于各序参量之间的有效组合。本书采用线性加权方法，模拟并定义子系统 S_i 的有序度。

$$u_i(e_i) = \sum_{j=1}^{n} \lambda_j u_i(e_{ij}), \lambda_j \geq 0 \text{ 且 } \sum_{j=1}^{n} \lambda_j = 1 \qquad (4-2)$$

由式（4-2）可知，$u_i(e_i) \in [0, 1]$，其中，λ_j 为相对应的序参量 e_{ij} 的权重，反映了序参量 e_{ij} 在系统有序度中所起到的作用。λ_i 的确定要考虑到系统的运行现状以及发展目标，在本研究中，λ_i 采用熵值法来确定。$u_i(e_i)$ 值越大，序参量 e_i 对子系统 S_i 的贡献作用越大，子系统 S_i 的有序度越大；$u_i(e_i)$ 值越小，序参量 e_i 对子系统 S_i 的贡献作用越小，子系统 S_i 的有序度越小。

定义 3：复合系统协同度

假定在给定的时刻 t_0，子系统序参量的系统有序度为 $u_i^0(e_i)$，$i \in [1, 2]$；随着复合系统在子系统的相互作用下的协同演变，在 t_1 时刻，子系统序参量的系统有序度为 $u_i^1(e_i)$，$i \in [1, 2]$。因此，在 t_0 到 t_1 这段时间内，复合系统的协同度公式为：

$$syn = \theta \sqrt{\left| \prod_{i=1}^{2} \left[u_i^1(e_i) - u_i^0(e_i) \right] \right|} \qquad (4-3)$$

$$\theta = \frac{\min_i \left[u_i^1(e_i) - u_i^0(e_i) \right]}{\left| \min_i \left[u_i^1(e_i) - u_i^0(e_i) \right] \right|} \qquad (4-4)$$

由式（4-3）可知，$syn \in [-1, 1]$。当 $syn \in [0, 1]$ 时，复合系统协同度 syn 值越大，子系统协同程度越高；复合系统协同度 syn 值越小，子系统协同程度越低。当一个子系统有序度较高，而其他子系统有序度较低时，复合系统协同度不高，此时，$syn \in [-1, 0]$。

第三节　序参量指标体系构建

一、原始指标及数据来源

序参量是伴随着系统从无序到有序的相变而产生的。在系统发生相变之前，序参量为零，当相变发生后，序参量随着系统有序度的增强而快速增大。序参量来源于子系统的协同作用并支配着子系统的行为。子系统间的协同作用生成有序结构，并且当存在多个序参量时，多个序参量协同一致共同决定系统的有序结构（孙玲，2009）。

　　本书依据系统性、科学性、可操作性、可比性、层次性以及简明性的原则，参照我国当前快递与电子商务实际发展水平，综合考虑以往文献中指标的选取，选取使用频度较高且数据可获得的指标，且选取的指标需要能够充分体现系统的有序性质。本书的原始指标主要从两类进行选取，一类是基础设施，无论是快递还是电子商务，都依赖于基础设施的发展，良好的基础设施能够为快递与电子商务的发展助力，加快其发展速度，相反的，基础设施的缺乏会严重阻碍快递与电子商务的发展；另一类是经营规模，经营规模能够从经济指标角度较好地体现快递与电子商务的发展水平、现状以及状态。综上所述，分别从中国邮政管理局官方网站、中国电子商务研究中心官方网站以及中国统计年鉴获取 2008～2015 年共 8 年的能够代表电子商务与快递发展水平的序参量原始指标及数据，其中，快递子系统序参量指标体系中包括 10 个经营规模指标、11 个基础设施指标；电子商务子系统序参量指标体系中包括 12 个经营规模指标、14 个基础设施指标。如表 4－1 和表 4－2 所示。

表 4－1　　　　　　　　　　　快递子系统序参量指标体系

一级指标	二级指标	代码	指标说明
经营规模	邮政行业业务收入（亿元）	Y_1	资料来源：国家邮政局编：《快递市场监管报告》，中国邮政管理局官方网站，2008～2015 年。
	邮政行业业务总量（亿元）	Y_2	
	快递服务企业业务量（亿件）	Y_3	
	快递服务企业业务收入（亿元）	Y_4	
	国内同城快递量（万件）	Y_5	
	国内异地快递量（万件）	Y_6	
	国际及港澳台快递量（万件）	Y_7	
	国内同城快递收入（亿元）	Y_8	
	国内异地快递收入（亿元）	Y_9	
	国际及港澳台快递收入（亿元）	Y_{10}	

一级指标	二级指标	代码	指标说明
基础设施	平均每一营业网点服务面积（平方公里）	Y_{11}	资料来源：国家统计局编：《中国统计年鉴》，中国统计出版社，2009～2016 年。
	平均每一营业网点服务人口（万人）	Y_{12}	
	邮路总长度（万公里）	Y_{13}	
	航空邮路总长度（公里）	Y_{14}	
	铁路邮路总长度（公里）	Y_{15}	
	汽车邮路总长度（公里）	Y_{16}	
	农村投递路线（公里）	Y_{17}	
	城市投递路线（公里）	Y_{18}	
	邮政业营业网点（处）	Y_{19}	
	快递营业网点（处）	Y_{20}	
	邮政业就业人员数（人）	Y_{21}	

表 4 - 2 　　　　　　　　　　电子商务子系统序参量指标体系

一级指标	二级指标	代码	指标说明
经营规模	电子商务交易额（万亿元）	X_1	资料来源：中国电子商务研究中心编：《中国电子商务市场数据监测报告》，中国电子商务研究中心官方网站，2008～2015 年。
	B2B 电子商务市场交易额（万亿元）	X_2	
	网络零售市场交易规模（亿元）	X_3	
	网络零售市场交易规模占比社会消费品零售总额（％）	X_4	
	电子商务服务企业直接从业人员（万人）	X_5	
	电子商务间接带动的就业人数（万人）	X_6	
	B2B 电子商务营收规模（亿元）	X_7	
	第三方电子商务平台的中小企业用户规模（万家）	X_8	
	B2B 电子商务企业规模（家）	X_9	
	网络购物用户规模（亿元）	X_{10}	
	移动网购交易规模（亿元）	X_{11}	
	网络购物渗透率（％）	X_{12}	计算得出：网络购物用户规模/互联网上网人数

一级指标	二级指标	代码	指标说明
基础设施	互联网宽带接入端口（万个）	X_{13}	
	互联网宽带接入用户（万户）	X_{14}	
	域名数（万个）	X_{15}	
	网站数（万个）	X_{16}	
	网页数（万个）	X_{17}	
	IPv4 地址数（万个）	X_{18}	
	城镇居民每百户家用电脑拥有量（台）	X_{19}	资料来源：国家统计局编：《中国统计年鉴》，中国统计出版社，2009～2016 年。
	城镇居民每百户移动电话拥有量（部）	X_{20}	
	农村居民每百户家用电脑拥有量（台）	X_{21}	
	农村居民每百户移动电话拥有量（部）	X_{22}	
	移动电话普及率（部/百人）	X_{23}	
	互联网普及率（%）	X_{24}	
	互联网上网人数（万人）	X_{25}	
	移动电话用户数（万户）	X_{26}	

二、基于聚类—灰色关联分析的指标筛选方法

本书中，快递子系统选择了 22 个原始指标，电子商务子系统选择了 26 个原始指标，由于快递与电子商务是最近几年才迅速发展起来的新兴产业，2008 年之后才渐成规模，相关数据搜集较为困难，因此只选取了 2008～2015 年 8 年的数据。本书的初始数据特点为，时间跨度较小、原始指标较多且数据量较少。聚类和灰色关联分析作为灰色系统理论的重要部分，对样本以及数据的数量、统计规律没有特殊性要求，适用于本书中的数据特点，并且该方法已经成功应用于经济、社会等众多领域之中。因

此，本书选择聚类—灰色关联分析方法筛选指标（顾在浜等，2013；鲍新中等，2012）。

（一）聚类分析方法及步骤

聚类是依据一定的准则，将指标变量按照相似程度进行分配，把相似性较大或距离较近的指标聚合在同一类中，使得聚合为同一类中的各个指标之间的差异较小，使不同类别中的指标之间的差异较大。通过聚类方法，能够将原始指标变量分类为差异较大的几类，使得不同类别指标之间反映的信息不同。

本书选用研究最深入且应用最广泛的系统聚类方法进行指标筛选。系统聚类的基本思想是，首先，将各个指标变量各自成为一类，若有 n 个指标，则分为 n 类；其次，通过指标变量间的距离或者相似性，将差异最小的两个指标变量聚合为一类，则分为 n－1 类；最后，通过新聚合的类与其余各指标变量间的距离或者相似性，再将差异较小的两类合并，则分为 n－2 类；不断重复以上的步骤，直到所有的指标变量均在同一类中，则分为 1 类。

常用的系统聚类方法有很多，这些方法的原则和步骤基本类似，只是不同类别之间的距离以及递推公式不同。本书选用离差平方和法（Ward 法）来具体地将指标变量聚类。该方法来源于方差分析，同一聚类中的指标变量离差平方和较小，不同聚类中的离差平方和较大。

若将 n 个指标分成 k 类，G_1，G_2，$\cdots$，G_k，n_i 指 G_i 中指标的个数，$X_i^{(j)}$ 为第 i 类指标即 G_i 中的第 j 个指标（$j=1$，2，$\cdots$，n_i），$\overline{X}_i$ 指第 i 类指标的样本平均值，则第 i 类指标的离差平方和 S_i 为：

$$S_i = \sum_{j=1}^{n_i} (X_i^{(j)} - \overline{X}_i)^{\mathrm{T}} (X_i^{(j)} - \overline{X}_i) \qquad (4-5)$$

k 个类总离差平方和 S 为：

$$S = \sum_{i=1}^{k} \sum_{j=1}^{n_i} (X_i^{(j)} - \overline{X}_i)^{\mathrm{T}} (X_i^{(j)} - \overline{X}_i) \qquad (4-6)$$

将两类合并所增加的离差平方和定义为平方距离，则距离为：

$$D_{pq}^2 = \frac{n_p n_q}{n_h}(\overline{X}_p - \overline{X}_q)^{\mathrm{T}}(\overline{X}_p - \overline{X}_q) \qquad (4-7)$$

递推公式为：

$$D_{rh}^2 = \frac{n_p + n_h}{n_r + n_h}D_{ph}^2 + \frac{n_q + n_h}{n_r + n_h}D_{qh}^2 - \frac{n_h}{n_r + n_h}D_{pq}^2 \qquad (4-8)$$

（二）灰色关联分析方法及步骤

灰色关联分析方法是指针对数据量小、信息贫乏的不确定性系统为研究对象，从有限的已知数据中挖掘有价值信息的一种分析方法。灰色关联分析的基本思想是，根据不同指标变量序列曲线形状的相似性来判断各个指标变量联系的紧密性，根据紧密性可以判别出系统中各个指标变量的主次关系，从而找出主导指标变量。通过灰色关联分析方法，能够将聚类分析中得到的同一类别中的多个指标变量进行筛选，从本身很相似的多个指标变量中筛选出一个能够主导系统整体的主要指标变量，在原始数据信息损失最小的情况下使高维度变量降维，以达到简化数据结构、降低指标相关性、筛选出具有代表性指标的目的。

在进行灰色关联分析之前，为了加强各指标变量之间的可比性，需要对原始数据进行转换，将负向性指标转换为正向性指标，本书中的指标均为正向性指标，无需转换。此外，由于灰色关联分析会受到指标的数量级和量纲的影响，为了排除这一不合理影响因素，需要对原始指标数据进行标准化处理。z-score 标准化方法的公式为：

$$x_i'(t) = \frac{x_i(t) - \overline{x}_i}{\sigma_i}, \quad (i=1,2\cdots,p,\ j=1,2,\cdots,n) \qquad (4-9)$$

其中，$\overline{x}_i = \frac{1}{n}\sum_{j=1}^n x_i(t)$，$\sigma_i = \sqrt{\dfrac{\sum_{j=1}^n (x_i(t) - \overline{x}_i)^2}{n-1}}$，$x_i(t)$ 为第 i 个指标第 t 年的数据，本书中共选取了 8 年的数据，故 n 为 8。

将预处理之后的指标变量，依次以各个指标变量为参考序列，其他四个指标为比较序列，以计算各个指标间的关联系数，则第 i 个指标和第 j 个指标在第 t 年的关联系数为：

$$r_{ij}(t) = \frac{\min\limits_{i}\min\limits_{j}|x_i'(t) - x_j'(t)| + \xi\max\limits_{i}\max\limits_{j}|x_i'(t) - x_j'(t)|}{|x_i'(t) - x_j'(t)| + \xi\max\limits_{i}\max\limits_{j}|x_i'(t) - x_j'(t)|}$$

$$(4-10)$$

其中，ξ 是分辨系数，$\xi \in (0, 1)$，作用是降低由于两极最大差值太大引起的失真，增强关联系数的差异显著性，一般取值为 0.5。$\Delta_{ij}(t) = |x_i'(t) - x_j'(t)|$ 是参考序列和比较序列的差序列，$\min\limits_{i}\min\limits_{j}\Delta_{ij}(t)$，$\max\limits_{i}\max\limits_{j}\Delta_{ij}(t)$ 分别为差序列的最大值和最小值。则第 i 个指标和第 j 个指标的关联度为：

$$r_{ij} = \frac{1}{n}\sum_{t=1}^{n}r_{ij}(t) \qquad (4-11)$$

其中，r_{ij} 越大，指标间的关联就越强。依次以同一聚类中的每个指标为参考序列，其他指标为比较序列，分别计算每一指标与其他指标的关联度，最后，计算每一指标与其他指标关联度的均值，即：

$$\bar{r}_i = \frac{1}{n}\sum_{i=1}^{n}r_{ij} \qquad (4-12)$$

将这些均值进行排序，均值的数值越大说明指标变量越重要，因此，选择均值最大的指标，作为筛选出的最终指标。

第四节　实证分析结果

一、指标选择

首先，将快递子系统与电子商务子系统的原始数据通过聚类分析

方法进行分类，使用 SPSS 软件系统聚类中的离差平方和法（Ward
法），指标变量间的距离选择欧氏距离进行聚类，结果如图 4－3 和图
4－4 所示。

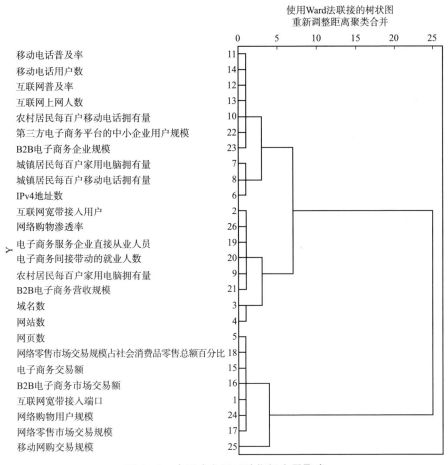

图 4－3　电子商务子系统指标变量聚类

在图 4－3 和图 4－4 中可以清晰地看出电子商务子系统聚合为三类，快
递子系统聚合为二类，将电子商务子系统与快递子系统的指标聚类整理在
表 4－3 和表 4－4 中。

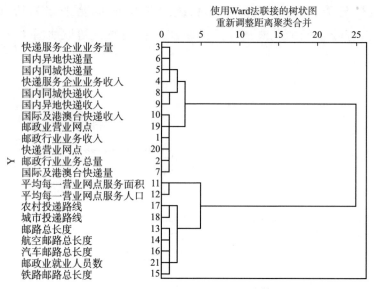

图 4-4　快递子系统指标变量聚类

表 4-3　　　　　　　　　　　电子商务子系统指标变量聚类结果

聚类	指标代码
第一类	X_1，X_5，X_{15}，X_{16}，X_{17}，X_{18}，X_{24}，X_{25}
第二类	X_2，X_3，X_4，X_9，X_{19}，X_{20}，X_{21}，X_{26}
第三类	X_6，X_7，X_8，X_{10}，X_{11}，X_{12}，X_{13}，X_{14}，X_{22}，X_{23}

表 4-4　　　　　　　　　　　快递子系统指标变量聚类结果

聚类	指标代码
第一类	Y_{11}，Y_{12}，Y_{13}，Y_{14}，Y_{15}，Y_{16}，Y_{17}，Y_{18}，Y_{21}
第二类	Y_1，Y_2，Y_3，Y_4，Y_5，Y_6，Y_7，Y_8，Y_9，Y_{10}，Y_{19}，Y_{20}

　　电子商务子系统与快递子系统中的各个聚类均由多个指标变量组成，因此，需要通过灰色关联分析方法剔除冗余的指标变量，在每个聚类中挑选出具有代表性的一个指标变量。电子商务子系统灰色关联分析的结果如表 4-5 所示，快递子系统灰色关联分析的结果如表 4-6 所示。

表 4－5　　　　　　电子商务子系统指标变量灰色关联分析结果

聚类	指标代码	重要度	筛选指标
第一类	X_1	0.84019	X_5
	X_5	**0.84413**	
	X_{15}	0.77980	
	X_{16}	0.77627	
	X_{17}	0.78310	
	X_{18}	0.83717	
	X_{24}	0.84133	
	X_{25}	0.72281	
第二类	X_2	0.93834	X_{20}
	X_3	0.69586	
	X_4	0.87588	
	X_9	0.93740	
	X_{19}	0.93821	
	X_{20}	**0.93855**	
	X_{21}	0.93670	
	X_{26}	0.93765	
第三类	X_6	0.68065	X_{11}
	X_7	0.67192	
	X_8	0.71932	
	X_{10}	0.77357	
	X_{11}	**0.80597**	
	X_{12}	0.80495	
	X_{13}	0.80544	
	X_{14}	0.79997	
	X_{22}	0.80214	
	X_{23}	0.75164	

表 4 - 6　　　　　　　　　快递子系统指标变量灰色关联分析结果

聚类	指标代码	重要度	筛选指标
第一类	Y_{11}	0.75757	Y_{13}
	Y_{12}	0.75369	
	Y_{13}	**0.78078**	
	Y_{14}	0.78024	
	Y_{15}	0.61604	
	Y_{16}	0.76404	
	Y_{17}	0.71792	
	Y_{18}	0.73749	
	Y_{21}	0.76265	
第二类	Y_1	0.71551	Y_3
	Y_2	0.82684	
	Y_3	**0.86358**	
	Y_4	0.85251	
	Y_5	0.84988	
	Y_6	0.86348	
	Y_7	0.85603	
	Y_8	0.77486	
	Y_9	0.72889	
	Y_{10}	0.83872	
	Y_{19}	0.83500	
	Y_{20}	0.72978	

　　根据灰色关联分析结果，在电子商务子系统第一聚类中选择 X_5，在第二聚类中选择 X_{20}，在第三聚类中选择 X_{11}，因此，电子商务子系统的指标体系包括网页数、电子商务间接带动的就业人数、移动电话普及率三个指标；在快递子系统第一聚类中选择 Y_{13}，在第二聚类中选择 Y_3，因此，快递子系统的指标体系包括邮路总长度、快递服务企业业务量两个指标。

　　邮路总长度代表了快递递送网络的发展情况，快递服务企业业务量代表了快递的发展规模；网页数代表了当前互联网的发展水平，电子商务间接带动的就业人数代表了电子商务的发展规模，移动电话普及率代表了基础硬件设施的发展程度。快递指标体系和电子商务指标体系均具有很好的代表性。

二、协同度测算

电子商务子系统与快递子系统 2008 ～ 2015 年的各指标原始数据如表 4 - 7 所示。

表 4 - 7　　　　　电子商务子系统与快递子系统各指标原始数据

时间	电子商务子系统			快递子系统	
	X_5	X_{20}	X_{11}	Y_{13}	Y_3
2008 年	1608637	570	48.53	369.3	15.1
2009 年	3360173.2	800	56.27	402.8	18.6
2010 年	6000806	1200	64.36	463.6	23.4
2011 年	8658229.8	1350	73.55	514	36.7
2012 年	12274861.7	1500	82.5	585.5	56.9
2013 年	15004076.3	1680	90.33	589.7	91.9
2014 年	18991864.9	1800	94.03	630.6	139.6
2015 年	21229622.4	2000	92.49	637.6	206.7

为了区别各指标对于系统的贡献，采用熵值法确定子系统中各指标的权重，如表 4 - 8 所示。

表 4 - 8　　　　　电子商务子系统与快递子系统指标权重

名称	电子商务子系统			快递子系统	
指标代码	X_5	X_{20}	X_{11}	Y_{13}	Y_3
权重	0.71	0.21	0.08	0.05	0.95

　　由于子系统中各个指标在量纲上和数量级上存在差异，因此，需要进行标准化后才能进行有序度的测算，本书采用 z-score 标准化方法，即式（4 - 9）的方法将数据进行标准化处理。结果如表 4 - 9 所示。

表 4 - 9　　　　　　　　电子商务子系统与快递子系统各指标标准化

时间	电子商务子系统			快递子系统	
	X_5	X_{20}	X_{11}	Y_{13}	Y_3
2008 年	- 1. 2888	- 1. 61358	- 1. 53381	- 1. 4985	- 0. 85201
2009 年	- 1. 04561	- 1. 14529	- 1. 08963	- 1. 17429	- 0. 80105
2010 年	- 0. 67898	- 0. 33086	- 0. 62537	- 0. 58588	- 0. 73116
2011 年	- 0. 31001	- 0. 02545	- 0. 09799	- 0. 09811	- 0. 53749
2012 年	0. 19214	0. 27996	0. 41562	0. 59386	- 0. 24335
2013 年	0. 57107	0. 64645	0. 86496	0. 63451	0. 26629
2014 年	1. 12475	0. 89078	1. 0773	1. 03033	0. 96086
2015 年	1. 43544	1. 29799	0. 98892	1. 09808	1. 93792

　　将标准化后的各指标数据和各指标权重代入到前文构建的协同度测算模型中，计算出电子商务子系统有序度、快递子系统有序度以及复合系统的协同度，如表 4 - 10 所示。

表 4 - 10　　　　　　　　子系统有序度及复合系统协同度

时间	电子商务子系统有序度	快递子系统有序度	复合系统协同度
2008 年	0	0	—
2009 年	0. 11124	0. 02360	0. 05123
2010 年	0. 28026	0. 05872	0. 07705
2011 年	0. 41517	0. 13406	0. 10082
2012 年	0. 58436	0. 24755	0. 13856
2013 年	0. 72380	0. 42187	0. 15591
2014 年	0. 89246	0. 66600	0. 20292
2015 年	1	1	0. 18952

从表4-10中可以看出，2008~2015年，电子商务子系统和快递子系统的有序度均逐年增加，说明电子商务子系统和快递子系统一直在向正规化、有序化发展，渐成规模；复合系统的协同度在2008~2014年逐年增加，但在2015年的协同度低于2014年，说明复合系统的协同度在逐年提高，但协同发展还不稳定，有待进一步加强。

依据表4-10中的数据，绘制图4-5和图4-6。从图4-5中可以看出，虽然电子商务子系统与快递子系统的有序度均在逐年增加，但快递子系统的有序度一直低于电子商务子系统的有序度，这与电子商务与快递的发展现状相符合。近年来，电子商务一直发展较快，快递在很大程度上依赖于电子商务的带动，同时也说明，快递在电子商务的发展中起到了一定的阻碍作用。因此，在实践中，应加大快递发展的推动力度，使快递的发展呈现出规模化、有序化的方向发展，以此进一步促进电子商务的发展。从图4-6中可以看出，复合系统的协同度在2009~2012年持续稳定增长，2013年的增速放缓，并且在2015年呈现出了下降趋势。电子商务与快递两者相辅相成，任何一方的发展的好坏都会受到另一方的促进或者制约，二者的协同发展至关重要。可以看出，虽然电子商务子系统与快递子系统都在逐渐呈现出有序化的发展，但电子商务子系统与快递子系统的协同却有下降趋势。这在一定程度上说明，电子商务与快递要增进相互之间的协同与配合，创新出更多的协同发展模式。

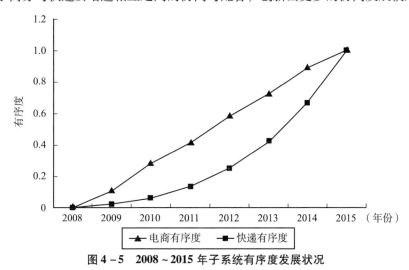

图4-5 2008~2015年子系统有序度发展状况

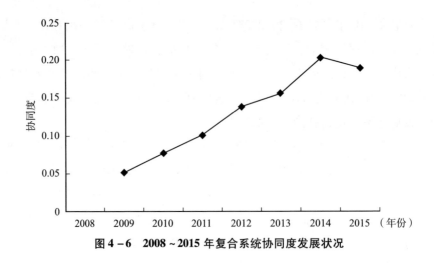

图 4-6　2008～2015 年复合系统协同度发展状况

第五节　结论与展望

　　快递与电子商务是近些年才发展起来的新兴产业，发展十分迅速，随着大数据的广泛应用及技术的成熟，其发展模式逐渐趋于稳定。本书在以往研究的基础上，以产业链为着眼点，梳理了快递与电子商务的协作模式。虽然快递与电子商务处于同一产业链中，但快递作为电子商务与顾客之间的协调者与传递者，在以往的产业链研究中却常常被忽视，本书将快递与电子商务作为产业链中的主体进行研究，能够更好地理解二者的衔接关系、协作方式以及协同发展模式。

　　本书在快递与电子商务指标体系的选取上采用了聚类—灰色关联分析这一数据挖掘方法，从快递的 21 个指标中提取了 2 个指标，即邮路总长度和快递服务企业业务量；从电子商务的 26 个指标中提取了 3 个指标，即网页数、电子商务间接带动的就业人数和移动电话普及率。快递指标体系和电子商务指标体系均具有很好的代表性，能够为以后研究中的指标选择提供良好的参考。

　　在此基础上，依据协同学理论建立了快递与电子商务产业链协同度模型，并用 2008～2015 年的面板数据测算了二者的协同度，依据快递与电子商务的实际发展现状，以及现有的监测数据，从实证的角度说明了快递与电子商务产业链协同发展水平和程度。结果显示，快递与电子商务呈现出良好的协同发展态势，但协同发展的效果仍不稳定。因此，在系统发展方面依然需要进一步完善；同时，电子商务子系统有序度要大于快递子系统有序度。由此可以看出，电子商务给快递业带来红利的同时又倒逼着快递业从传统模式向新型模式加速转型升级，快递与电子商务产业需要进一步的深度融合发展，才能达到更好的协同效果。

在实践中，快递与电子商务产业的合作在不断完善之中形成了当今这种创新协同发展模式，它们为了共同的利益而彼此间相互渗透、相互促进、深度融合。如，京东建立了自己的快递配送体系，阿里巴巴将各大快递企业联合并建立起依托于大数据平台的菜鸟网络，当当网选择与第三方快递企业建立合作，苏宁易购也建立了自己的物流体系，还有更多的电子商务企业选择第三方快递进行递送。随着大数据时代的到来，快递与电子商务产业的发展模式更加成熟稳定，合作不断深入，协同效应将进一步提升，但在协同过程中仍有很多问题与障碍需要不断地解决，这可能还需要更多的磨合。

综观当今快递业的发展，特许经营模式在短期内的网络布局中起着重要的作用。各快递企业为了快速布局各省市网络，大都采用特许经营的模式。它能有效地解决当前这种快速形成服务网络，形成专业化快递系统。但是由于它们往往是由很多产权用利益分散的小型组织所组成，并没有经过严格的培训，其利益目标、管理规范、企业文化等都难以形成高度的统一性及一致性。反映在现实中就是快递网络的各个网络节点难于按照统一标准进行规范管理，服务质量难于保证。因此，服务质量和运送速度在成本及局部利益面前成为了制约其发展的难题。因此，虽然快递业的有序度在逐渐上升，这些制度及模式上的缺陷也是其必须解决的瓶颈。这也是其产业未来转型发展的方向。可以预见，随着大数据技术的成熟及更广泛的应用，快递业与电子商务产业将会为社会提供更加有效的服务，而两者的进一步的融合、协同则是产业发展的必然结果。

未来的研究需要在产业链视角上进一步细化与深化，从产业链结构、产业链关系以及产业链治理等方面，说明快递与电子商务产业链协同的具体机制，找出适合不同产业链结构和产业链关系的治理方法。其次，随着京东物流和菜鸟物流等电商物流的发展，大数据和信息技术被更多的应用在产业链协同中，对于大数据和信息技术对产业链协同作用的影响，也是未来的一个研究方向。此外，快递与电子商务产业链的协同作用是一个动态演化的过程，在以后的研究中，可以从动态发展的视角对此进行研究。

第五章 数字新基建对中国参与
全球价值链的影响研究

本章主要研究数字新基建对中国参与全球价值链的影响。①

第一节 引　　言

近年，随着 5G 通信技术及工业互联网等数字技术深度普及，全球价值链分工愈加深入，更多国家、地区借助数字技术跨域联结并融入全球生产网络，实现资源高效配置。对于曾凭借低成本生产要素与劳动要素嵌入 GVC②的中国而言，数字经济时代催生全球价值链重塑，对中国发展显然具有不利效应（李玉荣，2020）。2018 年 12 月，中央经济工作会议首次提出新基建概念，强调数字经济时代的新基建既是中国促进新旧动能转换的重要杠杆和加速器，也是中国参与全球价值链的重要创新基础。在这一背景下，完备的数字新基建成为数字经济发展、融入全球价值链的重要载体与介质。2021年 3 月，十三届全国人大四次会议表决通过《"十四五"规划》，强调着力推进数字新基建全面布局与转型升级，建设技术先进、全球领先、品质优良、高效运行的数字新基建体系，助推中国深度参与全球价值链。

囿于数字新基建概念提出时间尚短，有关数字新基建与中国参与全球价

---

① 何维达，付恩琦数字新基建对中国参与全球价值链的影响研究经济体制改革，2022（6）：190－196.

② 嵌入全球价值链：Global Value Chain，简称 GVC。

值链的实证研究相对偏少，且普遍聚焦于单一主体影响因素视角。就数字新基建角度而言，数字新基建可以推动流通行业全要素生产率提升（陈开红，2021），助力中国经济高质量发展，并驱动中国数字经济发展（赵建波，2021）。马淑琴等（2021）认为，就中国参与全球价值链角度而言，OFDI绿色技术溢出较为明显。刘德学、吴旭梅（2021）认为，信息通信技术与制造业发展均可助力中国深度参与全球价值链。已有研究结论为本次实证探讨夯实一定理论基础，但现时学术界并未将数字新基建与中国参与全球价值链纳入同一框架展开研究，可进行补充、拓展。与现有文献相比，主要在以下几方面有所改进：其一，按照国家发展改革委区分方式将数字新基建具化为信息基础设施、融合基础设施、创新基础设施，并按照对应设施布置数量衡量数字新基建的发展程度，摆脱以往数字新基建作为虚拟变量的研究桎梏。其二，进一步将中国参与全球价值链细分为制造行业与服务行业，使研究更加全面化、具体化。

第二节　研　究　设　计

引力模型是应用广泛的空间相互作用模型，本质属于分析、预测空间相互作用形式的数学方程。近年，引力模型已被不断拓展并广泛运用于国际贸易、空间布局和人口迁移等领域的研究，取得诸多有益研究成果。而衡量全球价值链嵌入程度的重要指标即是国际贸易水平（曲越等，2021；张志明等，2021）。同时，引力模型也可对数字新基建的空间分布进行全面、深入的探讨（孙犁等，2021）。由此，为深度探讨数字新基建对中国参与全球价值链的具体影响，拟使用引力模型开展实证研究。在引力模型中，设定数字新基建作为解释变量、中国参与全球价值链作为被解释变量。同时，考虑到外贸依赖度、政府支持、物流绩效及研发投入会对数字新基建和中国参与全球价值链造成影响，参照一般文献研究方法在模型之中纳入控制变量，使研究结果论证更加可信。

一、变量选取

（一）被解释变量

选用中国参与全球价值链程度（GVC_chi）作为被解释变量。亚洲开发银行曾基于发展组织投入产出表（IOT）、经济合作与世界投入产出数据库（WIOD）编制贸易增加值统计数据库和多区域投入产出表（MRIOT）。结合张中元（2019）的研究方法，拟使用亚洲开发银行的 MRIOT 相关数据表征中国参与全球价值链的程度，即前向垂直专业化效率：

$$GVC\_chi_{ij} = \frac{IND_{rex} + RDW + DDB}{E}$$

其中，E 表示经济体的出口增长总值；IND_{rex} 表示经济体 i 向经济体 j 进行出口的国内部分中间品增长值，经济体 j 将这部分中间品增长总值再次出口并被其他经济体（不包含出口经济体 i）进行反复吸纳；RDW 是经济体 i 在经济体 j 出口中间品中的国内部分增长值；DDB 代表经济体 i 中间品实现出口的国内价值重复计算部分。此外，根据陈贵富和吴腊梅（2021）的研究，将中国参与全球价值链的主体具体划分为制造行业（GVC_k）与服务行业（GVC_f）。

（二）核心解释变量

将数字新基建（NCC）设定为本书核心解释变量。为全面测度数字新基建的发展水平，结合国家发改委最新划分方法，将数字新基建分为信息基础设施、融合基础设施、创新基础设施三个维度。其中，信息基础设施（XCI）以全国 5G 基站布设数量、全国超大型和大型数据中心建设数量以及智能计算中心数量进行衡量。融合基础设施（CI）以智慧公路铺设里程、新能源汽车充电桩数量进行表征。创新基础设施（TII）以国家新型工业产业化示范基地建设数量、国家级科教基础设施建设数量以及国家级重大科技基础设施建设数量进行衡量。

（三）控制变量

选取外贸依赖度、政府支持、物流绩效、研发投入作为此次研究模型的控制变量。详列如下：外贸依赖度（emp）：采用国家进出口总额占自身 GDP 比重进行测量。政府支持（gov）：采用政府规模集中体现政府对社会公共服务的干预程度，即利用地方政府公共财政支出占 GDP 数值比重进行详细测算。物流绩效（wlz）：国际物流绩效指数具体由六部分组成，分别包括贸易与运输基础设施建设指数、货品按时送达效率指数、检测货物运输状态指数、海关边境管理效果指数、物流社会服务水平指数以及货运价值指数。研发投入（rdi）：使用大中型高科技工业企业科研经费与总支出之比衡量研发投入水平。

二、数 据 来 源

由于港澳台地区在数字新基建发展体制、嵌入全球价值链政策规划方面均与内陆存在较大差别，且西藏地区部分测算指标数据缺失严重，故在研究中将上述地区进行剔除。就此，选取 2011～2020 年中国 30 个省份的省际面板数据分析数字新基建对中国参与全球价值链的影响。主要数据来源于历年《中国统计年鉴》、《中国科技统计年鉴》和《中国新型基础设施建设（新基建）行业前瞻与投资规划分析报告》。值得注意的是，中国是在 2018 年年底首次提出"新基建"概念，2011～2018 年缺少关于数字新基建的专项统计数据。对此，本书 2011～2018 年相关研究数据均通过历年《中国统计年鉴》《中国互联网发展报告》《中国固定资产投资报告》整合而来。针对部分研究数据缺失情况，以平均值或是拟合值进行代替。

三、变量描述性分析及相关性检验

描述性统计分析结果如表 5-1 所示。据表 5-1 可知，2011～2020 年中国参与全球价值链的均值为 1.061，其中最低为 0.757，最高达到 1.161。

进一步将参与全球价值链拆分为制造行业、服务行业以后,制造行业均值为1.051,大于服务行业均值(1.002)。数字新基建发展水平均值为177.082,将其划分为信息基础设施、融合基础设施、创新基础设施以后,融合基础设施发展水平最高,均值达到172.420,融合基础设施、创新基础设施相对次之。在控制变量方面,外贸依赖度、政府支持、物流绩效、研发投入均值分别为51.854、43.371、2.020、56.023。

表 5 - 1   变量描述性统计

变量	均值	标准差	最小值	最大值
GVC_chi	1.061	0.069	0.757	1.161
GVC_k	1.051	0.065	0.652	1.233
GVC_f	1.002	0.055	0.730	1.193
NCC	177.082	83.780	18.220	366.513
XCI	156.824	81.613	19.258	342.762
CI	172.420	83.771	17.306	331.821
TII	160.723	84.040	15.834	378.403
emp	51.854	23.142	15.095	140.798
gov	43.371	8.430	28.691	80.990
wlz	2.020	1.443	0.051	7.854
rdi	56.023	12.298	33.854	88.598

为研判所选变量之间是否存在线性相关,对所选变量进行相关性检验,对应结果如表 5 - 2 所示。检验结果表明,数字新基建与中国参与全球价值链呈现显著相关,可进行实证检验。

表 5 - 2   相关性检验

变量	GVC_chi	NCC	emp	gov	wlz	rdi
GVC_chi	1.000					

续表

变量	GVC_chi	NCC	emp	gov	wlz	rdi
NCC	0. 353 *** (0. 0001)	1. 000				
emp	− 0. 185 ** (0. 0001)	− 0. 529 *** (0. 0001)	1. 000			
gov	0. 139 *** (0. 0002)	0. 485 *** (0. 0001)	0. 575 *** (0. 0001)	1. 000		
wlz	0. 039 ** (0. 0001)	0. 0142 * (0. 0001)	0. 104 *** (0. 0001)	0. 147 *** (0. 0001)	1. 000	
rdi	0. 181 *** (0. 0001)	0. 3062 *** (0. 0001)	0. 802 *** (0. 0001)	0. 562 *** (0. 0001)	0. 499 *** (0. 0002)	1. 000

注：*、**、*** 依次表示 10%、5%、1% 水平显著，括号内为 P 值。

四、变量平稳性检验

为避免实证结果出现"伪回归"现象，应用 LLC 和 IPS 方法对数据进行检验，对应检验结果见表 5 − 3。研究结果显示，此次模型所选变量均属平稳，并无单位根存在，也无协整问题，可使用面板数据模型进行估计。

表 5 − 3   平稳性检验

变量	同质检验		异质检验		结论
	t-value	Sig.	w-t-bar	Sig.	
GVC_chi	− 16. 513	0. 00	− 12. 461	0. 00	平稳
GVC_k	− 15. 490	0. 00	− 12. 131	0. 00	平稳
GVC_f	− 13. 143	0. 00	− 9. 743	0. 00	平稳
NCC	− 8. 780	0. 00	− 6. 131	0. 00	平稳
XCI	− 5. 210	0. 02	− 4. 309	0. 00	平稳
CI	− 2. 643	0. 00	− 2. 980	0. 00	平稳
TII	− 4. 647	0. 00	− 2. 753	0. 00	平稳

续表

变量	同质检验		异质检验		结论
	t-value	Sig.	w-t-bar	Sig.	
emp	-1.368	0.00	-2.480	0.00	平稳
gov	-10.780	0.00	-2.567	0.01	平稳
wlz	-3.582	0.00	-2.789	0.00	平稳
rdi	-3.641	0.00	-2.990	0.00	平稳

五、模型设定

黄志华（2020）的引力模型及吴群峰（2019）拓展引力模型中重点包括三种变量：第一种是衡量地理区位变量，例如两国经济核心腹地的直线距离、两国间临近地理距离；第二种是测量影响数字基础设施建设的其他变量，例如资金、交通、电力供应；第三种是测算参与全球价值链市场规模的变量。基于此，在研究数字新基建对中国参与全球价值链的影响时，构建如下引力模型：

$$GVC\_chi_{ijt} = \alpha_0 + \alpha_1 NCC_{ijt} + K\beta + \mu_i + u_j + \varepsilon_{ijt} \tag{5-1}$$

式中，GVC_chi_{ijt} 表示中国参与全球价值链程度。此变量是反映出口、进口双向数值的具体变量，i 表示中国出口经济体，j 表示中国进口经济体；NCC_{ijt} 表示中国经济体 i 和 j 数字新基建的发展程度；K 属于控制变量，主要包括中国各区域的外贸依赖度、政府规模、物流绩效与研发投入等变量，β 表示回归系数变量；u_i 和 u_j 表示固定发展效应项；ε_{ijt} 属于数值误差项。

工具变量的回归计算结果极不稳定，用其消除引力模型中的内生性问题具有不可靠性。基于此，在引力模型中融入时间固定效应项或双边固定效应项，可以最大化消减区域数字新基建变量估值的内生性问题。这一基础上，该引力模型中的"多边阻力"效应项处于随时变化状态：

$$GVC\_chi_{ijt} = \alpha_0 + \alpha_1 NCC_{ijt} + K\beta + \mu_{it} + u_{jt} + \varepsilon_{ijt} \tag{5-2}$$

式中，μ_{it} 和 u_{jt} 分别表示进口经济体和出口经济体的年度固定效应项数值。

第三节　实证分析

一、基准回归分析

为充分避免数字新基建估值受到内生性误差影响，在进行实证回归分析之前需要纳入"国家—时间"固定效应项。使用式（5－2）进行测算，得到表5－4。估计结果显示，数字新基建可正向推动中国参与全球价值链。该结论在加入控制变量及其他因素之后仍然成立。其中，尚未加入控制变量的影响系数为0.054，在5%水平显著。加入控制变量以后的影响系数达到0.067，在1%水平显著。这就表明，在控制其他影响因素以后，数字新基建每提升1个单位，中国参与全球价值链将平均提升0.067个单位。

表5－4　　　　　　数字新基建对中国参与全球价值链的影响

变量	GVC_chi	GVC_chi
NCC	0.054 ** (0.024)	0.067 *** (0.003)
emp	—	－ 0.032 ** (0.0002)
gov	—	0.037 *** (0.135)
wlz	—	0.029 *** (0.196)
rdi	—	0.087 *** (0.200)
控制变量	未控制	控制
常数项	87.680 *** (4.523)	82.490 *** (4.045)
样本数	18450	18450
调整 R^2	0.216	0.297

注：** 、*** 依次表示5%、1%水平显著，括号内为P值。

在控制变量中，外贸依赖度对中国参与全球价值链具有负面影响。政府支持对中国参与全球价值链产生正面影响。物流绩效的回归系数为 0.0294，在 1% 水平显著，对中国参与全球价值链具有正向影响。研发投入对中国参与全球价值链具有积极作用，影响系数达到 0.087。

二、区分数字新基建类型

利用式（5-2）测算各维度对中国参与全球价值链的具体影响（见表 5-5）。第（1）列的主要解释变量是信息基础设施（XCI），基准回归系数为 0.031，在 10% 水平上显著。可以知悉，数字新基建中的信息基础设施建设水平提高，可显著提升中国之于全球价值链的前向垂直专业化效率。第（2）列主要解释变量即是数字新基建中的融合基础设施（CI），对应回归系数为 0.008，但并不显著。第（3）列的主要解释变量是创新基础设施（TII），其回归系数在 1% 水平上显著为正。

表 5-5　　　　　数字新基建中各维度对中国参与全球价值链的影响

变量	(1)	(2)	(3)
XCI	0.031 * (4.851)	—	—
CI	—	0.0084 (1.510)	—
TII	—	—	0.065 *** (5.431)
emp	-27.63 *** (-5.773)	-26.43 *** (-5.510)	-29.92 *** (-6.250)
gov	0.0036 (0.560)	0.0038 (0.421)	0.0034 (0.451)
wlz	1.879 *** (12.88)	1.801 *** (12.88)	1.740 *** (12.45)

续表

变量	(1)	(2)	(3)
rdi	1.986*** (13.328)	1.996*** (13.450)	1.968*** (13.561)
常数项	88.59*** (4.681)	83.56*** (4.431)	84.16*** (4.570)
被解释变量	GVC_chi	GVC_chi	GVC_chi
样本数	18450	18450	18450
调整 R^2	0.6651	0.6652	0.6651

注：*、***依次表示10%、1%水平显著，括号内为P值。

三、分解中国参与全球价值链

按照中国行业参与全球价值链的行业进行划分，探讨数字新基建对中国服务行业、制造行业参与全球价值链的影响。就此，基于式（5-2）进行测算，得到表5-6所示结果。估计结果表明，数字新基建对于促进中国服务行业和制造行业参与全球价值链均存在显著正向影响，且对中国制造行业的影响作用更为明显。具体来说，在控制外贸依赖等因素影响后，数字新基建每提升1个单位，中国服务行业参与全球价值链平均提升0.06个单位，制造行业平均提升0.072个单位。

表5-6　　数字新基建对中国服务行业、制造行业参与全球价值链的影响

变量	GVC_k	GVC_k	GVC_f	GVC_f
NCC	0.058** (0.012)	0.060*** (0.001)	0.0451*** (0.010)	0.0721*** (0.076)
emp	—	-0.010* (0.0025)	—	-0.0328* (0.0006)
gov	—	0.035** (0.0075)	—	0.038** (0.005)
wlz	—	0.028*** (0.0075)	—	0.030** (0.003)

续表

变量	GVC_k	GVC_k	GVC_f	GVC_f
rdi	—	0.039 ** (0.0049)	—	0.042 *** (0.007)
常数项	83.561 *** (4.432)	86.154 *** (4.547)	84.168 *** (4.579)	96.894 *** (4.741)
样本数	18450	18450	18450	18450
调整 R^2	0.6651	0.6443	0.6652	0.6702

注：*、**、*** 依次表示 10%、5%、1% 水平显著，括号内为 P 值。

四、双维拆分

在单独拆分数字新基建类型、分解中国参与全球价值链的基础上，同时拆分数字新基建类型、行业参与全球价值链，进一步利用式（5-2）进行测算，得到表 5-7。其中，第（1）列、第（2）列、第（3）列分别代表信息基础设施、融合基础设施、创新基础设施对服务行业参与全球价值链的影响；第（4）列、第（5）列、第（6）列分别代表信息基础设施、融合基础设施、创新基础设施对制造行业参与全球价值链的影响。具体来说，信息基础设施对服务行业参与全球价值链的影响系数为 0.013，在 5% 水平显著；对制造行业参与全球价值链的影响系数为 0.018，在 1% 水平显著。融合基础设施对服务行业、制造行业参与全球价值链的影响均为正数，但并不显著。创新基础设施对服务行业参与全球价值链的影响系数为 0.096，对制造行业参与全球价值链的影响系数为 0.089，均在 1% 水平显著。

表 5-7　　　　数字新基建各维度对中国服务行业、
制造行业参与全球价值链的影响

变量	(1)	(2)	(3)	(4)	(5)	(6)
XCI	0.013 ** (3.154)	—	—	0.018 *** (2.26)	—	—

续表

变量	(1)	(2)	(3)	(4)	(5)	(6)
CI	—	0.006 (2.410)	—	—	0.004 (2.754)	—
TII	—	—	0.096 *** (4.832)	—	—	0.089 *** (4.033)
emp	−0.124 ** (−2.471)	−0.217 ** (−2.441)	−0.226 ** (−2.427)	−0.141 ** (−1.354)	−0.048 ** (−3.052)	−0.016 ** (−1.392)
gov	3.341 * (5.084)	3.754 *** (5.184)	3.542 *** (5.039)	2.038 *** (4.1827)	2.451 *** (3.240)	2.750 *** (4.158)
wlz	0.053 ** (0.230)	0.064 ** (0.362)	0.054 *** (0.047)	0.049 *** (0.8271)	0.048 *** (0.399)	0.015 *** (0.082)
rdi	1.075 ** (11.321)	1.063 *** (10.231)	1.054 * (9.851)	1.524 *** (4.1683)	1.865 *** (1.575)	1.941 *** (6.517)
常数项	−5.421 (−0.460)	−0.452 (−0.380)	−7.506 (−0.628)	−2.236 (−0.435)	−0.650 (−0.150)	−7.487 (−0.504)
被解释变量	GVC_k	GVC_k	GVC_k	GVC_f	GVC_f	GVC_f
样本数	18420	18420	18420	18420	18420	18420
调整 R^2	0.882	0.882	0.882	0.879	0.879	0.879

注: * 、 ** 、 *** 依次表示10% 、5% 、1% 水平显著, 括号内为 P 值。

五、稳健性检验

选取面板数据模型双边固定效应以及一阶差分法进行稳健性检验。根据 Breusch – Pagan 检验统计量、Hausman 检验统计量对稳健性检验模型进行选择（限于篇幅，不对检验结果作出列示），最终采用双边固定效应对回归结果进行测度，得到表 5 - 8。表 5 - 8 与表 5 - 5 的回归结果基本保持一致，仅控制变量中研发投入变量在数字新基建对中国参与全球价值链程度显著性有所差异。

表5-8　　　　　数字新基建中各维度对中国参与全球价值链的影响

变量	(1)	(2)	(3)
XCI	0.108 *** (4.85)	—	—
CI	—	0.068 ** (4.71)	—
TII	—	—	0.132 * (1.72)
emp	-4.563 *** (-6.14)	-4.662 *** (-6.25)	-4.572 *** (-5.98)
gov	1.852 (2.56)	1.889 (2.87)	1.879 (2.89)
wlz	3.345 *** (5.23)	3.368 *** (5.28)	3.325 *** (5.18)
rdi	0.325 (0.66)	0.332 (0.67)	0.328 (0.64)
常数项	76.87 *** (7.45)	77.96 *** (7.54)	76.58 *** (7.35)
被解释变量	GVC_chi	GVC_chi	GVC_chi
样本数	18450	18450	18450
模型应用	FE	FE	FE
调整 R^2	0.033	0.033	0.033

注：*、**、*** 依次表示10%、5%、1%水平显著，括号内为P值。

在一级差分法模型中，检验"面板数据一阶自相关"的F统计量数值均未拒绝"没有一阶自相关"原始假设。表5-9详细给出利用一阶差分法估算的数字新基建各维度发展水平对中国参与全球价值链影响程度的回归结果。结果表明大体结论基本与表5-8一致，充分证明本次实证研究结果可信度。

表 5 - 9   数字新基建中各变量对中国参与全球价值链的影响

变量	（1）	（2）	（3）
XCI	0.063 * （1.58）		
CI		0.045 ** （2.12）	
TII			0.022 *** （0.33）
被解释变量	GVC_chi	GVC_chi	GVC_chi
emp	- 2.451 *** （ - 2.35）	- 2.245 *** （ - 2.24）	- 2.351 *** （ - 2.04）
gov	1.889 （2.89）	1.927 （2.94）	1.934 （2.97）
wlz	3.332 *** （5.23）	3.245 *** （5.17）	3.489 *** （5.75）
rdi	0.018 （1.89）	0.019 （1.92）	0.017 （1.86）
常数项	70.74 *** （7.45）	70.87 *** （7.54）	70.12 *** （7.35）
样本数	10576	10576	10576
F 统计概率数值	0.066	0.065	0.066

注：＊、＊＊、＊＊＊依次表示10%、5%、1%水平显著，括号内为 P 值。

第四节　结论与建议

一、基本结论

本书基于省级面板数据实证检验数字新基建对中国参与全球价值链的影响及其异质性。研究得出如下结论。

（1）研究期内中国数字新基建发展水平不断提升，可显著推动中国深度参与全球价值链。

（2）按数字新基建类型划分，信息基础设施对中国参与全球价值链的正向影响最为显著，创新基础设施次之，而融合基础设施的影响效应并不显著。

（3）拆解行业参与全球价值链来看，数字新基建对制造行业参与全球价值链的作用显著高于服务行业。

（4）除外贸依赖度之外，政府支持、物流绩效、研发投入均对中国参与全球价值链产生正向影响。

二、政 策 建 议

基于上述结论，提出如下对策建议。

第一，完善数字新基建顶层设计，夯实中国参与全球价值链基础。财政政策方面，中央政府应当全面深化数字新基建的财政资金扶持力度，增加有关数字新基建的项目扶持。同时，实施更大力度的投资税务抵免、研发费用加计扣除，鼓励企业推进数字新基建。规划政策方面，中央政府当统筹推进各政务部门协同工作，通过试点示范、合规指引等多元方式着力推进数字新基建产业成熟及设施完善，赋能中国参与全球价值链。

第二，强化信息基础设施引领作用，提升中国参与全球价值链深度。中央政府应引导高科技企业全面推进5G融合应用和创新发展，聚焦工业互联网、物联网、车联网等领域，为更多的垂直行业赋能赋智，促进各行各业数字化、网络化、智能化发展。总体来说，通过5G引领助力中国行业在全球竞争中获取优势，进一步推动中国深度参与全球价值链。

第三，加快推进服务行业数字转型，补齐中国参与全球价值链短板。一方面，提供必要应用场景。政府部门、企业单位应当加快数字技术对服务行业应用场景全方位、多角度、全链条改造，实现传统服务行业数字化、网络化、智能化。另一方面，推动数字服务行业"走出去"。鉴于物流绩效也可深化中国参与全球价值链，是以中国当加快建设国际寄递物流服务体系，统筹推进国际物流供应链建设。

第六章　电信基础设施推动中国经济增长的作用研究

本章研究新基建即电信基础设施对中国经济增长的作用。①

第一节　引　　言

改革开放 40 多年来，中国国内生产总值以年均约 9.9% 的增速保持高速增长，创造了人类经济发展史上不曾有过的奇迹（林毅夫，2012）。但是最近 10 年来，中国经济增长放缓，进入中高速发展阶段，经济增长的动力及路径发生了重大变化（王婷，郑明珠，2018；王军，李萍，2017）。与此密切相关的一个客观事实是，伴随着大规模的电信体制改革，电信基础设施和 5G 新基建等实现了快速发展，取得了令世界瞩目的成就（Lu and Wong，2003；吴基传、申江婴，2010；韩永新，2022）。1978 年全国电话用户仅为 193 万户，百人平均不到半部电话，打电话、装电话难成为非常突出的社会问题。2010 年，全国电信用户总数达到 11.53 亿户，增长了 724 倍。其中，固定电话用户数为 2.94 亿户，百人拥有 22.1 部，移动电话用户总数为 8.59 亿户，百人拥有 64.4 部。② 截至 2022 年年底，全国固定电话用户数达到

---

① 本章原文题目"电信基础设施与中国经济增长"，发表于《经济研究》，2014（5）：77 - 90；2015 年获得中国信息经济学理论贡献奖。此处作了适当补充和修改。
② 资料来源：《2010 年中国通信统计年度报告》。

1.79 亿户，移动电话用户总数达到 16.83 亿户。[①] 中国从一个电信基础设施极度匮乏的国家，发展成为世界最大的电信市场，无论是固定电话还是移动电话的网络规模都跃居世界第一。

中国电信基础设施快速普及给经济社会发展带来的巨大变化，成为当前推动经济增长和社会发展的"助推器"。电信技术和服务已经成为城市经济社会发展中不可或缺的一部分，不仅涉及商务、医疗、教育、城市建设、工业改造等多个行业，还具体深入企业的管理、财务、生产、运作、销售等价值链条上的多个环节，而且，城市居民也日益享受到电信发展带来的便利和新的娱乐方式。在农村，电信基础设施近年来的快速普及也打破了原来信息的封闭，使农民能够便捷地与外界沟通，他们不需要走出家门，既可以交流外出务工信息，又可以为农产品联系销路，增加了农民就业和致富的渠道。因此，电信基础设施的快速发展，让中国这个人口大国，快速享受到电信技术发展所带来的现代生活方式。

进入 21 世纪以后，移动通信技术对固定通信技术形成了显著的替代，移动电话基础设施保持了较高的发展水平，但是固定电话普及率在达到顶峰之后，开始呈现出快速萎缩的趋势。因此，本章贡献之一就是从中国电信行业具体情形出发，按不同行业发展阶段，分别考察移动和固定电话基础设施及其交互项对中国经济增长的影响。

与其他实证研究电信基础设施对经济增长影响文献一致，本章考虑了经济增长的动态性，利用系统广义矩估计法（SYS - GMM）考察了移动和固定电话基础设施对中国经济增长的影响。不仅如此，本章还克服了目前文献难以解决的电信基础设施与经济增长之间由于因果倒置所带来的内生性难题，这是本章的又一重要贡献。我们一方面选择独立于各省经济增长并且影响电信基础设施发展的市场竞争程度指标作为工具变量。另一方面又进一步选择外生性更强的相邻省份电信市场竞争程度作为工具变量。我们发现由于电信基础设施与经济增长之间的内生性导致了有偏的估计结果，而使用不同工具变量不仅纠正了有偏估计还保证了实证结果的稳健性。后金融危机时

---

① 资料来源：工信部统计数据，2022。

代，随着"连通美国""数字英国""U‐Japan"等电信基础设施刺激计划的推出，引起了世界各国电信基础设施投资浪潮，中国最近也将"宽带中国"上升到国家战略高度，因此，本章研究结论对于指导中国政府下一轮电信基础设施建设具有重要的政策含义。

本章其余部分的内容如下：第二部分为文献综述；第三部分是模型、数据和变量统计描述；第四部分是实证结果，首先，利用静态和动态模型分别实证分析了整个考察期移动和固定电话基础设施对经济增长的影响；其次，利用动态模型分别考察了行业发展早期和成熟期移动和固定电话基础设施对经济增长的影响；最后，解决电信基础设施与经济增长之间的因果倒置带来的内生性问题，并对实证结果进行了稳健性检验；第五部分是结论和政策含义。

第二节　相关文献综述

大数据、云计算、互联网和信息通信技术（ICT）等的兴起和快速普及催生了"数字经济"，世界各国对电信基础设施建设提高到了国家战略层面。按照经济学理论，加大电信基础设施投资会增加就业和扩大需求，可以直接拉动经济增长，因此，电信基础设施建设成为各国经济刺激计划的工具。不仅如此，网络经济学文献指出电信基础设施投资还具有网络外部性，这种外部性提高了企业和家庭的决策质量，降低了搜索和生产成本，加强了企业技术扩散和创新，进而对经济增长产生了显著的溢出效应（Wellenius，1977；Hardy，1980；Leff，1984）。近年越来越多的经济学家关注电信基础设施对经济增长的影响，涌现出一批具有理论和政策参考价值的重要文献。

贝莱特（Beilet，2005）利用美国50年时间序列数据进行了实证研究，仅发现经济增长对电信投资影响的单一关系。然而，同样以美国为例，克罗宁（Cronin）等（1991）和沃尔德‐鲁斐尔（Wolde‐Rufael，2007）研究发现，不仅美国经济发展促进了电信基础设施投资，电信基础设施投资也拉动了美国经济增长。柳和郭（Yoo and Kwak，2004）、克莱斯利克和卡涅夫斯克（Cleslik and Kaniewsk，2004）和帕金斯（Perkins）等（2005）对韩国、波兰和南非的经验研究也证实了电信基础设施投资与地区经济增长的双向影响关系。诺顿（Norton，1992）利用 47 个国家的数据，研究认为电信基础设施能够减少交易成本，从而显著促进了地区经济增长。虽然罗勒和威弗尔曼（Röller and Waverman，2001）利用 OECD 国家面板数据，实证发现固定电话普及率只有超过临界值才会对经济增长具有显著影响。但是达塔和阿加瓦尔（Datta and Agarwal，2004）使用动态面板数据对 OECD 国家的估计结果显示电信基础设施显著促进了这些国家的经济增长。另外，马登和萨瓦奇（Madden and Savage，2004；Y Zhang，YU Jiang，2016）基于宏观经济增长模型研究认为电信基础设施普及在转型国家经济发展中发挥了重要作用。

对于发展中国家来说，固定电话基础设施建设与发达国家相比普遍滞后。20 世纪 90 年代以来，随着移动通信技术的发展，基础设施建设成本大大低于固定电信，因此，有些发展中国家直接跨越到更先进的移动通信技术。詹森（Jenson，2007）考察了印度克拉拉邦渔民如何利用移动通信在市场上实现套利，认为移动电话能够方便渔民在市场上找到更多的买主，这使得鱼价开始趋向集中，并且减少了未售鲜鱼带来的经济损失。最近相关实证研究发现移动电话基础设施普及更能促进发展中国家的经济增长。例如，威弗尔曼（Waverman）等（2005）的实证研究结果指出移动电话对发展中国家的影响是发达国家的两倍。强（Qiang）等（2009）估计了 120 个发达国家和发展中国家移动电话对人均 GDP 的影响，研究发现移动电话普及率每提高 10%，发展中国家经济增长 0.81 个百分点，而发达国家经济增长仅提高 0.60 个百分点。

中国电信基础设施发展轨迹并不同于世界其他国家，因此，要解释电信基础设施对经济增长的影响，必须立足于中国电信体制改革与转型的大背景。新中国成立后，中国电信行业一直处于邮电部行政垄断经营之下，进入 20 世纪 90 年代，行业效率低下，电信服务供给难以满足人们快速增加的电信服务需求。1994 年之后，电信行业经历了引入竞争、纵向拆分、横向拆分和全业务重组四个阶段的大规模体制改革。第一阶段是引入竞争阶段

（1994~1997 年），中国联通成立后，行业垄断的坚冰正式被打破，开始了双寡头竞争的格局。第二阶段是纵向拆分阶段（1998~2000 年）。1998 年邮电分家并成立信息产业部之后，国务院对中国电信按照业务纵向拆分为新中国电信（固网业务）、中国移动（移动业务）、中国卫通（卫星通信）和国信公司（传呼业务），形成了"三大四小"的分业竞争格局。第三阶段是横向拆分阶段（2001~2007 年），中国电信被按照区域拆分为中国电信（固网南方 21 个省区市）和中国网通（固网北方 10 个省区市），形成了"四大两小"的竞争格局。第四阶段是全业务重组阶段（2008 年至今），电信行业结束了分业竞争的格局，2008 年国务院提出电信重组方案，中国电信收购了中国联通的 CDMA 业务，中国联通（保留 GSM 业务）与中国网通合并，中国铁通被并入中国移动，形成了"三足鼎立"的全业务竞争格局。经历四次大规模电信改革后，电信产业结构由完全行政垄断格局逐步走向市场竞争，这不仅提升了电信基础设施的普及，还促进了通信技术的替代和行业的快速发展（Zheng and Ward，2011；Ward and Zheng，2012）。随着数字技术的发展，大数据在通信领域的运用得到快速发展，政府治理在其中发挥重要作用（赵云辉，张哲，冯泰文和陶克涛，2019）。

上述研究为考察中国电信基础设施与经济增长之间的关系提供了有价值的线索，但是仍然存在不足。一方面，这些文献基本采用两种不同电信技术即固定和移动电话普及率之和来衡量电信基础设施。在 20 世纪 90 年代初期，移动电话刚进入电信市场，其发展可能增加了固定电话的业务量，但进入 21 世纪以来特别是最近 10 多年来，由于数字技术的快速发展，移动通信服务对固定通信服务产生了明显的替代效应。因此，电话普及率不是简单的两者之间的叠加，忽略了移动和固定电信之间对经济增长的相互影响，并未捕捉到技术变迁带来电信基础设施经济效应的变化，难以准确衡量电信基础设施对经济增长的影响。另一方面，目前研究并未解决电信基础设施与经济增长之间的内生性问题。针对现有文献不足，本章利用中国省级动态面板数据，将移动通信纳入模型之中，并考虑移动通信和固定通信对经济增长的互相影响，识别了电信基础设施对中国经济增长的影响。

第三节　模型和数据

一、计量模型

基于巴罗（Barro）和萨拉·伊·马丁（Sala-i-Martin，1991）及 IS-LM 宏观经济增长模型，本章构建了省级人均国内生产总值增长率与人均收入水平、电信基础设施衡量变量、控制变量和双固定效应的面板数据模型，基本计量模型设计如下：

$$\% Ch\, g\, GDP\, Capita_{it} = \alpha_0 + \beta_1 lGDP\, Capita_{i,t-1} + \sum_{j=2}^{n} \beta_j X_{it} + \gamma_1 lmobilepop_{it}$$

$$+ \gamma_2 lfixedpop_{it} + \mu_i + \delta_t + \varepsilon_{it} \qquad (6-1)$$

此处，$X_{it} = [\,open_{it}\,,\ gfi_{it}\,,\ govc_{it}\,,\ popgr_{it}\,]$

如前文所述，移动通信技术对固定通信技术既可能产生互补又可能产生替代，因此，不管是移动电话基础设施，还是固定电话基础设施，其中任何一方对经济增长的影响效应大小都会受到另一方的影响。有鉴于此，我们在模型（6-1）中，我们加入了移动电话和固定电话普及率的交互项，具体模型如下：

$$\% Ch\, g\, GDP\, Capita_{it} = \alpha_0 + \beta_1 lGDP\, Capita_{i,t-1} + \sum_{j=2}^{n} \beta_j X_{it}$$

$$+ \gamma_1 lmobilepop_{it} + \gamma_2\, lfixedpop_{it}$$

$$+ \gamma_3 lmobile\_fixedpop_{it} + \mu_i + \delta_t + \varepsilon_{it} \qquad (6-2)$$

其中，i 为省份，t 为年份，μ_i 和 δ_t 分别控制地区和时间固定效应，α_0 为常数项；$\% Ch\, g\, GDP\, Capita_{it}$ 表示实际人均 GDP 的增长率；$lGDP\, Capita_{i,t-1}$ 表示实际 GDP 滞后一期的自然对数；X 包含了以下四个控制变量：open 表示经济开放程度，表示中国各地区融入世界经济的程度；gfi 表示固定资产投资占 GDP 的比重；govc 表示政府消费支出占 GDP 的比重；popgr 表示人口增长率；本章与德穆格（Démurger，2001）、丁（Ding，2006）等文献保持一致利用电话普及率衡量中国电信基础设施发展状况，即使用移动电话普及率（lmobilepop）和固定电话普及率（lfixedpop）的自然对数，来衡量中国电信基础设施的发展状况；lmobile_fixedpop 为移动与固定电话普及率交互项的自然对数，衡量移动与固定电话基础设施对经济增长的交互影响。首先，我们假设移动和固定电话基础设施对经济增长具有正向影响，即 γ 为正数；其次，假设移动电话基础设施要比固定电话基础设施对经济增长影响更显著。最后，假设电信基础设施发展初期要比相对成熟期对经济增长有更大的贡献。为验证以上假设，本章的实证战略关键在于如何处理随机误差项 ε_{it}。

二、估 计 方 法

本章不断放松随机误差项的假设以保证研究结果的可靠性。我们首先假设 ε_{it} 服从独立同分布，利用传统的静态模型方法估计实证模型（6-1）和模型（6-2）。然后，我们允许经济增速具有可持续性，某一年对经济增速的外部冲击会影响当年和随后几年，因此，这种因果关联在随机误差项中可以表示为 $\varepsilon_{it} = V_{it} + \rho\% \, Ch \, g \, Inc \, Cap_{i,t-1}$。为解决此问题，一阶差分广义矩估计（DIF-GMM）较易受到弱工具变量和小样本偏误的影响，阿雷拉诺和博韦尔（Arellano and Bover，1995）与布伦代尔和邦德（Blundell and Bond，1998）在此基础上进一步提出了系统广义矩估计量（SYS-GMM）。SYS-GMM 估计量在 DIF-GMM 估计量的基础上进一步使用了水平方程的矩条件，将滞后变量的一阶差分作为水平方程中相应的水平变量的工具，较好地解决了弱工具变量问题。因此，我们采用鲁德曼（Roodman，2009）重新来估计实证模型（6-1）和模型（6-2）。

如前文所述，由于电信基础设施发展与地区经济增长存在着因果倒置问题，即 $COV(lmobilepop_{it}, \varepsilon_{it}) \neq 0$、$COV(lfixedpop_{it}, \varepsilon_{it}) \neq 0$ 和 $COV(lmobile\_fixedpop, \varepsilon_{it}) \neq 0$。差分变换并不能消除两者因果倒置所带来的估计偏误，那么如何克服内生性问题呢？前文所述 20 世纪 90 年代中期以来的电信体制改革给我们提供了重要启示。中国电信行业经历了前所未有的打破垄断改革，从图 6 - 1 中可以看出，在电信体制改革期间中国电信行业市场集中度（赫芬达尔指数（HHI））大幅下降，1994～2010 年各省平均固定电话市场集中度分别从 10000 下降大约 7800，移动电话市场集中度从 10000 下降到 5000。由图 6 - 2 可知，各省平均固定电话普及率从每百人大约 2.69 部提高到 22.18 部，移动电话普及率从每百人大约 0.15 部提高到 66 部。由于电信运营商在各省的分公司都属于集团总部管理，不隶属省级政府管理，因此，中国历经四次电信改革都是由国务院出台改革方案，中央政府对电信运营商进行自上而下的拆分或重组改革。伴随着大规模改革，电信市场集中度持续降低，电信服务价格大幅下降，并导致了移动和固定电话普及率大幅度提高（郑世林，2010）。而且，某一省的电信市场改革是由中央政府外部推动的，与该省的经济增长并不相关。因此，这种由外部电信改革带来的市场结构变化为本章克服内生性问题提供了很好的工具变量，我们将分别使用移动和固定电话行业 HHI 作为解释移动和固定电话基础设施的工具变量，并应用 Mileva（2007）所提出的 SYS - GMM 外部工具变量法进行估计。

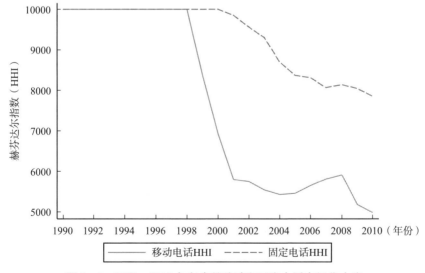

图 6 - 1　1990～2010 年各省份移动和固定电话市场集中度

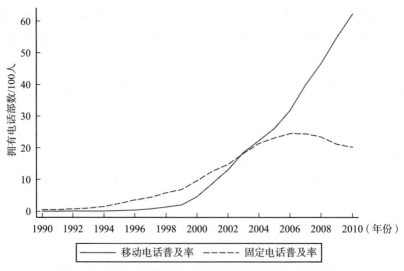

图 6 - 2   1990 ~ 2010 年各省份平均移动和固定电话普及率

最后，某一省经济发展较快，一方面，中央政府有可能推动该省电信改革的力度更大，因为这样对于改革者来说可以发挥改革的示范效应，另一方面，该省政府可能更容易认识到通过改革形成的电信市场竞争更能促进地区经济发展，因此，地方政府有更大激励调动各方面的资源去促成本省的电信改革。假若如此，此省的市场集中度与其经济增长程度存在着内生关系，并导致估计结果有偏。因此，为了进一步克服这种可能的内生关系，我们借鉴郑和沃德（Zheng and Ward，2011）设计工具变量的思想，由于中国电信改革采取"先试点后铺开"的模式，那么某省电信改革步伐受到周围省份影响，但该省经济增长并不受到周围省份电信市场集中度的影响。① 因此，本章利用某省周边省份移动和固定电信行业平均市场集中度（HHI_5）取代该省的市场集中度作为移动和固定电话基础设施的工具变量，进一步克服内生性问题识别电信基础设施对经济增长的影响。

---

① 1994 年中国联通公司引入竞争并不是全国各地统一设立分公司的，例如，北京联通分公司最早在 1994 年设立，新疆分公司设立于 1998 年，而海南分公司直到 2001 年才设立。另外，中国电信南北拆分后，允许新中国电信和中国网通彼此进入，其省分公司在对方设立的时间也并不相同。

三、数据来源

本章所使用的数据涵盖1990～2010年中国31个省、自治区和市（不含港澳台地区）宏观经济和电信行业发展的面板数据。数据的主要来源主要包括两个方面：一是宏观经济数据主要来源于1991～2011年《中国统计年鉴》和《新中国60年统计资料汇编》；二是电信行业数据主要来源于《中国通信统计年度报告》和逐年电信企业统计年报。主要变量的统计性描述见表6－1。

表6－1　　　　　主要变量的统计性描述（1990～2010年）

变量	变量说明	观察值	均值	标准差	最小值	最大值
Ch g GDP Capita	人均 GDP 增长率	651	0.103	0.044	− 0.158	0.390
mobilepop	百人拥有移动电话数量	651	18.600	24.967	0	117.654
fixedpop	百人拥有固定电话数量	651	14.056	13.360	0.227	81.308
open	国际贸易量占 GDP 比重	651	0.296	0.405	0.032	2.257
gfi	固定资产投资占 GDP 比重	634	0.408	0.143	0.072	1.106
govc	政府消费支出占 GDP 比重	651	0.162	0.118	0.049	1.086
popgr	人口增长率	651	0.011	0.025	− 0.139	0.358
gdpcap	人均 GDP	651	3443	3854	408	29605
mHHI	移动电话赫芬达尔指数	651	0.772	0.214	0.421	1
fHHI	固定电话赫芬达尔指数	651	0.934	0.091	0.574	1
mHHI_5	周围 5 省移动电话赫芬达尔指数	651	0.771	0.210	0.455	1
fHHI_5	周围 5 省固定电话赫芬达尔指数	630	0.932	0.087	0.711	1

第四节 实 证 结 果

一、基本估计结果

我们利用简单的双固定效应最小二乘法（OLS），应用模型（6-1）和模型（6-2）估计1990~2010年移动和固定电话基础设施对中国经济增长的影响，回归结果报告于表6-2中的第（1）列和第（2）列。从控制变量来看，人均GDP的滞后项对经济增长具有负向影响，这个结果说明在这期间中国地区经济增长表现出收敛趋势；固定资产投资占GDP比重越高，经济增长越快；区域经济开放程度对经济增长也具有积极影响；政府消费支出占GDP比重对经济增长影响并不显著；人口增长率与经济增长之间呈现出负相关关系，这意味着人口增长越快的地区，经济增长相对趋缓。

表6-2　　　　　　1990~2010年电信基础设施对经济增长影响

解释变量	(1)	(2)	(3)	(4)
	静态模型（FE）		动态模型（SYS-GMM）	
	移动和固定电话基础设施	移动和固定电话基础设施（交互项）	移动和固定电话基础设施	移动和固定电话基础设施（交互项）
人均GDP增长率滞后项			0.491*** (0.147)	0.491*** (0.147)
Ln（移动电话普及率）	0.006*** (0.002)	0.004** (0.002)	0.004** (0.002)	0.005** (0.002)
Ln（固话普及率）	-0.006 (0.006)	0.010** (0.005)	-0.006 (0.004)	-0.004 (0.004)
Ln（移动与固定电话普及率交互项）		0.002*** (0.000)		0.0005 (0.001)

续表

解释变量	（1）	（2）	（3）	（4）
	静态模型（FE）		动态模型（SYS－GMM）	
	移动和固定电话基础设施	移动和固定电话基础设施（交互项）	移动和固定电话基础设施	移动和固定电话基础设施（交互项）
Ln（人均 gdp）滞后项	-0.079*** (0.013)	-0.032*** (0.007)	-0.002 (0.003)	-0.004 (0.004)
经济开放度	0.012* (0.007)	0.010 (0.007)	0.015*** (0.005)	0.014*** (0.005)
固定投资占比	0.098*** (0.014)	0.108*** (0.014)	0.021* (0.011)	0.022** (0.011)
政府消费支出占比	-0.018 (0.034)	0.010 (0.030)	-0.013 (0.012)	-0.012 (0.012)
人口增长率	-1.008*** (0.040)	-0.973*** (0.042)	-1.171*** (0.065)	-1.169*** (0.064)
观察值	600	600	600	600
AR（1）	—	—	0.000	0.000
AR（2）	—	—	0.803	0.783
Sargan test	—	—	0.802	0.835
R-sq	0.713	0.670	—	—

注：（1）括号内为标准差；（2）*、** 和 *** 分别表示10%、5%和1%显著性水平，（3）各回归模型中均包含常数项、年度和省份虚拟变量，为节省篇幅，表中并未报告回归结果；（4）Sargan 检验和 AR（1）、AR（2）报告的均为统计量的 p 值；（5）下表同。

从表6-2中第（1）列可以看出，移动电话基础设施在1%显著水平上促进了中国经济增长，而固定电话基础设施对经济增长的影响并不显著。在第（2）列中引入移动和固定普及率的交互项，我们发现，移动电话基础设施仍旧对经济增长保持着显著影响，而且固定电话基础设施对经济增长的影响也变得显著，移动电话基础设施与固定电话基础设施的交互项在1%的显著水平上促进了经济增长。这说明固定电话只有与移动电话服务相互补充才能发挥对经济增长的积极影响。

考虑到经济增长的动态性，如前文所述，我们利用以上数据应用动态 SYS – GMM 方法估计了模型（6 – 1）和模型（6 – 2），回归结果报告于表 2 中第（3）列和第（4）列。Sargon test 不能拒绝工具变量有效的原假设，AR（2）检验不能拒绝一阶差分方程的随机误差项中不存在二阶序列相关的原假设，因此，估计结果不存在工具变量的过度识别和二阶序列相关问题，表现出良好的稳健性。第（3）列与前面第（1）列静态模型结果基本一致：一是移动电话基础设施显著提高了人均 GDP 增速；二是固定电话基础设施对经济增长的影响并不显著。然而，与第（2）列结果不同，第（4）列结果显示固定电话基础设施对经济增长影响并不显著，而且，虽然移动与固定电话基础设施的交互项对经济增长具有正向影响，但是也变得不再显著。只有移动电话基础设施依然保持着对经济增长的显著正向影响。这个结果说明，1990 ~ 2010 年，移动电话基础设施是促进经济增长根本驱动力。另外，控制变量结果除了人均 GDP 滞后项对经济增长影响显著性有所变化外，其余变量的影响基本保持一致。

二、分期动态模型的估计结果

从中国电信业发展的轨迹来看，20 世纪 90 年代，中国电信行业处于行业发展早期，电信基础设施处于快速普及时期，移动电话作为一种相对新兴技术与固定电话更多表现为互相补充和促进的关系。但进入 21 世纪后，随着移动通信技术发展，移动电话的成本变得低于固定电话，移动电话逐渐呈现出替代固定电话的趋势，行业发展进入相对成熟期。因此，从 1990 ~ 2010 年整个时期考察电信基础设施对经济增长的影响，难以弄清楚移动和固定电话基础设施在不同行业发展周期对经济增长的影响机制。鉴于此，本章利用动态 SYS – GMM 方法分别考察了行业发展早期（1990 ~ 1999 年）和行业相对成熟期（2000 ~ 2010 年）移动和固定电话基础设施及其交互项对经济增长影响，回归结果报告于表 6 – 3 中的第（1）列 ~ 第（4）列中。

表 6 − 3　　　　　　　　电信基础设施与人均 GDP 增长：分期估计
结果（SYS − GMM 方法）

解释变量	1990 ~ 1999 年		2000 ~ 2010 年	
	移动和固定电话基础设施	移动和固定电话基础设施（交互项）	移动和固定电话基础设施	移动和固定电话基础设施（交互项）
	（1）	（2）	（3）	（4）
人均 GDP 增长率滞后项	0. 509 *** (0. 065)	0. 227 (0. 193)	− 0. 102 (0. 251)	0. 442 *** (0. 119)
Ln（移动电话普及率）	0. 005 * (0. 003)	0. 005 ** (0. 002)	0. 010 ** (0. 004)	0. 013 ** (0. 006)
Ln（固话普及率）	0. 012 (0. 007)	0. 021 *** (0. 008)	− 0. 017 ** (0. 007)	0. 006 (0. 008)
Ln（移动固定普及率交互项）		0. 001 ** (0. 001)		− 0. 005 ** (0. 002)
Ln（人均 gdp）滞后项	− 0. 029 *** (0. 008)	− 0. 036 *** (0. 008)	0. 021 ** (0. 008)	0. 007 (0. 006)
经济开放度	0. 005 (0. 006)	0. 006 (0. 006)	− 0. 019 (0. 015)	0. 022 ** (0. 009)
固定投资占比	0. 050 ** (0. 022)	0. 053 *** (0. 020)	0. 045 *** (0. 009)	0. 032 *** (0. 011)
政府支出占比	− 0. 220 *** (0. 056)	− 0. 321 *** (0. 077)	− 0. 025 ** (0. 012)	− 0. 004 (0. 010)
人口增长率	− 1. 213 *** (0. 188)	− 1. 114 *** (0. 178)	− 0. 951 *** (0. 098)	− 1. 170 *** (0. 052)
观察值	259	259	341	341
AR（1）	0. 000	0. 093	0. 052	0. 000
AR（2）	0. 916	0. 559	0. 068	0. 150
Sargan test	0. 284	0. 240	0. 574	0. 135

注：*、**、*** 依次表示10%、5%、1%水平显著，括号内为 P 值。

从表 6 − 3 可以看出，在行业发展早期（1990 ~ 1999 年），当不考虑移动和固定电话之间的影响关系时，第（1）列结果显示，移动电话基础设施在 10% 显著水平上对经济增长具有正向影响，固定电话基础设施虽然对经济增长具有正向影响但并不显著；当加入两者交互项时，第（2）列结果显示，移动和固定电话基础设施都显著促进了经济增长，而且两者的交互项对经济增长也具有显著地正向影响，这说明移动电话与固定电话之间存在着明显的互补效应，伴随着移动电话快速普及，固定电话业务量也不断提高，从而促进了中国经济增长。第（3）列结果显示，在行业相对成熟期（2000 ~ 2010 年）移动电话基础设施在 5% 显著水平上对经济增长具有正向影响，而固定电话基础设施在 5% 显著水平对经济增长具有负向影响。当包含交互项后，第（4）列结果显示：移动电话基础设施也在 5% 显著水平上对经济增长具有正向影响；固定电话基础设施对经济增长具有正向影响但并不显著；移动和固定电话基础设施交互项在 5% 显著水平上对经济增长具有负向影响。值得指出的是，我们加入交互项前后，自回归项（人均 GDP 增速的滞后项）系数和显著性都有明显差异，这种较大差异可能是由于电信基础设施与经济增长之间的内生性所致。

三、工具变量估计结果

假设电信基础设施与经济增长之间存在内生性，我们利用动态 SYS - GMM 模型外部工具变量法的回归结果报告于表 6 - 4 中。在第（1）列和第（3）列中，外部工具变量分别包含了本省份移动和固定电话市场集中度（mHHI 和 fHHI），在第（2）列和第（4）列中，又包含了移动和固定电话市场集中度的交互项（mHHI × fHHI）。无论是否包含交互项，表 6 - 4 中自回归项的系数和显著性基本一致，说明克服核心变量内生性保证了回归结果的稳健。在行业发展早期，移动电话基础设施显著促进了经济增长，而固定电话基础设施的正向影响主要源于交互项。从第（2）列可以看出，固定电话基础设施与移动电话基础设施的交互项在 5% 显著水平对经济增长具有正向影响，这个结果与现有文献关于移动和固定电话之间存在互补效应的结论基本相符（Gruber，2001；Hamilton，2003；Madden et al.，2004）。在行业相对成熟期，移动电话基础设施依然对经济增长具有显著的正向影响，而固定电话基础设施开始对经济增长产生负向影响。虽然移动和固定电话基础设施的交互项对经济增长的影响不显著，但是产生了负向影响，这意味着移动对固定电话的替代在一定程度上促进了经济增长。

表 6 - 4　　　　电信基础设施与人均 GDP 增长：工具变量估计结果

解释变量	1990～1999 年		2000～2010 年		2003～2010 年
	移动和固定电话基础设施	移动和固定电话基础设施（交互项）	移动和固定电话基础设施	移动和固定电话基础设施（交互项）	小灵通基础设施
	（1）	（2）	（3）	（4）	（5）
人均 GDP 增长率滞后项	0.548 *** (0.069)	0.344 *** (0.130)	0.431 *** (0.114)	0.214 ** (0.094)	0.140 ** (0.053)
Ln（移动电话普及率）	0.010 * (0.006)	0.021 ** (0.010)	0.017 * (0.009)	0.024 ** (0.010)	0.030 * (0.153)
Ln（固话普及率）	-0.021 (0.023)	0.005 (0.022)	-0.032 * (0.019)	-0.028 ** (0.012)	
Ln（移动固定普及率交互项）		0.002 ** (0.001)		-0.004 (0.003)	
Ln（小灵通普及率）					-0.010 * (0.005)
Ln（固线电话普及率）					-0.032 (0.020)
Ln（人均 gdp）滞后项	-0.001 (0.021)	-0.035 ** (0.017)	0.011 (0.009)	0.023 *** (0.008)	0.022 *** (0.007)
经济开放度	0.009 (0.009)	-0.009 (0.009)	0.013 (0.008)	0.007 (0.008)	-0.015 (0.009)
固定投资占比	0.052 ** (0.023)	0.071 *** (0.022)	0.025 ** (0.012)	0.032 *** (0.009)	0.029 *** (0.011)
政府支出占比	-0.183 *** (0.062)	-0.264 *** (0.070)	-0.007 (0.011)	-0.017 ** (0.008)	-0.033 * (0.017)
人口增长率	-1.195 *** (0.197)	-1.109 *** (0.184)	-1.166 *** (0.051)	-1.097 *** (0.039)	-1.020 *** (0.095)

续表

解释变量	1990~1999 年		2000~2010 年		2003~2010 年
	移动和固定电话基础设施	移动和固定电话基础设施（交互项）	移动和固定电话基础设施	移动和固定电话基础设施（交互项）	小灵通基础设施
	（1）	（2）	（3）	（4）	（5）
观察值	259	259	341	341	248
工具变量	mHHI, fHHI	mHHI, fHHI, mHHI × fHHI	mHHI, fHHI	mHHI, fHHI, mHHI × fHHI	mHHI, fHHI, fHHI
AR（1）	0.000	0.003	0.000	0.000	0.000
AR（2）	0.723	0.944	0.177	0.101	0.390
Sargan test	0.603	0.520	0.304	0.105	0.571

注：*、**、*** 依次表示 10%、5%、1% 水平显著，括号内为 P 值。

那么，在电信基础设施发展的两个时期，究竟移动和固定电话基础设施对经济增长的贡献如何？我们分别将两个时期移动和固定电话普及率年均变化率乘以 $\hat{\gamma}/(1-\hat{\rho})$ 可以计算得到电信基础设施对经济增长的长期贡献。从两个行业发展周期来看，在行业发展早期的前 10 年，各省平均经济增长速度为 10.1%，其中，移动电话基础设施对经济增长的贡献率为 2.12%，移动与固定电话基础设施交互项对经济增长的贡献率为 0.03%；在行业走向成熟的后 10 年，各省平均经济增长速度为 11.0%，其中，移动电话基础设施对经济增长的贡献率为 0.82%，而固定电话基础设施对经济增长的贡献率为 -0.29%。从计算结果来看，对于移动电话基础设施来说，尽管无论行业发展早期还是相对成熟期，对经济增长的贡献率为正，但是边际贡献率在递减；对于固定电话基础设施来说，在行业发展早期，仅与移动电话基础设施一起才能促进经济增长，而到了行业发展相对成熟期，固定电话逐步从成熟走向衰退，对经济增长产生负向贡献率。

为了进一步探究近年来固定电话基础设施对经济增长贡献率为负的根源，我们利用 2003~2010 年省级面板数据，将固定电话基础设施分为小灵通和固线电话基础设施，分别考察了小灵通和固线电话普及率对经济增长的影响，报告于表6-4第（5）列中。① 从报告结果可以看出，小灵通普及率对经济增长具有显著的负向影响，因此，近年来小灵通快速萎缩为固定电话基础设施负效应提供了重要解释。2000~2006年，小灵通电话从无到有，并呈现出井喷式扩张，2006年小灵通用户达到9062.9万户。但是，2007年小灵通用户出现大规模退网，2009年年初，工信部要求小灵通在2011年年底前完成清频退网。2005年，固定电话数量达到历史峰值后开始下降，截至2010年固定电话数量萎缩了大约16%。固定电话的萎缩主要是小灵通大规模退市引起的。技术上并没有前途的小灵通对整个电信业来说，造成了巨大的经济损失，基础设施投资浪费也十分惊人，截至2009年，小灵通基础设施投资高达1000亿元几乎化为泡影。另外，固线电话普及率虽然对经济增长影响不显著，但是对经济增长具有负向影响。可能的解释是，2001年中国电信行业进行了南北拆分改革，将旧中国电信按照长江南北分拆，长江以南为新中国电信，长江以北为中国网通，双方通过相互进入对方领地进行市场竞争。但是拆分后由于固定电话基础设施不能实施共享，中国电信和中国网通在对方主导区域内已有本地电话网的情况下，又投资508亿元新建本企业的本地电话网；中国铁通在中国电信和中国网通投资在建各自全国固定电话网的情况下，也投资铺设本企业的全国固定电话网，到2006年累计投入455亿元。这种固定电话基础设施的重复建设一定程度上造成了投资浪费，使得基础设施难以发挥经济效益。

最后，本章利用离某省最近距离5省的移动电信行业平均市场集中度、固定电信行业平均市场集中度及其交互项（mHHI_5、fHHI_5和mHHI_5 × fHHI_5），取代该省移动、固定电话市场集中度及其交互项，作为移动、固定电话基础设施及其交互项的工具变量，重新利用动态SYS-GMM进行估计，回归结果报告于表6-5中。从表6-5中可以看出，无论是回归系数还是统计显著性程度与表6-4中的估计结果基本一致，这说明无论使用本省

---

① 小灵通于1997年引入中国，但由于早期用户较少，直到2003年开始我国才有对小灵通分省用户的统计，因此，本章估计期间为2003~2010年。

或邻近 5 省作为外部工具变量是合理的，验证了使用外部工具变量估计的稳健性。

表 6 - 5　　　　　　电信基础设施与人均 GDP 增长：稳健性检验结果

解释变量	1990 ~ 1999 年		2000 ~ 2010 年		2003 ~ 2010 年
	移动和固定电话基础设施	移动和固定电话基础设施（交互项）	移动和固定电话基础设施	移动和固定电话基础设施（交互项）	小灵通基础设施
	(1)	(2)	(3)	(4)	(5)
人均 GDP 增长率滞后项	0.559 *** (0.071)	0.315 ** (0.133)	0.413 *** (0.114)	0.213 ** (0.098)	0.140 ** (0.054)
Ln（移动电话普及率）	0.010 * (0.006)	0.018 ** (0.009)	0.018 ** (0.008)	0.027 *** (0.010)	0.031 * (0.015)
Ln（固话普及率）	− 0.027 (0.024)	0.008 (0.021)	− 0.032 * (0.017)	− 0.034 *** (0.012)	
Ln（移动固定普及率交互项）		0.002 ** (0.001)		− 0.003 (0.003)	
Ln（小灵通普及率）					− 0.010 ** (0.005)
Ln（固线电话普及率）					− 0.032 (0.021)
Ln（人均 gdp）滞后项	0.006 (0.022)	− 0.035 ** (0.017)	0.011 (0.008)	0.022 *** (0.007)	0.022 *** (0.007)
经济开放度	0.011 (0.010)	− 0.006 (0.009)	0.011 (0.008)	0.005 (0.008)	− 0.015 (0.009)
固定投资占比	0.050 ** (0.023)	0.066 *** (0.021)	0.023 ** (0.011)	0.028 *** (0.009)	0.031 *** (0.011)
政府支出占比	− 0.174 *** (0.064)	− 0.275 *** (0.069)	− 0.007 (0.010)	− 0.016 * (0.008)	− 0.033 * (0.017)
人口增长率	− 1.196 *** (0.201)	− 1.083 *** (0.181)	− 1.158 *** (0.051)	− 1.093 *** (0.041)	− 1.020 *** (0.095)
观察值	251	251	330	330	240

续表

解释变量	1990~1999 年		2000~2010 年		2003~2010 年
	移动和固定电话基础设施	移动和固定电话基础设施（交互项）	移动和固定电话基础设施	移动和固定电话基础设施（交互项）	小灵通基础设施
	(1)	(2)	(3)	(4)	(5)
工具变量	mHHI_5, fHHI_5	mHHI_5, fHHI_5, mHHI_5 × fHHI_5	mHHI_5, fHHI_5	mHHI_5, fHHI_5, mHHI_5 × fHHI_5	fHHI_5
AR (1)	0.000	0.004	0.000	0.000	0.000
AR (2)	0.789	0.788	0.163	0.101	0.401
Sargan test	0.629	0.435	0.417	0.307	0.526

注：*、**、*** 依次表示10%、5%、1%水平显著，括号内为 P 值。

第五节　结论及政策含义

自 20 世纪 90 年代以来，中国电信基础设施经历了跨越式的发展，电信部门也从计划经济时期为党政军服务的工具逐步成为国民经济的先导性行业，那么电信基础设施普及对经济增长的影响如何？本章利用 1990~2010 年省级面板数据，采用电信体制改革外生变量作为工具变量解决了内生性问题，估计结果显示：①在行业发展早期（1990~1999 年），移动电话基础设施普及显著促进了中国地区经济增长，固定电话只有与移动电话基础设施的交互项才对经济增长产生积极影响；②进入行业相对成熟期（2000~2010 年），移动电话基础设施虽仍对经济增长具有显著正向影响，但边际贡献率递减；③由于落后小灵通基础设施淘汰和南北拆分后固定电话基础设施的重复建设，使得固定电话基础设施对经济增长具有显著的负向影响。本章研究结论对于指导中国未来电信基础设施投资，乃至深化电信体制改革具有重要的政策含义。

首先，提高中西部以及农村地区移动电话基础设施普及仍有对经济增长促进的空间。最近 5 年，中西部地区移动电话普及率提高很快，对经济增长发挥了重要作用。而且，移动相对固定电话基础设施更容易在农村地区普及，具体体现在：一是移动电话不需要固定电话线，因此在移动电话安装成本远低于固定电话，移动电话基础设施单位投资所带来的电话数量和信息量要高于固定电话基础设施；二是移动电话是便携的，因此偏远的农村地区也可以使用移动电话来获取市场信息。因此，加大农村移动电话基础设施建设力度，将对缩小城乡收入差距具有积极作用。

其次，在未来电信基础设施建设中，中国应该把握电信技术发展趋势，避免大规模基础设施建设带来的浪费。自 2020 年以来，随着移动通信技术的发展，移动电话服务替代固定电话服务成为世界电信发展的基本趋势。值得说明的是，如果在南北分拆后把握移动通信技术发展趋势，及时发给中国电信和中国网通从事移动通信业务的牌照，既促进了移动电话市场竞争又避免了采用国际落后小灵通技术所带来的基础设施建设浪费。因此，在未来电信基础设施建设中，中国应该把握世界未来电信技术发展趋势和行业发展周期，以避免盲目大规模基础设施建设浪费。

再次，固定和移动宽带基础设施发展将是未来电信基础设施拉动中国经济增长的引擎。目前，移动和固定通信通话业务已经基本成熟，甚至日益受到微信、SKYPE 等移动终端业务的挑战。在后金融危机时代很多国家把宽带建设上升为国家战略，作为未来拉动经济增长的引擎，但是中国宽带基础设施建设相对滞后，仍处于"低速宽带"时代，因此，实现城市光纤到楼入户、农村宽带进乡入村，不断提升宽带接入能力，将对拉动经济增长具有很大的提升空间。另外，伴随着智能手机的产生，智能手机终端产业发展如火如荼，正在改变着人们的生活方式，成为移动通信发展的新方向。因此，围绕着"宽带中国"战略，大力发展 4G 移动电话基础设施，通过挖掘移动智能手机应用这个金矿，也将成为拉动我国内需和促进经济增长的重要方式。

最后，制定科学的电信运营商之间基础设施互联互通机制，以及允许多种所有制运营商进入电信服务市场是提高电信基础设施建设效益的主要路径。从电信行业中的基础设施重复建设和大规模建设落后通信设施来看，表面上看是电信体制改革所形成市场竞争格局所带来的后果，但是其本质原因是中国电信体制改革不彻底所带来的后果。由于中国电信和中国网通都是国有企业，重复基础设施和落后技术建设投资都是国有资金，因此，运营商只关心通过扩大投资尽可能"霸占"更多市场份额，而不关心基础设施投资"竞赛"所带来的重复建设和落后技术淘汰问题。然而，这种盲目投资，最终还是要由国家来"埋单"。因此，在数字技术快速发展的今天，要高屋建瓴，向高新技术方面迈进。

第七章 数字普惠金融、融资约束对农业企业绩效的影响研究

本章主要研究数字普惠金融、融资约束对农业企业绩效的影响。

第一节 文献综述与理论假设

一、文献综述

普惠金融被联合国定义为可以高效、全面地服务于社会各个阶层团体的金融体系。而数字普惠金融是将大数据挖掘、区块链以及云计算等互联网技术等应用到普惠金融领域所产生的一种新型金融模式。自 2015 年以来，基于数据的风控体系建立，得益于数字技术的迅猛发展，移动互联网、云计算、大数据、区块链等数字技术被应用到普惠金融领域，金融的风险控制能力得到全面提升，数字普惠金融逐步发展成型。由于传统金融服务在供给方面存在不充足等问题，这对于经济发展和结构转型产生了相当大的阻碍作用，从某种角度来看是数字金融的蓬勃发展的前提（唐松等，2020）。相比与于传统金融领域，数字普惠金融具有覆盖范围广、服务成本低以及易获得性强等优势，因此数字普惠金融的概念一经推出，便迎来了迅猛的发展。针对于数字普惠金融发展程度的度量问题，北京大学数字金融研究中心提出了数字普惠金融指数（郭峰等，2017），从地域角度衡量数字普惠金融的发展

程度。随后，一些学者陆续使用该指数去验证数字普惠金融与企业创新（唐松等，2020）、金融需求（张勋等，2019）、包容性增长（葛和平，钱宇，2021）、乡村振兴（陆萍，2014）的关系等，但是关于数字普惠金融与企业绩效的关系，却少有学者开展实证研究，这为本章研究提供了一个契机。

农业作为中国经济发展重要的产业之一，拥有较大和复杂的产业链。随着农业产业化、市场化程度的提升，农业产业链也更加完善，新型农业经营主体的增加和生产规模的扩大必然带来对资金需求的增加（刘利科，任长青，2020）。诚然，农业企业融资难问题一直是热点和难点问题。针对这一问题，我国提出了多项涉及农业金融、乡村振兴等文件法规。如在 2019 年国务院提出的《关于金融服务乡村振兴的指导意见》中，明确指出要大力推行数字普惠金融在农业领域的发展，提高金融服务对于乡村农业的服务效率，帮助缓解农业类企业的融资难问题。这体现中国大力扶持三农发展，引导经济脱虚向实的风向。而推动三农发展，农业核心企业发挥了不可或缺的作用。核心企业一般具有完整的产业链和供应链，在以核心企业为中心的供应链模式下，核心企业的资本协调能力可以帮助减缓农业生产经营链条上的企业，合作社和农民等上下游供应商经销商的融资困难问题，从而带动整个农业产业链的发展，增加农业营业收入，更好地实现乡村振兴。以农业核心企业为主干的供应链模式不仅可以很好地促进农业产业的现代化发展，而且可以发挥金融方面的融资作用，对于推动农业实体经济又好又快的发展具有重大意义。但是农业供应链管理模式仍存在一些问题，例如它只适用于农业产业化程度较为发达的地区，导致大部分农业地区无法享受这种便捷优惠，而且即使在供应链管理发展较为先进的地区，农业信贷配给问题依然较为严重（贾澎等，2011）。基于金融的角度，农民的资金来源主要包括生产剩余以及销售收入，农业具有较低的生产率及发展开扩能力，导致农业企业融资方面的困难和矛盾十分尖锐，普通农户融资困境也没有较大的改善（马九杰，2020）。因此探索数字普惠金融对于农业核心企业的作用机制，对于缓解农业企业融资难问题以至于推动乡村振兴发展具有重大现实意义。

基于上述背景，本章基于供应链管理理论，依托农业核心企业的财务数据围绕数字普惠金融对于企业绩效的关系进行研究，从供应链的角度探索普惠金融对于企业绩效的作用机制，并从实证方面对理论机制进行检验。在此基础上，本章进一步探讨不同地域数字普惠金融发展程度对于企业绩效的影响。本章主要贡献主要体现以下几个方面：①从实证角度对于数字普惠金融与农业企业绩效的关系进行研究，探索推动农业企业发展的新动力。②从供应链角度探讨普惠金融对于农业企业绩效的作用机制，对于农业企业未来改进供应链管理、缓解融资约束以及合理利用数字普惠资源具有启示作用。③进一步探索了不同区域数字普惠金融的发展程度对于绩效的影响，为政府制定相关的农业金融政策提供理论支撑。

二、数字普惠金融与企业绩效

企业绩效是一个复杂综合性的评价指标，它包括了企业盈利水平，未来发展能力、资产运作水平等多项评价内容，受到诸多因素的影响。申（Shin）指出营运资金管理效率的提升有利于增加企业的盈利能力。[1] 甄杰等通过研究发现信息安全管理正向影响企业绩效。[2] 数字金融主要依赖信息优势和渠道优势促进企业绩效，一方面，数字普惠金融有助于推动农业地区经济发展（李建军，彭俞超，马思超，2020），并凭借大数据等互联网技术帮助农村合作社及农户个体更好地掌握信贷产品的信息，也有利于实现金融用户和金融机构的业务对接，帮助一些小企业找寻适合自身情况的金融服务，促进企业良性发展。另一方面，数字普惠金融可以凭借数字技术拓展服务渠道。数字金融可以依靠区块链和大数据等技术，帮助缓解由于信息不对称产生的风险溢价过高和运营成本过大所产生的一系列问题（黄浩，2018），同时也为提升金融服务的覆盖程度和范围提供了技术保障。针对农业类企业推出专属金融服务产品，提高金融服务效率。真正让数字普惠金融

---

[1] Shin H H, Soenen L. Efficiency of Working Capital Management and Corporate Profitability [J]. Financial Practice & Education, 1998.

[2] 甄杰，谢宗晓，李康宏，等. 信息安全治理与企业绩效：一个被调节的中介作用模型 [J]. 南开管理评论，2020，23（1）：158 – 168.

覆盖到农业产业链上的各个主体，缓解融资约束难题，进而提升企业绩效。综上所述，特提出如下假设：

H7-1：数字普惠金融对于企业绩效有促进作用。

三、供应链管理的遮掩效应

农业企业的供应链管理主要是指农业供应链中的核心企业依托交易关系，通过承诺导体收购产品等方式协助农户及合作社更好的运营。其自推出伊始，对农业的综合化发展起到了一定的推动作用，但是随着互联网的不断发展，数字普惠金融随之不断地发展壮大，对于供应链管理造成了冲击。数字普惠金融主要通过以下几个方面削弱供应链管理的强度。

（1）数字普惠金融主要是针对中小企业融资，而参与农业供应链管理的核心企业及经营主体大多存在机会主义倾向，因此参与农业供应链管理的企业数量仍比较少（刘圻，应畅，王春芳，2011）。数字普惠金融凭借互联网、移动通信等数字技术，打破了传统金融服务的空间限制，提高了普惠金融的可获得性。金融机构凭借数字平台可以直接为各种客户提供贷款支付等金融服务，同时产生的交易数据又可以帮助金融机构构建用户画像，以便更好地提供金融服务。因此数字普惠金融可以绕开核心企业主导的供应链而直接作用于农业经营团体甚至是农户个体。

（2）农业企业供应链的运营管理仍不够完善。大多农业企业对于供应链融资的兴趣一直不高，农业供应链并没有发挥其预期的作用。由于中国的农业核心企业与农业经营主体地位实力的不平等导致了二者合作关系存在一些问题，导致中国订单农业的农户违约现象层出不穷，核心企业无理拒绝农产品收购的现象也时有发生（王力恒，何广文，何婧，2016）。而数字普惠金融则可以利用云计算通过对于交易数据进行充分挖掘分析，快速准确地衡量用户信用状况和交易习惯，为核心企业与农业经营主体搭建一个桥梁，同时数字技术也可以记录交易违约者的记录，在日后其申请贷款时加大审核力度，形成威慑作用，促进农业产业的良性循环。

（3）农业产业链融资所需担保门槛较高，但是风险分担机制不够完善。

中国农业信贷市场基本上是以农村信用合作社为主，而农业信贷市场的供求力量较为悬殊，导致核心企业参与供应链融资往往面临严苛的担保条件，且有时会面临极大的农业客户违约风险，这间接导致了农业供应链体系发展的缓慢。而数字普惠金融可以打破供应链担保的高门槛，帮助银行进行目标客户群体的下移以及涉农金融服务的创新。

综上所述，数字普惠金融能够通过直接作用于农业经营团体及农村个体户，降低企业的供应链强度水平，此时数字普惠金融对于供应链管理的负向影响遮掩了数字普惠金融的绩效促进作用。基于此，提出如下假设。

H7 – 2a：数字普惠金融对供应链管理强度有负向影响。

H7 – 2b：供应链管理在数字普惠金融对企业绩效的影响中发挥遮掩效应。

四、融资约束的中介效应

数字普惠金融对融资约束的影响主要通过发挥渠道优势和信息优势，缓解信息不对称，从而降低企业的信贷门槛，提高企业的绩效。一方面，数字普惠金融帮助寻找更多的资金来源，缓解了信贷扭曲情况，有利于金融资源的高效利用（万佳彧，周勤，肖义，2021）。市场中有大量分散的投资长尾群体，他们具有十分强大的投资潜力，而传统金融限于技术等原因无法将这部分投资潜力全部释放出来，而数字普惠金融利用大数据信息技术的优势，可以整合更多底部长尾投资资源，为融资困难的农业企业提供更优质服务。另一方面，企业良好的融资能力和外部高效的金融环境可以保障企业充裕的资金支持。然而在现实金融环境中普遍存在信息不对称情形，产生了大量交易及信息成本，明显抑制了企业融资。数字普惠金融依托互联网减少信息不对称现象的出现，可以精准的评估企业风险。数字普惠金融可以通过对农业龙头企业、农村生产合作社、农户个体交易数据的整理，建立数字化交易平台，加快推进金融机构的改革，促使其以更优质的服务推进边远贫困地区的农业现代化建设，进一步释放欠发达地区农业的金融活力（王茜，2019）。综上所述，数字普惠金融通过信息优势和渠道优势缓解企业面临的融资约束，进而促进企业绩效，此时缓解融资约束成为普惠金融绩效激励作用的一条路径。基于此，提出如下假设。

H7 - 2c：数字普惠金融对于融资约束有负向影响。

H7 - 2d：融资约束在数字普惠金融对企业绩效的影响中发挥中介效应。

第二节 研 究 设 计

一、数 据 来 源

本章以沪深股市的上市农业类公司为研究样本，构建 2015 ~ 2019 年的面板数据集。本章对数据做了以下处理：①删除在此期间退市的企业。②删除主要变量缺失的企业。③对样本中的连续变量进行双侧 1% 的缩尾处理。企业的财务数据来自 CSMAR 数据库，数字金融普惠指数来自北京大学互联网金融中心。

二、变 量 设 定

（一）被解释变量

净资产收益率。净资产收益率反映了企业的盈利能力，本章用它作为衡量企业绩效的代理变量。

（二）解释变量

数字普惠金融。本章使用北京大学探究推出的《数字金融普惠金融指数》，该指数是依托蚂蚁金服提供的海量交易数据，衡量中国不同地区的数字金融发展程度。本章主要选取 2015 ~ 2019 年的省一级数据作为数字普惠金融的代理变量。同时，对数字普惠金融指数进行归一化处理。

（三）中介变量

供应链管理。我们使用现金周转率作为供应链管理的代理变量。现金周转率反映了企业得现金管理效率。法里斯（Farris）等认为企业的流动资金是企业运行得润滑剂，现金周转率显示了企业的运转状况，它也是衡量整个供应链管理的一个关键绩效指标。[①]

融资约束。本章参考哈德洛克和皮尔斯（Hadlock and Pierce）的研究[②]，用 SA 指数来衡量企业融资约束。SA 指数的计算公式为 $SA = -0.737 \times Size + 0.043 \times Size^2 - 0.04 \times age$。

其中，Size 为资产总额，age 为企业上市年限。

（四）控制变量

参见前人的研究，我们设定了以下控制变量。主要包括企业年龄、企业规模、股权集中度、资产负债率、企业收入增长率以及企业股权性质等变量，详细描述性统计见表 7 - 1。

表 7 - 1　　　　　　　　　　　　　　变量定义

被解释变量	企业绩效	Roe	税后利润/净资产
解释变量	数字普惠金融	DIF	数字普惠金融指数/100
		DIF-g	数字普惠金融覆盖广度指数/100
		DIF-z	数字普惠金融数字化程度指数/100
		DIF-s	数字普惠金融使用深度指数/100
中介变量	供应链管理	SCF	T 年主营业务收入/T 年平均现金余额
	融资约束	SA	见上文

---

① Theodore Farris M, Hutchison P D. Measuring Cash-to - Cash Performance [J]. International Journal of Logistics Management, 2003, 14（2）: 83 - 91.

② Hadlock C J, Pierce J R. New Evidence on Measuring Financial Constraints: Moving Beyond the KZ Index [J]. Review of Financial Studies, 2010, 23（5）: 1909 - 1940.

被解释变量	企业绩效	Roe	税后利润/净资产
控制变量	企业规模	Size	企业当期总资产的自然对数
	企业年龄	Age	企业成立年限
	资产负债率	Lev	t 年末负债总额/t 年资产总额
	企业增长率	Growth	营业收入增长额/上年营业收入总额
	企业性质	Soe	国有制企业取 1，否则取 0
	股权集中度	Top1	企业第一大股东股权占比

三、模型设定

本章构建如下模型：

$$\text{Roe}_{i,t} = \alpha_0 + \alpha_1 \text{DIF}_{i,t} + \sum \text{CV} + \sum \text{Year} + \sum \text{Ind} + \varepsilon \qquad (7-1)$$

在模型（7-1）中，被解释变量为企业的绩效，以企业的净资产收益率作为企业绩效的代理变量，核心解释变量 DIF 为省一级的数字普惠金融指数。控制变量 CV 即为前文所提到的控制变量，ε 为模型随机误差项。本章构建最为经典的时间-行业双向固定效应模型进行实证检验。

为了进一步检验供应链管理对于数字普惠金融能否通过供应链管理作用于企业绩效，本章借鉴温忠麟（2014）等对于中介效应和遮掩效应的检验方法，构建以下模型检验上述假设。模型（7-1）以数字普惠金融作为解释变量，检验数字普惠金融对于企业绩效的影响，验证 H7-1。模型（7-3）用来检验数字普惠金融对于融资约束的影响，模型（7-2）用来检验数字普惠金融对于供应链管理的影响，而模型（7-4）和模型（7-5）则分别考察融资约束和供应链管理在数字普惠金融与企业绩效之间发挥的遮掩效应和中介效应。

$$\text{SCF}_{i,t} = \beta_0 + \beta_1 \text{DIF}_{i,t} + \sum \text{CV} + \sum \text{Year} + \sum \text{Ind} + \varepsilon \qquad (7-2)$$

$$\text{SA}_{i,t} = \gamma_0 + \gamma_1 \text{DIF}_{i,t} + \sum \text{CV} + \sum \text{Year} + \sum \text{Ind} + \varepsilon \qquad (7-3)$$

$$Roe_{i,t} = \theta_0 + \theta_1 DIF_{i,t} + \theta_2 SA_{i,t} + \sum CV + \sum Year + \sum Ind + \varepsilon$$

$$(7-4)$$

$$Roe_{i,t} = \delta_0 + \delta_1 DIF_{i,t} + \delta_2 SCF_{i,t} + \sum CV + \sum Year + \sum Ind + \varepsilon$$

$$(7-5)$$

在模型（7-1）中，α_1 显著为正时，若模型（7-5）中的 δ_1 显著为正，模型（7-2）中的 β_1 和模型（7-5）中的 δ_2 均显著且两者乘积 $\beta_1 \times \delta_2$ 为负，即 $\beta_1 \times \delta_2$ 与 δ_1 方向相反，则说明供应链管理在数字普惠金融与企业绩效之间发挥遮掩效应。验证 H7-2b。在模型（7-1）中 α_1 显著为正时，若模型（7-4）中的 θ_1 显著为正，模型（7-3）中的 γ_1 和模型（7-4）中的 θ_2 均显著为正，即 $\gamma_1 \times \theta_2$ 与 θ_1 方向一致，则说明融资约束在数字普惠金融与企业绩效之间发挥中介作用，验证 H7-2d。

四、描述性统计

根据上面的模型，计算得出如下结果，见表7-2。

表7-2　　　　　　　　　　主要变量的描述性统计

变量	（1）	（2）	（3）	（4）	（5）
	N	mean	sd	min	max
Roe	368	0.059	0.168	-0.785	0.624
SCF	368	9.307	8.683	0.664	45.270
Lev	368	0.399	0.184	0.053	0.938
SA	368	-2.696	0.284	-3.156	-2.122
Growth	368	0.140	0.327	-0.611	1.666
Size	368	22.020	0.974	20.290	24.690
Top1	368	34.760	14.630	4.150	70.320
Soe	368	0.293	0.456	0.000	1
Age	368	17.980	5.049	6	35

变量	（1）	（2）	（3）	（4）	（5）
	N	mean	sd	min	max
DIF	368	2.780	0.491	1.998	3.990
DIF-g	368	2.554	0.522	1.701	3.783
DIF-z	368	3.657	0.418	2.951	4.408
DIF-s	368	2.707	0.647	1.486	4.047

表7－2报告了主要变量的统计特征，据表7－2可知，企业绩效的最大值为0.624，最小值为－0.785，均值为0.059。说明农业企业的绩效水平存在着较大的差异，且绩效水平普遍都不是很高。而对于数字普惠金融指数以及三个维度的指数来看，它们的最大值和最小值及均值存在较为明显的差别，说明不同地域区间的数字普惠金融的发展程度参差不齐，就融资约束而言，最大值与最小值之间也显示出企业之间明显的差异化。其余变量不再赘述。

第三节　实证检验

一、数字普惠金融对于企业绩效的影响

本章通过双向固定效应对于模型进行检验发现数字金融指数与企业绩效显著正相关（见表7－3），说明数字金融的发展显著促进了农业企业的绩效。H7－1假设得证。从不同维度来看，覆盖广度指数和数字支持指数与企业绩效也存在显著的正向关系，说明扩大数字普惠金融的覆盖面和提高数字支持程度也有利于企业绩效的增长，这有较强的政策指向。但是，数字金融深度对于企业绩效的增长并不会起到显著作用，说明农业的数字发展深度仍存在不足。

表7-3　　　　　　　　　　　　基准回归结果

变量	（1）Roe	（2）Roe	（3）Roe	（4）Roe
DIF	0.096 * (1.76)			
DIF-g		0.096 * (1.81)		
DIF-z			0.078 * (1.75)	
DIF-s				0.042 (1.10)
Control	YES	YES	YES	YES
Ind FE	YES	YES	YES	YES
Year FE	YES	YES	YES	YES
Constant	− 1.419 ** (− 2.08)	− 1.504 ** (− 2.18)	− 1.243 * (− 1.85)	− 1.273 * (− 1.88)
Observations	368	368	368	368
R-squared	0.292	0.292	0.292	0.287

注：** 表示 $p < 0.05$，* 表示 $p < 0.1$。

二、供应链管理的遮掩效应和融资约束的中介效应

从表7-4中可以看出，模型（7-5）中DIF和模型（7-5）中SCF的系数均显著，说明数字普惠金融对企业绩效有负向影响，且间接效应显著，H7-2a得到验证。同时，模型（7-5）中DIF的系数显著为正，而SA系数与模型（7-5）中DIF系数的乘积为负，这表明数字普惠金融能够降低企业供应链强度水平，供应链强度在数字普惠金融对企业绩效的影响中发挥遮掩效应，H7-2b得证。另外，模型（7-2）中DIF和模型（7-3）中SA的系数均显著，说明数字普惠金融对于企业融资约束有负向影响，且间接效应显著，H7-2c得到验证。同时，模型（7-3）中SA的系数显著为

负，而 SA 系数与模型（7-2）中 DIF 系数的乘积也为负，这表明数字普惠金融可以帮助企业缓解融资约束，融资约束在数字普惠金融对企业绩效的影响中发挥中介效应，H7-2d 得到验证。

表 7-4　　　　　　　　　　　　中介效应及遮掩效应

变量	(1) Roe	(2) SA	(3) Roe	(4) Roe	(5) SCF	(6) Roe
SCF						0.003 * (1.67)
SA			-0.708 *** (-2.63)			
DIF	0.096 * (1.76)	-0.119 *** (-3.69)	0.099 * (1.80)	0.096 * (1.76)	-3.516 * (-1.70)	0.105 * (1.93)
Control	YES	YES	YES	YES	YES	YES
Ind FE	YES	YES	YES	YES	YES	YES
Year FE	YES	YES	YES	YES	YES	YES
Constant	-1.419 ** (-2.08)	-2.729 *** (-6.77)	-3.403 *** (-3.36)	-1.419 ** (-2.08)	71.683 *** (2.78)	-1.609 ** (-2.33)
Observations	368	368	368	368	368	368
R-squared	0.292	0.478	0.310	0.292	0.149	0.299

注：*** 表示 $p < 0.01$，** 表示 $p < 0.05$，* 表示 $p < 0.1$。

三、稳健性检验

为了进一步验证数字普惠金融对于企业绩效的促进作用，避免内生性问题的影响，本章进行了以下稳健性检验。

（一）替换变量的方法

为了避免变量选择偏误对于估计结果的影响，本章采用 Roa 替代 Roe 作为衡量企业绩效的代理变量，同时用市一级的数字普惠金融指数作为数字普惠金融的代理变量进行检验，从表 7 - 5 中可以看出，结果显示依旧显著。

表 7 - 5　　　　　　　　　　稳健性检验：替换变量法

变量	(1)	(2)	(3)	(4)
	Roa	Roa	Roa	Roa
DIF	0.039 ** (2.25)			
DIF-g		0.037 ** (2.04)		
DIF-z			0.031 * (1.68)	
DIF-s				0.018 (1.30)
Control	YES	YES	YES	YES
Ind FE	YES	YES	YES	YES
Year FE	YES	YES	YES	YES
Constant	- 0.780 * (- 1.95)	- 0.810 ** (- 2.03)	- 0.709 * (- 1.86)	- 0.723 * (- 1.84)
Observations	368	368	368	368
R-squared	0.275	0.275	0.275	0.272

注：** 表示 $p < 0.05$，* 表示 $p < 0.1$。

（二）选择工具变量法

为了避免内生性问题对估计结果的影响，本章参考孙倩等的做法[1]，利用滞后一期的数字普惠金融指数作为工具变量进行 IV - 2SLS 估计（见表 7 - 6）。

---

[1]　孙倩，徐璋勇. 数字普惠金融、县域禀赋与产业结构升级 [J]. 统计与决策，2021 (18)：140 - 144.

表 7 - 6 稳健性检验：工具变量法

变量	（1）	（2）
	第一阶段回归	第二阶段回归
	DIF	Roe
IV	0.736 *** （17.15）	
DIF		0.026 * （1.75）
Control	YES	YES
Ind FE	YES	YES
Year FE	YES	YES
Constant	0.955 *** （2.93）	− 0.415 *** （ − 3.85）
Observations	225	225
R-squared	0.6281	0.141

注：*** 表示 p < 0.01，* 表示 p < 0.1。

（三）更换样本法

为了避免样本选择偏误对于估计结果的影响，本章剔除 2015 年的样本，因为 2015 年度企业普遍受到股灾的冲击，会对企业绩效造成一定影响（见表 7 - 7）。

表 7 - 7 稳健性检验：更换样本法

变量	（1）	（2）	（3）	（4）
	Roe	Roe	Roe	Roe
DIF	0.044 *** （3.07）			
DIF-g		0.050 *** （4.06）		
DIF-z			0.012 （0.64）	

续表

变量	(1)	(2)	(3)	(4)
	Roe	Roe	Roe	Roe
DIF-s				0.022 ** (1.99)
Control	YES	YES	YES	YES
Ind FE	YES	YES	YES	YES
Year FE	YES	YES	YES	YES
Constant	−0.946 ** (−2.26)	−1.010 ** (−2.41)	−0.872 ** (−2.09)	−0.870 ** (−2.11)
Observations	303	303	303	303
R-squared	0.321	0.326	0.309	0.315

注：*** 表示 $p < 0.01$，** 表示 $p < 0.05$。

（四）中介效应检验法

为了检验中介效应，我们借鉴了 Preacher 的研究采用 Bootstrapping 方法对中介效应和遮掩效应进行检验。[①] 本章设置重复抽样 5000 次分别验证融资约束的中介效应以及供应链管理的遮掩效应。结果显示融资约束的中介效应的置信区间为 0.004957 ~ 0.0725322，供应链管理的遮掩效应的置信区间为 0.0002217 ~ 0.0181205，均不包含 0，故存在显著的中介效应和遮掩效应。

四、扩展性分析

（一）地区的影响

前文中对于数字普惠金融对于企业绩效的影响机制进行了研究，但是

---

① Preacher K J, Hayes A F. SPSS and SAS procedures for estimating indirect effects in simple mediation models [J]. Behavior Research Methods Instruments & Computers, 2004, 36 (4): 717 – 731.

未考虑地域因素的影响。基于中国地域广袤，不同区域的地理资源及经济发展程度都有很大区别的情形，数字金融的发展状况以及对于企业绩效的促进作用可能会有所不同。慕娟等通过对于不同区域的中国农村农业数字经济发展指数的测量，发现不同区域数字经济发展具有明显差异。[①] 如图7－1所示，因此，本章根据公司所处的省份或直辖市，将总样本化分为东部、西部、中部三个地区子样本进行分析检验。表7－8报告了分地区的回归结果，据此发现东部地区数字普惠金融对于企业绩效的提升有显著正向作用，而中部地区数字普惠金融对于企业绩效的提升并不显著，西部地区甚至出现了负向影响。可能的原因在于中国东部地区的金融体系的建设相对于中西部地区更为完善，且中西部地区的数字基础建设仍比较落后。而随着金融环境的改善，数字普惠金融也可以更好的作用于企业绩效。

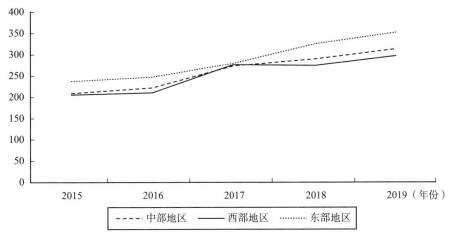

图7－1 不同地区的数字金融发展程度

资料来源：作者根据统计数据计算获得。

---

① 慕娟，马立平．中国农业农村数字经济发展指数测度与区域差异［J］．华南农业大学学报（社会科学版），2021，20（4）：90－98．

表 7 - 8   地区扩展性分析

变量	(1)	(2)	(3)
	Roe	Roe	Roe
	东部地区	中部地区	西部地区
DIF	0.161 ** (2.28)	0.021 (0.46)	-0.150 (-0.66)
Control	YES	YES	YES
Ind FE	YES	YES	YES
Year FE	YES	YES	YES
Constant	-5.101 *** (-2.78)	0.609 (1.09)	-11.206 * (-2.04)
Observations	197	116	55
R-squared	0.493	0.226	0.404

注: *** 表示 $p < 0.01$, ** 表示 $p < 0.05$, * 表示 $p < 0.1$。

(二) 企业所有制的影响

为了进一步探究数字金融对于农业企业绩效的影响,本章将样本按照股权性质分为国有企业和非国有企业。回归结果如表 7 - 9 所示,非国有企业中数字普惠金融对于企业绩效的回归系数为 0.136,且在 5% 的水平上显著,而国有企业中数字普惠金融对于企业绩效的回归系数为 0.005,并不显著。我们认为主要是由于国有企业资产雄厚,相比于非国有企业,国企具有更加多层次和更宽广的融资渠道。而且当国企遇到亏损或濒临破产时,政府会通过提供补贴或者税收优惠帮助企业渡过难关。回归结果也说明了这点,与国有企业相比,数字普惠金融对于非国有企业绩效的促进作用更明显。

表 7 - 9   企业所有制扩展性分析

变量	(1)	(2)
	Roe	Roe
	非国企	国企
D	0.136 ** (2.35)	0.005 (0.05)

续表

变量	（1）	（2）
	Roe	Roe
	非国企	国企
Control	YES	YES
Ind FE	YES	YES
Year FE	YES	YES
Constant	− 1.948 （− 1.60）	− 3.165 （− 1.16）
Observations	260	108
R-squared	0.357	0.255

注：*** 表示 p < 0.01，** 表示 p < 0.05，* 表示 p < 0.1。

第四节　结论与展望

一、基本结论

本章基于供应链和融资约束的视角，考察数字普惠金融对于农业企业绩效的影响机制。研究表明，数字普惠金融对于农业企业绩效有正向影响；数字普惠金融可以通过降低供应链强度水平来遮掩其对于农业企业绩效的促进，数字普惠金融也可以通过缓解融资约束水平来提升企业绩效。东部地区数字普惠金融发展程度更成熟，对于农业企业绩效的正向作用更明显。相比于国有企业，数字普惠金融对于非国有企业绩效作用更显著。

二、政策建议

第一，进一步加强农业领域信息化建设，为农业普惠金融的发展奠定坚实的基础，充分发挥数字普惠金融在提升农业企业绩效中的优势作用。政府可以继续加大对农业金融领域的扶持力度，帮助农业企业或者农业经营团体合理配置数字普惠金融资源，实现可持续高质量发展。一方面，继续支持农业领域核心企业数字化领域的发展，以点带面，发挥龙头企业的带头作用。另一方面，加强农业合作社、家庭农场等尾部主体的数字基础建设，尽可能地增加经营网点，让农民切实享受普惠金融所带来的好处。

第二，构建数字化金融交易平台。核心企业在农业供应链运转时转移集中了许多信用风险，不利于其长久发展。借助数字普惠金融蓬勃发展的契机，核心企业可以主动"去核心化"，依靠数字技术实时更新交易数据。通过数字化交易平台的处理，弱化产业链的主导作用，更加贴近农业生态系统，促进其健康发展。

第三，鼓励银行等金融机构与数字化金融平台加强合作，同时鼓励涉农金融机构依托各自优势，开展错位竞争，以便为农业用户提供更为优质地服务。数字普惠金融的发展为缓解农村金融困境提供了一种新的解决方案，国家可以在政策方面予以倾斜，盘活农业领域的资金流通链，帮助缓解农业领域企业及经营个体融资难等问题，促进乡村振兴。同时严厉惩处金融领域的违法犯罪活动，针对中国金融行业发展的特点，深入推进体制改革，使其更顺应数字经济的发展。

第四，注重不同区域间的协调发展，平衡区域间数字金融资源配置。加强不同区域间的沟通合作，建立定期交流合作机制。对于西部地区来说，由于地形复杂及海拔较高，因此农业发展较为缓慢，故应加大对西部地区数字金融基础设施的建设。对于中部地区而言，农业产业化进程仍存在一些问题，数字化发展程度仍不完善，可以由政府建立培训机构，帮助农民更快更好地学习使用智能设备，享受数字普惠金融的普惠性。对于东部地区，应该发挥带头示范作用，积极探索适合中国特色社会主义的农业数字普惠金融实践经验。另外，鼓励中西部企业更积极地拥抱数字金融，学习东部地区企业的先进经验，把握时代机遇，走出一条适合自身的创新之路。

第八章　广东珠海跨境结算的金融与贸易影响因素研究

本章主要研究广东省跨境结算的金融与贸易问题。[①]

第一节　广东珠海跨境结算在金融方面的现状及问题

一、金融融资结算现状及问题

最近几年珠海跨境结算总体呈现如下几个特征。

第一，珠海跨境结算结算率下降。2020 年，珠海地区跨境贸易结算量相比之前出现明显下滑。经常账户下珠海地区人民币跨境结算业务量达4360 亿元，创 2012 年以来最低水平；与 2019 年相比，下降了 870 亿元，同比下降 16.63%，连续两年呈下降态势，但降幅较 2018 年有所缩小。跨境贸易人民币结算占国际收支的 13.93%，比 2019 年下降 5.03 个百分点。

第二，珠海跨境贸易结构方面。2019 年，珠海地区跨境货物交易规模为 3270 亿元，同比下降两成，跌幅略小于上一年度。服务贸易项目交易额

---

① 杨嘉俊. 广东省跨境结算的金融与贸易影响因素研究 [M]. 珠江论丛，北京：社会科学文献出版社，2022（12）：79-105.

为 1090 亿元，同比小幅下降 1.8 个百分点，同样为 2015 年以来首次下降，在经常项目下占跨境贸易人民币结算交易额的 25%。

第三，珠海跨境贸易人民币收支余额减少，出大于入：2019 年，珠海地区跨境人民币收付规模达 9190 亿元，同比降低 660 亿元和 6.7 个百分点。同比上一年度仍有下降，但降幅略有收窄。总体来看珠海跨境贸易人民币收支逆差缩小，按现收现付比率从 2019 年的 1∶1.6 下降至 1∶1.07。

第四，珠海跨境国际贸易结算认可度提升。2017 年，珠海与周边国家跨境贸易交易额上涨 11.1%。其中，大部分国家贸易结算量同比增长均超过 50%。与此同时，珠海地区银行在全球五大洲的 23 个国家和地区建立了跨境贸易人民币结算派出机构，在境外以人民币跨境结算业务为依托的人民币跨境支付系统（CIPS）有 700 多名参与者，其业务范围广阔，全球 100 多个国家和地区的 210 余家金融机构皆适用。

二、融资结算现状分析

经过了 20 余年的发展，站在新的历史起点和高度上，珠海地区跨境贸易结算事业发展之路步履蹒跚又充满光明。虽然依旧存在着诸如货物贸易占比过大、收支失衡以及国际认可度较低等突出问题，但珠海地区跨境贸易总体发展态势仍旧稳中向好、贸易结算结构和体量也日趋优化。这对珠海地区跨境贸易结算业务起到了很好的支撑和奠基作用。

珠海地区跨境投融资流向优质渠道，今天来看人民币在外汇市场中具有一定的地位，但这个过程经历了较为漫长的时间。珠海地区人民币跨境使用源于国际贸易结算活动。现阶段珠海地区跨境进行投资及融资按照交易主体来划分，分为三类，第一类是境外机构通过金融机构或其他金融渠道，在人民币离岸市场进行融资，再将融资资金投资于境内。第二类交易主体为境内机构，境内机构的投融资手段又分为两种模式，一是境内吸收人民币，将吸收资金投资于境外市场；二是境外吸收人民币、将吸收资金投资于境外市场。第三类是境内金融机构，如银行，在境内市场进行筹资，将筹集资金以信贷业务的形式投资在境外市场。

从珠海地区跨境贸易融资量结构配比来看，随着货物贸易占比的下降，以及服务贸易结算量的逆势上扬，原先珠海地区以生产加工为主的低端产业链正逐步向研发和资本指向类型的中高端产业链进军，尽管在这期间一些内部经营不善且技术较落后的企业会因此而倍受打击。但同样使珠海地区相关产业力量在优胜劣汰的法则中得到整合和重组，加上珠海地区经济在技术、资源、人力和智力等方面存在的规模经济效益，对于珠海地区产业的转型升级和提升珠海地区跨境贸易结算质量改善将大有裨益。

从收支和认可度角度看，收大于支可能会带来大规模的人民币外流，但依附于我国健康且较为高效的经济体上，更多是弊大于利的发展前景。例如，珠海地区通过"一带一路"在未来建立的横跨欧亚非三大洲地区的零关税和自由贸易区大市场的蓝图启动后，没有了中间外汇的兑换以及关税等关键环节，使得这一地区内部的经贸沟通、资金融通更加便捷通畅，有利于珠海地区打破同西方发达国家因日益频繁的经贸摩擦带来的软性"经济封锁"，盘活对外开放的经济通路，从而提升珠海地区以及"一带一路"沿线国家和地区的经济体量和人民币生活水平，达到互利共赢的新高度。

三、跨境结算在金融方面的问题

（一）金融市场问题

在一般情况下，金融市场会根据其金融服务能力，风险化解能力和对金融市场资源调配的能力，通过间接的影响来增大或减少主权货币跨境贸易结算的份额。为了使主权货币在境外的接受程度上升，则需要完善金融市场，金融市场的体系越是健全，相关主权货币被接纳的可能性亦越大。如果一个健全的金融市场想要发挥其自身的职能作用，则要通过提供高质量的金融服务，提高风险化解能力和资源调配能力，降低跨境贸易的成本，加大在跨境贸易结算中人民币作为计价货币的权重。目前而言，我国金融市场的情况可分为两种：一是市场基础设施的建设；二是市场机制和市场制度的完善。如果这两方面的建设跟上了、问题解决了，将正面、正向地促进我国跨境人民币贸易结算和人民币国际化的发展。另外，全球金融领域的一股流行趋势是金融市场国际化，西方发达国家都相继慢慢放开了对市场的限制，都进行了不同程度的金融自由化改革。我国则呈现另一种情况，国内汇率利率形成机制市场化程度不足，人民币缺乏有效的价格形成机制，部分资本项目不能实现兑换，金融体系开放不足，限制大且多，这使得境外人民币持币者的持币欲望和投资欲望不大，人民币流入渠道缩小，回流渠道单一。

金融市场不发达对珠海跨境结算的影响产生了较大的影响。截至目前，珠海地区的资本账户尚未开放，因此不可能通过资本账户自由循环人民币。外国公司通过资本市场交易对人民币的投资受到很大限制，只能用作基本以人民币表示的外币存款或贸易付款，因此没有采取任何措施应对人民币汇率波动的风险。海外清算中心和开放的金融产品市场的短缺降低了外国投资者选择人民币付款的意愿，因为人民币在国际市场上未被认可，并且其声誉远低于美元和欧元等强势货币。

跨境贸易结算发展，在很大程度上取决于贸易结算体系是否完整。就目前珠海地区实际情况来看，其人民币跨境结算体系虽然已初步成型，但是仍不健全，这极大地限制了珠海地区跨境贸易结算的发展进程。首先，目前珠海地区并没有一整套覆盖整个贸易区的货币结算体系，更多采用基本的结算方式，必然会阻碍世界范围内珠海地区贸易地位的提升。其次，从长远角度上看，人民币的贸易地位始终不高，珠海地区单个试点，很难在较短时间内建立出完善科学的跨境贸易结算体系，这对于珠海地区跨境贸易的结算限制巨大。最后，人民币跨境贸易结算并没有得到外国企业的理解与支持，协作能力不强，这就导致跨境贸易不能很好地监管资金流动的方向。与此同时，人民币境外储蓄量必然随着人民币跨境贸易结算的推进而增多，在此情况下，珠海地区的银行可能会面临境外人民币大量提现的压力，从而使得珠海地区商业银行在境外流动性不足。一旦境外人民币的存取业务使用频率过高，都将会引起境外人民币数目能以被追踪记录，珠海地区的监管能力下降，风险上升。

（二）货币稳定性问题

宏观与国家的混合体为跨境人民币支付提供了巨大的好处，其弊端不容忽视。随着宏观经济因素变得越来越不确定，货币稳定性也会影响宏观经济。人民币成为珠海跨境的结算货币之后，珠海地区与其他国家和地区的经贸往来更加的紧密，国际的经济形势的前行和改变也将对与珠海地区的经济产生影响。

因跨境贸易双方需要根据自身相应的货币需求调整，通过像套期保值等手段去规避汇率风险，所以珠海地区的跨境贸易结算规模受到了货币汇率暴动的影响。当汇率提高使，美元下调而人民币增值，珠海地区的跨境贸易企业对人民币的需求相应扩大，跨境结算规模也相应地扩大。另外，一部分境外投资者预期未来人民币将继续升值，则会更想增加人民币的持币数额来获利。同时，部分投机者对人民币的汇率走势和利率走势作出以获利为目的判断，将增持人民币数额以便进行投机活动，这也会促进珠海地区跨境结算的发展。在这段时期，境外进口企业则会选择人民币作为计价货币，减少手中的持币数量，用以规避相关汇率风险，这也增强了珠海地区的贸易结算规模。但境外的投机者和预防者也会在预防动机下，判断是否持有人民币，减少投机的频次和需求，这就会缩减跨境结算的规模。

首先，跨境人民币监管体系尚未完善，政策体系尚未成熟。中国跨境人民币发展缺乏基本经验。在国内贸易人民币结算过程中，建立成熟的政策和完善监管体系需要很长时间。跨境人民币业务对跨境人民币监控系统的需求更大，因为其引入了更多的市场参与者。要进行更全面地监控，密切关注市场参与者的违规行为，防止各种投机者，注意"热钱"压力，防止离岸人民币通过地下渠道和其他非法渠道进入中国，需要构建一个系统，维持市场影响货币政策的稳定性。其次，当前的外汇管理政策无法满足珠海地区人民币跨境支付的要求，人民币跨境支付包括人民币基金的海外发行，国际支付统计的监控，双边货币掉期支付以及中国目前的外汇管理。

第二节　广东珠海跨境结算在贸易
方面的现状及问题

一、贸易结算现状分析

珠海跨境贸易结算主要有三种模式，分别是"清算行"模式、"代理行"模式以及"边贸行"方式（见图 8 – 1）。

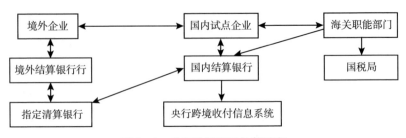

图 8 – 1　珠海跨境贸易结算流程

（一）"清算行"模式

"清算行"模式：顾客向珠海地区结算银行付款后，珠海地区结算银行向中国人民银行超大金额三方支付平台推送汇款单，随后根据香港澳门清算银行在中国人民银行设立的账户开展人民币资产跨境电商清算，最终发送至国外顾客的结算银行。"清算行"模式适用示范点公司中间的跨境电商人民币结算（进口公司不受到限制）及其根据香港澳门清算银行清算的国外顾客。现阶段，该银行能够与香港澳门的清算银行开展跨境电商人民币结算。

操作步骤如下。

付款工作流程：（1）示范点公司两者之间海外交易对手签署业务流程

协议书，愿意以人民币标价结算；（2）银行审批顾客递交的付款申报材料（全国性港口稽查系统软件务必在货到付款下备案），扣减顾客人民币资产后，汇款单发送至中国人民银行超大金额三方支付平台；（3）银行根据香港澳门清算银行在中国人民银行设立的账户开展人民币资产跨境电商清算；（4）香港澳门清算银行接到汇款单后，标示海外参加银行对收款方账户开展贷记；（5）本行依据相关要求申请办理顺差统计分析申请，并根据人民币跨境电商收付款管理信息系统申报基本信息。

收付款工作流程：（1）示范点公司两者之间海外交易双方签订协议，同意将人民币定为结算货币；（2）港澳地区结算金融机构依据海外参加金融机构的汇款指令扣减人民币资产，随后将汇款指令发送至中国人民银行的超大金额三方支付平台，并根据本行在中国人民银行设立的账户开展人民币资产跨境结算；（3）本行接到汇款指令并贷记收款方账户；（4）本行按相关要求申请办理顺差统计分析申请，并根据人民币跨境收付款管理信息系统递交相关资料。

（二）"代理行"模式

"代理行"模式：地区顾客向地区代理银行付款有关账款后，海外交易对手的清算银行应在地区代理银行设立人民币银行间账户，地区代理银行立即向海外参与银行推送汇款命令，汇款命令选用 SWIFT 国家标准文件格式。"代理行"模式适用示范点公司中间的跨境电商人民币清算（进口公司不受到限制）及其在本行设立人民币同行业账户的海外参与银行顾客。代理银行方式的跨境电商人民币交易方式将在下一阶段的工作上进一步应用推广。

操作步骤如下。

支付工作流程：（1）示范点公司两者之间海外交易对手签署业务流程协议书，愿意以人民币标价清算；（2）银行对顾客递交的付款申请原材料开展审批（相对的报关资料应在到付项下的国家海港稽查系统软件中备案），扣减顾客的人民币资产，对海外参与银行在本行设立的人民币同行业账户开展授信额度；（3）银行根据 SWIFT 系统软件向国外参与银行推送汇款命令/银行信贷通告；（4）海外报名参加行接到汇款命令/贷记通告后，贷记收款方账户；（5）本行依照相关要求申请办理顺差统计分析申请，根据人民币跨境电商收付款管理信息系统递交基本信息。

收付款工作流程：（1）示范点公司两者之间海外交易对手签署业务流程协议书，愿意以人民币标价清算；（2）在扣减其顾客的人民币资产后，国外参加金融机构将根据 SWIFT 系统软件向本行推送汇钱命令/借记通告；（3）本行接到汇钱命令/借记通告后，将在本行扣减海外参加金融机构设立的人民币同行业往来账户的资产，计入收款方账户；（4）本行按相关要求申请办理顺差统计分析申请，并根据人民币跨境电商收付款管理信息系统递交相关资料。

（三）"边贸行"模式

"边贸行"方式：依据国务院关于跨境人民币清算的规定和自治州财政厅官网下一步工作方案，将来我区边境贸易结算业务将列入跨境人民币结算管理范畴，地下钱庄的生存环境将进一步被抑制。国税总局还将增加现行标准云南边境小规模纳税人出口货品和边境线省区与中国周边国家一般贸易的退（免）税现行政策。到时候，龙邦、水部位、萍乡市、友谊关、防城港、平蒙、阆中、阿依达、朔龙、岳辉、松柏树、科家 12 个国境线港口根据一般贸易或小规模纳税人边境贸易出口越南地区的货品，将享有退（免）税现行政策，并以人民币清算。现阶段，越南地区国家银行并未颁布容许其地区银行在本行开立 RMB 同行业账户和申请办理跨境人民币结算业务的现行政策。因而，最近跨境人民币结算如选用边境贸易银行方法申请办理，务必根据海外边境贸易结算协作银行在本行开立的边境贸易结算专用存款账户申请办理。

"边贸行"方式运用目前的边境贸易结算互联网和专用工具，如 SWIFT、边境贸易在网上银行或银行汇票等，根据海外边境贸易结算协作银行在本行开立的边境贸易结算专用型账户开展 RMB 资产跨境电商结算，为示范点公司申请办理跨境人民币结算业务。"边贸行"方式适用示范点公司（进口公司不限）中间的跨境人民币结算和越南地区边境贸易结算组织的顾客根据小规模纳税人边境贸易。假如将边贸结算业务列入跨境人民币结算管理方法范畴，边贸银行方式将变成跨境人民币结算的另一种资产结算和贸易结算方法。

操作步骤如下。

支付工作流程：示范点公司两者之间海外交易对手签署边境贸易业务流程协议书，承诺以 RMB 标价结算。银行对顾客递交的付款申请原材料开展审批（相对的报关资料应在到付项下的国家海港稽查系统软件中备案），扣减顾客 RMB 资产，授信额度海外边贸结算合作银行在本行设立的边贸结算专用型账户。银行根据 SWIFT 或者 Border Trade 在网上银行系统软件向海外边贸结算合作银行推送汇钱命令/个人信用通告，或根据审签边贸结算银行单据向海外边贸结算合作银行换取和别的方式。海外边境贸易结算合作银行接到汇钱汇票/信用证通告/银行汇票后，应向收款方账户贷记。行内依照相关要求申请办理顺差统计分析申请，并根据 RMB 跨境电商收付款管理信息系统申报相关信息内容。

收付款工作流程：示范点公司两者之间海外交易对手签署边境贸易业务流程协议书，承诺以 RMB 标价结算。海外边贸结算合作银行在扣减其顾客的资产后，将根据 SWIFT 或者 Border Trade 在网上银行系统软件向银行推送或出具银行汇票。接到汇款单/借方通告/银行汇票后，本行将扣减海外边境贸易结算合作银行在设立的边境贸易结算专用型账户的资产，并计入收款方账户。

珠海地区跨境贸易人民币结算从边贸时期以来取得了很大的成就，跨境贸易人民币结算试点的业务领域范围得到了很大覆盖，业务参与的主体从企业逐步延伸至居民个人再延伸到非居民机构，业务的地区也边境国家拓展到世界。另外，"一带一路"的实施、自贸区的建立以及 2016 年人民币正式被纳入特别提款权（SDR）篮子中等一系列的经贸决策也极大地推动了珠海地区跨境贸易结算的发展。

二、跨境贸易在贸易方面的问题

（一）贸易规模

珠海跨境贸易规模的迅速发展，对珠海地区现有商业银行跨境贸易结算业务以及汇兑等相关业务提出了更高的要求。但是就目前珠海地区商业银行整体的业务环境来看，还不足以服务规模如此庞大的跨境贸易结算能力。珠海地区由于刚刚建立，诸多金融业务仍处于较初级的状态，在跨境贸易的企业双方的资金往来的高压之下，采用的解决方式往往是最原始的外币兑换形式，而通过人民币为结算工具的服务体系仍没有建立完全，在高压之下，仍容易出现问题，出现这样的问题，显然是会影响到珠海地区跨境贸易结算发展的。同时，珠海地区商业银行的汇兑、贸易结算、贸易融资等跨境贸易结算业务的发展速度非常缓慢，这就使得珠海地区跨境贸易业务跟不上其出口速度，在这样贸易结算爆炸式增长的情况下，对于珠海地区人民币跨境贸易结算的发展无疑是影响巨大的。

（二）贸易结构

由于人民币在国际市场的认同度不高，珠海地区企业在贸易谈判中一直处于被动状态，出口议价权较弱，其实很大一部分原因在于出口产品的结构仍是以附加值低、技术含量低的比重大的产品为主。而且珠海地区的主要对外贸易市场集中在东盟亚洲等周边的国家和地区，出口的产品国际竞争力较弱，很难在国际上占据市场。另外，国际货币的使用惯性也会对珠海地区扩大国际市场形成一定的阻碍，在欧美等国家主要是采用美元和欧元计价结算，这让珠海地区企业想要在贸易谈判中想要以人民币计价结算增加了难度。因此，广东的外贸企业想要在业务谈判中掌握议价的主动权，要积极优化产品生产结构，增加生产产品的附加值，研发高新技术产品，以增加自己谈判筹码。要鼓励和推动产业转型升级，转变增长方式，拓宽国外市场，争取在贸易谈判中议价主动权，从而促进人民币跨境业务的发展。

从珠海地区贸易结构的状况的视角来看，服务贸易的发展增速同比不断增加，总额的增速早已超过了商品贸易的增速，体现了跨境贸易发展的主要推动力，推动了经济的提升。单个国家长时间的依靠商品的贸易推动了经济的提升为不可持续的。一方面会超限度耗损国家资源，另一方面会带来更加严重的周围的状况的困难。和商品贸易作比较，服务贸易能够为经济的发展带来新的力量源泉。

（三）珠海地区的跨境贸易结算创新

如前文所述珠海地区跨境结算的创新主要在于运用新技术，如区块链、大数据、人工智能、云计算等，金融科技于人民币跨境结算业务。在跨境支付与结算中，跨境支付往往使用多种货币，存在汇率和时差问题，传统的跨境业务非常依赖第三方中间机构，不但手续烦琐、到账时间长，中间机构赚取高额手续费，降低银行收入。利用区块链技术可以解决跨境支付信息不对称的问题，让处于链内的交易双方对对方信息一目了然，依据信息选择信任与否，业务环节可以跨境同步进行。提升效率的跨境支付完全可以实现全天候支付和实时到账，减少传统支付需要占用准备金。我国现阶段区块链跨境支付结算与欧美的发达国家之间相比存在较明显的差距，无论是理论研究还是实践，都处于起步的初期阶段，因而在跨境清算业务匹配以及商业银行的具体应用领域还需要进一步的研究和深化区块链究竟能否颠覆商业银行底层框架以及数据安全如何得到保证都是必须要研究的重要问题。

在跨境支付与结算领域，区块链技术对于点与点之间的交易费用的转移可以起到更好的辅助和支持。特别是对于跨境消费和支付业务方面的潜在优势可以更加明显和突出。通过票据与供应金融领域方面的系统操作，能够对大家的风险进行进一步的消除。除此之外，可以通过中介的介入，对于当前的实物和中心系统进行有效的检测和控制，避免由于人为操作出现行业违规现象。

第三节 实 证 分 析

一、模型构造

定性分析法越发广泛使用。首先，多元回归分析可以确定几个特定的变量之间是否存在相关关系，如果存在的话，找出它们之间合适的数学表达式。其次，能根据一个或几个变量的值，预测或控制另一个变量的取值，并且可以知道这种预测或控制能达到什么样的精确度。最后，能进行因素分析。例如，在对于共同影响一个变量的许多变量（因素）之间，找出主要与次要因素，以及因素联系程度大小。

解释变量至少有两个线性回归模型，形式为：

$$Y_i = \beta_0 + \beta_1 X_{i1} + \beta_2 X_{i2} + \cdots + \beta_k X_{ik} + \mu_i$$

$$i = 1, 2, \cdots, n$$

一般来说，k 不包括常数项的解释变量个数，如果设定常数项为 1 的虚变量，解释变量的个数则是 k + 1。

要解释由随机变量引起 Y 变化的部分，可以用 μ_i 替代，可以叫随机误差项。因此多元回归模型的回归方程为：

$$E(Y_i) = \beta_0 + \beta_1 X_{i1} + \beta_2 X_{i2} + \cdots + \beta_k X_{ik}$$

二、金融因素对珠海跨境结算的影响

（一）金融市场规模

珠海市金融业务增加量见图 8 – 2。

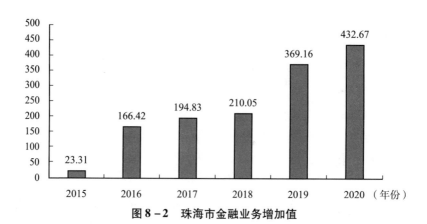

图 8 – 2　珠海市金融业务增加值

通过降低货币交易成本的金融发展能促进一国或地区在跨境贸易中选择本国货币当作计价货币。在跨境贸易的货币结算中，金融机构要为其提供金融服务，服务质量会对货币交易成本产生影响。如果跨境贸易企业所在国的金融体系越是成熟完善，该国的金融机构所提供的结算、融资等金融服务的质量越高，跨境贸易便利度增加，其货币结算规模随之增加，货币交易成本亦随之降低，由此会有更多的企业在跨境结算时倾向于使用该国货币结算。成熟完善的金融市场能提供多种金融产品来规避兑换风险，如果远期交易被一国所允许，则该国的跨境贸易企业可进行套期保值或通过其他金融衍生品用作规避风险，因此外贸企业更喜欢使用本国货币作为跨境贸易计价货币。此外，一国的经常账户是否保持逆差与金融市场开放程度有关，越是开放，货币的流动性就越高，进而货币的规模效应能降低货币交易成本，所以金融发展水平越高，越能降低货币交易成本。在上述的基础中分析金融发展规模对珠海跨境结算的影响。目前随着珠海银行业、证券业等金融机构的发展和增多，丰富的金融资源和金融工具能够使珠海的外贸企业在跨境结算时有效的规避汇率风险，从而降低货币成本，有利于在跨境结算中使用人民币作为计价货币。

假设 1：金融市场发展规模与珠海跨境结算呈正相关关系，金融市场发展规模越大，珠海跨境结算额越大。

（二）金融市场结构

金融市场结构主要指直接融资和间接融资（见图 8-3 和图 8-4）。

为了提升一国或地区的货币成为跨境结算计价货币的可能性，金融发展可以有效缓解货币的持有风险来实现。如果金融市场发达程度越高，货币交易的频率越高，其流动性也越高，会更有效地降低持币风险，所以企业在进行跨境贸易时，往往更愿意选择风险较低的货币。另外，如果金融市场较为发达，则外贸企业可通过丰富的金融工具进行分散风险，如通过期货期权等衍生品进行套期保值，这也是为何企业愿意进行某种货币进行跨境结算的原因。随着金融市场开放程度越高，货币回流的渠道会越被扩宽，本国货币可自由流动，货币的价值和增值都得到了保障，减少了持币风险，增强了货币

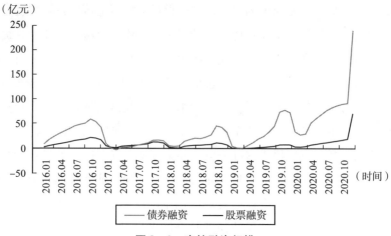

图 8 – 3　直接融资规模

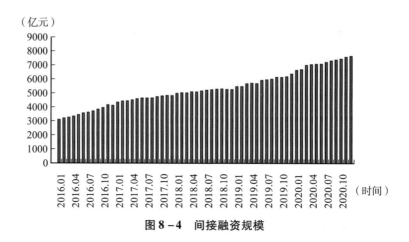

图 8 – 4　间接融资规模

信心，进而使本国货币更容易被选择为计价货币。在上述基础中分析金融结构对珠海跨境结算的影响。目前珠海的金融发展结构优化体现为直接融资的占比提高，跟银行的间接融资比较起来，通过证券、债券等的直接融资方式更有利于降低珠海地区跨境贸易企业在跨境贸易中的持币风险。由此可得，金融发展机构的优化对珠海跨境结算有着较好的正向作用。

假设 2：金融市场结构与珠海跨境结算呈正相关关系，金融市场结构的优化对珠海跨境结算额有积极作用。

（三）金融市场效率

为了提升本国货币在国际上的竞争力，通过促进金融市场的发展可以提高市场的黏稠度，形成一定的黏稠外部性来实现，这不仅能够吸引更多的外贸企业在贸易中选择本国货币成为计价货币，还能提高本国金融市场的货币交易匹配率，降低跨境贸易双方的匹配成本，进而成为规模效应，在此之上有助于提升市场规模效率。合理的市场价格和汇率机制能提升金融市场规模效率，减少信息不对称和降低信息搜集成本，提高金融市场匹配度。在上述基础上进一步分析金融发展效率对珠海跨境结算的影响。储蓄转化率和资本配置率的提升是金融发展效率提高的结果。我国进行跨境贸易的企业因储蓄转化率的提高而更为容易获得，例如银行信贷资金的支持，另外，资本配置率的提高使得不同的企业之间能匹配到合理的资金，这使得资金得到合理高效的配置。由此可见，储蓄转化率和资本配置率的提升降低了珠海跨境贸易企业的融资成本，提升了其科技创新能力，使珠海地区产品在境外市场的占比越来越高，从而优化了珠海的对外贸易商品结构，同时也提高了在跨境结算时人民币的使用率（见图8-5）。

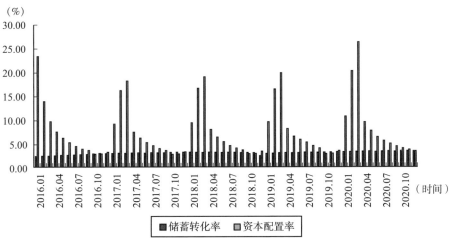

图8-5 储蓄转化率和资本配置率

假设 3：金融发展效率与珠海跨境结算呈正相关关系，金融发展效率的提高促进珠海跨境结算额的增长。

三、贸易因素对珠海跨境结算的影响

（一）贸易规模

一国或地区的贸易规模能反映出该国或地区的经济水平大小，如果与其他国家地区的跨境贸易日渐频繁或跨境贸易数量上升，则说明跨境贸易规模在不断扩大，这也为推动该国货币成为计价货币打下基础。如图 8-6 所示，从贸易规模上看，珠海市的出口额近 5 年来一直高于进口额，处于贸易顺差的状态下，证明了我国出口产品具备相应的竞争力。从贸易规模增长率上看，珠海的进出口额增速在 2018 年上半年达到了近 5 年的最高值，随后经历了增速减缓的情况，不过在 2020 年后一直处于回升的状态，这归功于国内疫情的控制得当和各个国家的努力。但总体来说，尽管珠海的跨境贸易规模和增长率都没有持续上涨，但是在疫情中逐步恢复生产和生活的国际大背景下，未必在将来会对珠海跨境结算发展的可能产生负面影响，况且从数据上看，增长率正在从负增长返回正增长，因此正能说明贸易规模与跨境结算发展正相关。

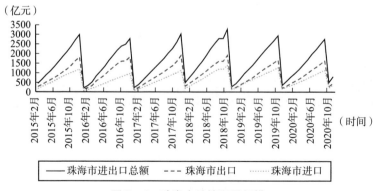

图 8-6 珠海市跨境贸易规模

假设 4：跨境贸易规模与珠海跨境结算呈整相关关系，贸易规模影响着珠海跨境结算额的发展。

（二）贸易竞争力

在跨境贸易中，差异化程度低的产品的市场份额较差异化程度高的占比小，因生产技术大众化，产品差异小，可替代性强。如果出口国的产品差异性大，在跨境贸易中更具备议价优势，选择出口国货币为计价货币的可能性则越高，产品的价格需求弹性越小，在国际贸易活动中的主动权就会越大，谈判能力更强。

贸易竞争力指数，即 TCI（Trade Competitiveness Index）能衡量一国产品在国际市场上的贸易竞争力。TCI 是相对数而不是绝对数，数值区间在 [-1, 1]，由于是相对值，TCI 排除了宏观因素，如居民消费指数（CPI）所带来的影响。当 TCI 为 -1 时，表示该产业只存在进口贸易活动；当 TCI 接近 -1 时，说明该产业处于竞争劣势；当 TCI 等于 0 或接近 0 时，则说明该产业的竞争力处于平均水平或趋于平均水平；当 TCI 接近 1 时，则说明该产业的竞争优势较大；当 TCI 等于 1 时，表示该产业只存在出口贸易活动。TCI 公式如下：

$$TCI_i = \frac{E_{ix} - I_{ix}}{E_{ix} + I_{ix}}$$

TCI 表示贸易竞争力指数，E_{ix} 表示 i 国 x 产品的出口量，I_{ix} 表示 i 国 x 产品的进口量。由于珠海市主要出口机电产品和高新技术产品，本节就以此两类产品代表珠海的进出口竞争力并分析其竞争力情况。具体数值见表 8 - 1。

表 8 - 1　　　2016 ~ 2020 年珠海机电和高新技术产品贸易竞争力指数

时间	机电产品			高新技术产品		
	进口（亿元）	出口（亿元）	TCI	进口（亿元）	出口（亿元）	TCI
2016.01	4.2856	14.7615	0.55	2.7388	5.6374	0.346052
2016.02	7.8398	23.5194	0.5	4.9926	9.228	0.297836

时间	机电产品			高新技术产品		
	进口（亿元）	出口（亿元）	TCI	进口（亿元）	出口（亿元）	TCI
2016.03	13.4291	36.7195	0.464428	8.5827	14.8373	0.267062
2016.04	18.5215	58.0259	0.516078	11.9272	21.2646	0.281316
2016.05	24.4262	73.4767	0.501012	16.047	27.155	0.257118
2016.06	32.7615	90.7355	0.469437	22.4989	33.6519	0.198626
2016.07	40.5786	111.5781	0.466621	28.4051	40.9201	0.180526
2016.08	40.5786	111.5781	0.466621	34.1039	48.0158	0.16941
2016.09	55.9724	151.3665	0.460088	39.8522	54.9572	0.15932
2016.10	62.1968	167.4116	0.458236	44.198	60.8954	0.158882
2016.11	68.3064	176.363	0.441643	48.1858	66.6783	0.160995
2016.12	75.0895	187.607	0.428317	52.3786	72.7984	0.163127
2017.01	3.1145	14.7391	0.651107	1.4976	6.2832	0.615052
2017.02	6.2697	24.7201	0.59537	3.0153	10.7499	0.561895
2017.03	72.1236	269.6856	0.577989	34.4894	103.9907	0.501887
2017.04	143.5025	376.6502	0.448229	93.8287	145.5287	0.215995
2017.05	184.0413	481.0684	0.446584	120.4913	192.1021	0.229086
2017.07	275.7445	694.2048	0.431425	181.2204	298.4376	0.244377
2017.08	214.0115	798.0686	0.577086	211.1666	359.4541	0.259871
2017.09	374.651	946.6987	0.432927	245.3376	445.3176	0.289551
2017.10	413.7047	1048.697	0.434212	270.4703	491.3843	0.289969
2017.11	464.9252	1209.316	0.444614	305.0545	550.3703	0.286777
2017.12	464.9252	1209.316	0.444614	305.0545	550.3703	0.286777
2018.01	51.3678	129.9477	0.433388	33.8017	54.9665	0.238428
2018.02	84.5112	229.2705	0.461338	55.7723	105.2747	0.307379
2018.03	135.6784	356.629	0.448806	90.3234	168.6869	0.30255
2018.04	198.0837	465.2467	0.40276	137.7406	217.8998	0.225394
2018.05	273.4007	591.5288	0.367808	195.8875	275.9292	0.169646
2018.06	330.6218	717.6639	0.369214	237.1031	337.5664	0.174819

续表

时间	机电产品			高新技术产品		
	进口 （亿元）	出口 （亿元）	TCI	进口 （亿元）	出口 （亿元）	TCI
2018. 07	402. 7803	848. 924	0. 356429	293. 2128	400. 7769	0. 154994
2018. 08	468. 5743	984. 5413	0. 355076	342. 728	460. 4209	0. 146539
2018. 09	539. 0824	1098. 673	0. 341682	395. 2889	511. 9547	0. 128594
2018. 11	604. 0578	1207. 836	0. 333231	446. 3315	562. 195	0. 114884
2018. 12	695. 679	1440. 445	0. 348653	510. 9725	662. 3373	0. 129007
2019. 02	78. 0691	177. 8071	0. 38979	56. 0399	75. 7642	0. 149649
2019. 03	120. 2286	281. 1904	0. 400982	85. 6673	119. 1269	0. 163382
2019. 04	168. 3993	384. 8154	0. 391197	119. 3977	161. 6122	0. 150224
2019. 05	213. 5289	485. 4302	0. 389009	150. 6543	201. 7587	0. 145013
2019. 06	259. 0573	588. 9717	0. 389037	181. 9298	242. 3499	0. 142406
2019. 07	312. 5692	713. 4761	0. 39073	217. 3745	286. 2488	0. 136758
2019. 08	364. 2134	845. 2189	0. 397712	252. 8423	331. 8088	0. 135066
2019. 09	418. 0008	961. 5934	0. 394024	289. 8858	379. 3492	0. 13368
2019. 10	467. 9463	1068. 992	0. 391067	324. 3222	423. 7722	0. 132938
2019. 11	515. 2348	1182. 76	0. 393126	355. 6585	473. 3039	0. 141919
2019. 12	576. 4991	1299. 258	0. 385316	399. 557	522. 5786	0. 133409
2020. 02	76. 9734	149. 9043	0. 321455	52. 6347	65. 055	0. 105534
2020. 03	132. 6301	244. 246	0. 296161	92. 3779	105. 9695	0. 068524
2020. 04	181. 4859	357. 9089	0. 327076	126. 3905	146. 8364	0. 074831
2020. 05	225. 8883	449. 1872	0. 330776	157. 8372	185. 9267	0. 081712
2020. 06	276. 3727	545. 4046	0. 327378	194. 0756	225. 5384	0. 07498
2020. 07	338. 235	667. 9879	0. 327714	238. 9322	280. 6757	0. 080337
2020. 08	388. 5688	793. 1207	0. 34235	274. 6528	333. 4294	0. 096659
2020. 09	567. 8387	1236. 424	0. 370559	401. 2145	490. 4778	0. 100105
2020. 10	775. 5127	1717. 851	0. 377939	533. 4578	699. 0058	0. 134323
2020. 11	687. 137	1487. 325	0. 367994	483. 7248	598. 8164	0. 106316
2020. 12	789. 0957	1692. 588	0. 364064	557. 4356	684. 2488	0. 10213

从表 8 - 1 所显示的是，尽管高新技术产品的 TCI 呈下降的趋势，考虑到全球经济不景气的情况下，TCI 没有跌破 0 而是依然保持在 0 以上，充分说明了珠海高新技术产品具备一定的产品差异性。珠海的机电产品和高新技术产品的 TCI 都是 0 以上，说明此两类产品在国际贸易上颇有竞争力。机电产品的出口额相对高新技术产品而言较大，因此具有较为明显的贸易竞争优势。本文选择机电产品的进出口额衡量珠海进出口额的产品差异程度。

假设 5：贸易竞争力与珠海跨境结算呈正相关关系。贸易竞争力越大，珠海跨境结算额越大。

四、变量选取与数据来源

(一) 变量选取

被解释变量：珠海跨境人民币结算规模（RCTS），衡量指标是珠海 2016 年 1 月到 2020 年 12 月的跨境人民币结算额。

解释变量：

(1) 金融发展规模（FDSC）：一般而言，融资规模占国内生产总值 (GDP) 的比重是衡量金融发展规模的基本方法。但其具有一定的局限性，融资总额由直接融资和间接融资组成，如果只使用直接融资或间接融资来度量，则不能完整地反映金融发展规模。为了更全面地反映珠海市金融发展的规模，本章参考了杨帆（2020）的做法，使用珠海市金融机构年末存贷款余额（以下简称存贷款余额）、珠海市股票融资额（以下简称股票融资额）、珠海市债券融资额（以下简称债券融资额）和珠海市保费收入（以下简称保费收入）之和比上国内生产总值（GDP）来表示。其中，用存贷款余额与 GDP 之比来表示珠海银行业金融发展规模，股票融资额和债券融资额之和与 GDP 之比表示珠海证券业金融发展规模，保费收入与 GDP 之比表示珠海市保险业金融发展规模。公式如下：

$$珠海市金融发展规模 = \frac{存贷款余额 + 股票融资额 + 债券融资额 + 保费收入}{GDP}$$

（2）金融发展结构（FDST）：衡量金融市场是否发达，融资方式丰富与否是重要的体现方式。股票融资和债券融资占全社会整体融资的比重越来越高，直接融资规模越大，交易成本会越低，抵御金融风险的能力越强。因此，为了使珠海市金融发展结构得到更全面的反映，衡量指标不仅考虑了直接融资在金融资产总额的比重，还把珠海市存贷款余额之和占广东省存贷款余额之和的比重纳入其中，以表示间接融资情况。公式如下：

$$珠海市金融发展结构 = \frac{1}{2}\left(\frac{直接融资}{金融资产总额} + \frac{珠海市存贷款余额之和}{广东省存贷款余额之和}\right)$$

（3）金融发展效率（FDEF）：金融发展效率主要以储蓄转化率和资本配置率为主，其中储蓄转化率是用贷款余额与居民储蓄存款之比来表示，资本配置率是以非国有企业贷款与GDP之比来表示。公式如下：

$$珠海市金融发展效率 = \frac{1}{2}(储蓄转化率 + 资本配置率)$$

$$储蓄转化率 = \frac{贷款余额}{居民储蓄存款}$$

$$资本配置率 = \frac{非国有企业贷款}{GDP}$$

（4）国内生产总值（GDP）：跨境贸易中计价货币的选择一般与其货币发行国的经济实力密切相关，为了使实证分析更为严谨，本次数据采用的是珠海市的 GDP 而非全国 GDP。

（5）跨境贸易规模（TS）：贸易规模体现了一国或地区的经济实力，贸易规模越大，本国货币的国际认可度会越高，对跨境结算产生更有利的影响。本章使用珠海市出口额和进口额之和来衡量跨境贸易规模。如下：

$$珠海市贸易规模 = 珠海市进口额 + 珠海市出口额$$

（6）贸易竞争力（TCI）：产品是否具有差异性会影响到跨境结算的发展。如果产品具有较高的差异性则会使本国货币成为计价货币更具备优势。由于受数据的可得性限制和机电产品出口在珠海市的占比较高。因此，本章使用珠海市机电产品的出口总额比珠海市出口总额来衡量珠海市贸易竞争力。

（7）居民消费指数（CPI）：跨境贸易计价货币的居民消费指数会对跨境贸易主体的货币持有信心造成影响，一般会选用国内物价较为稳定国家的货币进行结算，而物价水平能反映出该国货币是否稳定。本章选取珠海市的居民消费指数而非全国居民消费指数。

（8）美元兑人民币中间价（EXR）：汇率在跨境结算中是一个重要的影响因素，因此本文选择美元兑人民币汇率中间价作为衡量指标之一。

（二）数据来源

跨境人民币业务从 2009 年在试点城市实施，2011 年在全国正式开展，随着全国的跨境结算额快速增长，2016 年前的数据可能已失去时效性，因此本章选择的是 2016 ~ 2020 年珠海市的月度数据。珠海跨境人民币结算规模（RCTS）数据来源于珠海市统计局、中经网数据库。

在金融因素中贷款余额、股票融资额、债券融资额、保费收入和金融机构存贷款取自珠海统计局和 WIND 数据库，居民储蓄存款、非国有企业贷款、GDP 数据来源于 WIND 数据库。GDP 由于只有季度数据，因此使用 Eviews10 进行季度转月度处理。为了提高变量的平稳性，避免存在异方差，本章对所有数据都进行取自然对数处理。另外，由于数据皆是时间序列月度数据，数据会随着季节变动而变化，为了更好体现金融发展对珠海市跨境结算的影响，对有季节变动的数据进行季节性调整。

在贸易因素中跨境贸易规模（TS）数据来源于珠海市统计局。贸易竞争力（TCI）的机电产品进口额和出口总额数据来源于珠海市统计局。居民消费指数（CPI）和美元兑人民币汇率（EXR）数据来源于 WIND 数据库。上述数据都是时间序列月度数据，为了避免异方差，因此对汇差和贸易竞争力之外的全部数据采取自然对数处理。

本章使用 Eviews10 中的 X_12 季节性调整。调整后的所有数据的描述性统计如表 8 - 2 所示。

表 8 – 2   变量的描述性统计

变量	样本量	平均值	最大值	最小值	标准差
LNRCTS	60	2.673	3.084	2.217	0.220
EXR	60	6.762	7.100	6.300	0.213
LNCPI	60	4.626	4.664	4.608	0.013
LNFDEF_SA	60	1.545	2.095	1.129	0.130
LNFDSC_SA	60	– 1.813	– 0.735	– 3.054	0.427
LNFDST_SA	60	– 3.872	– 3.712	– 4.288	0.103
LNGDP_SA	60	6.157	6.607	4.813	0.243
LNTS_SA	60	6.591	7.863	5.253	0.420
TCI	60	0.974	9.598	0.088	1.692

五、实证结果

（一）描述性统计

由描述性统计结果可知，跨境结算规模 LNRCTS 的平均值为 2.673，最大值为 3.084，最小值为 2.217，标准差为 0.220，说明各月份跨境结算规模差异不大。美元兑人民币中间价 EXR 的平均值为 6.762，最大值为 7.100，最小值为 6.300，标准差为 0.213。居民消费指数 LNCPI 的平均值为 4.626，最大值为 4.664，最小值为 4.608，标准差为 0.013。金融发展效率 LNFDEF_SA 的平均值为 1.545，最大值为 2.095，最小值为 1.129，标准差为 0.130。金融发展规模 LNFDSC_SA 的平均值为 – 1.813，最大值为 – 0.735，最小值为 – 3.054，标准差为 0.427。金融发展结构 LNFDST_SA 的平均值为 – 3.872，最大值为 – 3.712，最小值为 – 4.288，标准差为 0.103。经济发展水平 LNGDP_SA 的平均值为 6.157，最大值为 6.607，最小值为 4.813，标准差为 0.243。贸易规模 LNTS_SA 的平均值为 6.591，最大值为 7.863，最小值为 5.253，标准差为 0.420。贸易结构 TCI 的平均值为 0.974，最大值为 9.598，最小值为 0.088，标准差为 1.692。

（二）序列相关性分析

本章对珠海跨境结算的金融和贸易因素影响因素研究时所用的数据皆是时间序列数据，因此下面进行序列相关性检验。

首先，由 DW 检验值可知，DW 值为 1.655409，查表可知，DL < DW < DU，无法判断是否存在自相关。然后通过残差散点图 8 - 7 进行判断。

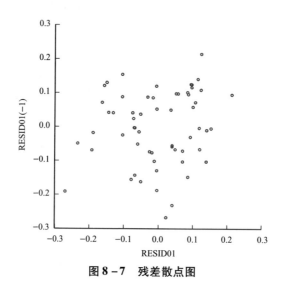

图 8 - 7　残差散点图

其次，由散点图可知，散点在四个象限呈无规律的散布状态，说明模型中的所有因素都不存在自相关。最后，再通过 BG 检验进行印证（见表 8 - 3）。

表 8 - 3　　　　　　　　　　　　　　BG 检验

Breusch - Godfrey Serial Correlation LM Test：		
F-statistic	Prob. 1. 3186F（1，50）	0. 2563
Obs ∗ R-squared	Prob. 1. 5417Chi - Square（1）	0. 2144

由检验结果可知，检验的 P 值大于 0.1，接受原假设，不存在自相关。

（三）单位根检验

由单位根检验结果可知（见表 8 - 4），变量 LNRCTS、LNFDEF_SA、LNFDEF_SA、LNTS_SA、TCI 的原始序列的 ADF 检验值均小于 10% 临界值，拒绝原假设，不存在单位根，为平稳序列。而变量 EXR、LNCPI、LNFDST_SA、LNFDSC、LNGDP_SA 的原始序列的 ADF 检验值均大于 10% 临界值，接受原假设，存在单位根，为非平稳序列，对其进行一阶差分后，各变量一阶差分序列的 ADF 值均小于 10% 临界值，拒绝原假设，不存在单位根，为平稳序列。

表 8 - 4　　　　　　　　　　　单位根检验

变量	ADF 检验值	1% 临界值	5% 临界值	10% 临界值	p 值	结论
LNRCTS	- 6.0600	- 4.1213	- 3.4878	- 3.1723	0.0000	平稳
EXR	- 2.4861	- 4.1243	- 3.4892	- 3.1731	0.3337	不平稳
EXR （-1）	- 3.9990	- 4.1243	- 3.4892	- 3.1731	0.0140	平稳
LNCPI	- 2.2944	- 4.1213	- 3.4878	- 3.1723	0.4302	不平稳
LNCPI （-1）	- 7.4133	- 4.1243	- 3.4892	- 3.1731	0.0000	平稳
LNFDEF_SA	- 5.6763	- 3.5461	- 2.9117	- 2.5936	0.0000	平稳
LNFDSC_SA	- 2.4908	- 3.5482	- 2.9126	- 2.5940	0.1229	不平稳
LNFDSC_SA （-1）	- 5.7874	- 3.5482	- 2.9126	- 2.5940	0.0000	平稳
LNFDST_SA	- 0.9594	- 3.5461	- 2.9117	- 2.5936	0.7620	不平稳
LNFDST_SA （-1）	- 3.0850	- 3.5482	- 2.9126	- 2.5940	0.0332	平稳
LNGDP_SA	- 1.8503	- 4.1446	- 3.4987	- 3.1786	0.6656	不平稳
LNGDP_SA （-1）	- 4.4924	- 4.1485	- 3.5005	- 3.1796	0.0039	平稳
LNTS_SA	- 7.2385	- 3.5461	- 2.9117	- 2.5936	0.0000	平稳
TCI	- 5.8118	- 4.1213	- 3.4878	- 3.1723	0.0001	平稳

（四）金融因素对珠海跨境结算影响的实证分析

1. 协整检验

由上一节可得 ADF 单位根检验表明选取的时间序列存在一阶平稳，接下来采用 Johansen 协整检验方法检验金融因素对跨境结算规模的协整关系，结果如表 8-5 所示。

表 8-5 　　　　　　　　　　　对金融因素的协整检验

Hypothesized No. of CE（s）	Trace	0.05		
	Eigenvalue	Statistic	Critical Value	Prob. **
None*	0.8200	138.4657	69.8189	0.0000
At most 1	0.3132	37.2927	47.8561	0.3339
At most 2	0.1977	15.1251	29.7971	0.7719
At most 3	0.0351	2.1291	15.4947	0.9930
At most 4	0.0003	0.0187	3.8415	0.8910

由检验结果可知，原假设为 None 即没有协整关系时，迹统计量为 138.4657，大于 5% 临界值，拒绝原假设，说明至少存在一个协整关系。原假设为至多一个协整关系时，迹统计量为 37.29273，小于 5% 临界值，接受原假设，说明变量之间存在一个协整关系。

2. 回归分析

由协整检验可知，金融因素与跨境结算规模之间存在协整关系，下面进行多元回归分析，结果如表 8-6 所示。

表 8-6 　　　　　　　　　　　多元回归分析

Variable	Coefficient	Std. Error	t - Statistic	Prob.
C	-0.2559	0.9294	-0.2753	0.7841
LNFDEF_SA	1.0783	0.1490	7.2369	0.0000

Variable	Coefficient	Std. Error	t – Statistic	Prob.
LNFDSC_SA	0.0209	0.0544	0.3839	0.7025
LNFDST_SA	0.3736	0.2097	1.7817	0.0803
LNGDP_SA	0.4462	0.0727	6.1334	0.0000
R-squared	0.6539	F-statistic	25.9793	

可以得到如下回归方程：

$$LNRCTS = 1.08LNFDEF\_SA + 0.02LNFDSC\_SA + 0.37LNFDST\_SA$$
$$+ 0.45LNGDP\_SA - 0.26$$

由结果可知，模型的 R2 为 0.65，说明模型拟合度较好。F 统计量为 25.98，说明模型整体较为显著。

LNFDEF_SA 的系数为 1.08，在 1% 的显著性水平上通过显著性检验，说明金融发展效率对跨境结算规模有显著的正向影响，金融发展效率增加 1%，跨境结算规模增加 1.08%。

LNFDSC_SA 的系数为 0.02，没有通过显著性检验，说明居民消费指数对跨境结算规模没有显著的影响。

LNFDST_SA 的系数为 0.37，在 10% 的显著性水平上通过显著性检验，说明金融发展结构对跨境结算规模有显著的正向影响，金融发展结构增加 1%，跨境结算规模增加 0.37%。

LNGDP_SA 的系数为 0.45，在 1% 的显著性水平上通过显著性检验，说明经济发展水平对跨境结算规模有显著的正向影响，经济发展水平增加 1%，跨境结算规模增加 0.45%。

（五）贸易因素对珠海跨境结算影响的实证分析

1. 协整检验

采用 Johansen 协整检验方法检验金融因素对跨境结算规模的协整关系，结果如表 8 - 7 所示。

表 8 - 7   对贸易因素的协整检验

Hypothesized No. of CE（s）	Trace	0.05		
	Eigenvalue	Statistic	Critical Value	Prob. **
None *	0.6793	133.7235	95.7537	0.0000
At most 1	0.4165	67.7586	69.8189	0.0722
At most 2	0.2853	36.5141	47.8561	0.3708
At most 3	0.1461	17.0345	29.7971	0.6375
At most 4	0.1260	7.8727	15.4947	0.4791

由检验结果可知，原假设为 None 即没有协整关系时，迹统计量为 133.7235，大于 5% 临界值，拒绝原假设，说明至少存在一个协整关系。原假设为至多一个协整关系时，迹统计量为 67.7586，小于 5% 临界值，接受原假设，说明变量之间存在一个协整关系。

2. 回归分析

由协整检验可知，贸易因素与跨境结算规模之间存在协整关系，下面进行多元回归分析，结果如表 8 - 8 所示。

表 8 - 8   多元回归分析

Variable	Coefficient	Std. Error	t - Statistic	Prob.
C	- 16.6295	9.7641	- 1.7031	0.0943
EXR	0.2895	0.1290	2.2446	0.0289
LNCPI	3.4916	2.2181	1.5741	0.1213
LNGDP_SA	0.1759	0.1128	1.5595	0.1247
LNTS_SA	0.0112	0.0741	0.1514	0.8802
TCI	0.0360	0.0188	1.9122	0.0612
R-squared	0.3913	F-statistic	6.9416	

可以得到如下回归方程：

$$LNRCTS = 0.29EXR + 3.50LNCPI + 0.18LNGDP\_SA + 0.01LNTS\_SA$$
$$+ 0.04TCI - 16.63$$

由结果可知，模型的 R2 为 0.39，说明模型拟合度一般。F 统计量为6.94，说明模型整体较为显著。

EXR 的系数为 0.29，在 5% 的显著性水平上通过显著性检验，说明美元兑人民币中间价对跨境结算规模有显著的正向影响，美兑对人民币中间价增加 1%，跨境结算规模增加 0.29%。

LNCPI 的系数为 3.50，没有通过显著性检验，说明居民消费指数对跨境结算规模没有显著的影响。

LNGDP_SA 的系数为 0.18，没有通过显著性检验，说明经济发展水平对跨境结算规模没有显著的影响。

LNTS_SA 的系数为 0.16，没有通过显著性检验，说明贸易规模对跨境结算规模没有显著的影响。

TCI 的系数为 0.04，在 5% 的显著性水平上通过显著性检验，说明贸易结构结构对跨境结算规模有显著的正向影响，贸易结构增加 1%，跨境结算规模增加 0.04%。

第四节 结论及展望

一、结 论

通过实证分析得出了以下结论。

第一，从金融层面来看，通过理论分析部分，我们首先可以发现珠海市的金融发展规模不断扩大，珠海市金融业 GDP 在 2020 年达到历史新高，保持着平稳上升的趋势。其次，珠海市的金融发展结构通过理论分析部分可以看出，银行业的间接融资规模在不断扩大，直接融资的规模近几年虽稍有波动却在总体亦保持着上升的趋势，在 2020 年下半年出现急速的增长。最后，珠海市的金融发展效率也在不断提高，资本配置率高于储蓄转化率。

通过金融发展对珠海跨境结算影响的实证分析部分，我可以得出经济发展水平、金融发展结构和金融发展效率都通过了显著性检验，都对珠海跨境结算产生了积极的推动作用。金融发展规模虽然产生了积极影响，但没有通过显著性检验，说明了其对跨境结算规模的推动作用相对不明显。

金融发展效率对于珠海跨境结算规模的贡献率最大。由此可见，在金融因素对珠海跨境结算规模发展的影响中，金融发展效率是推动珠海跨境结算规模发展的重要原因，这也说明了珠海地区的居民储蓄转化效率有所提高，资金流入实体经济的比例提升，使跨境贸易企业的融资更加便利，降低了其融资成本，对珠海跨境结算规模的增长起到了促进作用。

金融发展结构对珠海跨境结算亦起到了促进作用。融资结构的合理程度深浅影响着跨境结算的发展，直接融资的比重越大，则对金融风险的应对更为从容。从实证方面证明了珠海调整融资结构的方向是正确的，直接融资的比重越高对跨境结算发展的推动力越高。

经济发展水平与上述两个因素相比，对珠海跨境结算规模的推动作用较小，但也是推动发展的原因之一。

从实证结果来看，金融发展规模对珠海跨境结算发展的推动作用为正，但其发挥的作用不大。这说明了珠海地区的金融发展规模相对较弱，还不能形成一股强大推动力。目前珠海金融业规模还需要进一步扩大。

第二，从贸易层面来看，通过理论分析部分我们可以得出经济水平、贸易规模、贸易结构、居民消费指数都能推动珠海跨境结算的发展，汇率的提高对跨境结算的发展无益。

通过贸易对珠海跨境结算影响的实证结果，我们可知只有汇率和贸易竞争力通过了显著性影响，并对珠海跨境结算规模产生了积极的影响。其他的因素虽然没有通过显著性影响，但其作用是积极的。

汇率中间价是贸易因素里通过显著性检验中对珠海跨境结算影响最大的，美元兑人民币中间价每增加1%，珠海跨境结算规模增加0.29%，这意味着当人民币贬值时，将有利于跨境贸易并能扩大结算规模。但在现实中人民币不能过度贬值，否则会对经济社会产生很大的消极影响，应根据实际情况进行调控。

从贸易竞争力的正向作用而言，证明了珠海高新技术产品出口增多，产品附加值的提升带来跨境贸易利润的增多，对珠海跨境结算规模的扩大产生了积极影响，亦能说明珠海的跨境贸易结构转型和产品结构优化有所成效。尽管其系数仅 0.04，考虑到珠海地区的高新技术产品出口绝对量不大，已是一个良好的发展趋势。

经济发展水平、居民消费指数和贸易规模都没有通过显著性检验，这说明在贸易层面上对珠海地区的跨境结算影响不是特别显著，但不能说明其不起作用。从实证上来看，三者发展了较小的正向作用。

二、展望

通过对影响因素的拆分，分别对两大因素对跨境结算的影响进行了实证分析。这可看出金融和贸易两大因素分别对跨境结算的影响程度有多大。本节将根据两者共同作用下对跨境结算影响的实证结果来提出对策建议。

（一）扩大珠海金融市场规模

珠海金融市场规模不大是受到了金融基础设施和金融监管不够完善、资本项目开放程度不高等影响，因此需要针对这几个方面进行完善。第一，完善珠海金融基础设施建设，金融设施建设是推动珠海跨境结算发展的保障。针对现存的不足，需要借鉴先进国家和地区的经验，例如香港地区，进一步优化跨境支付结算系统和提升其技术能力和服务能力，完善珠海和他国或地区之间的金融基础设施协调制度，扩大金融服务的覆盖面；第二，完善金融监管体系，制定和健全相关的法律法规和提高监管标准，发挥金融科技在监管层面的作用，加强贸易地区之间的金融监管合作；第三，推动资本项目进一步开放，从分析章节可以看出，珠海的间接融资比重较大，银行业规模最大，证券业和保险业所占比重相对较低。这需要扩宽珠海地区直接融资渠道，提高直接融资比重，充分发挥债券和证券的融资作用，可使珠海跨境贸易企业降低融资成本，减少其持币风险，从而推动珠海跨境结算的发展。因此需要资本项目加大开放程度。

（二）改善跨境贸易合作环境，扩大珠海贸易规模

从上一章实证分析中可得知珠海贸易规模对跨境结算规模的影响甚弱，为了进一步扩大珠海贸易规模，良好的跨境贸易合作环境是必不可少的。良好的跨境营商环境是推动珠海跨境结算发展的前提。加强与周边国家和地区合作，对贸易合作国家或地区制定有针对性的政策，鼓励跨境贸易，扩大贸易规模。对策如下：第一，跨境贸易基础设施建设投入加大，物流交通方面十分重要，能减少跨境贸易中跨境企业的成本开支。如港珠澳大桥的建成，打通了三地的陆运交通，提高了三地的贸易效率，也使珠海在与港澳的贸易中占有一定的价格优势；第二，提高珠海海关口岸各部门合作协调能力，建立一套综合管理部门协调、管理、服务和仲裁等相关法律法规体系，优化电子口岸服务平台系统，提高珠海海关的办事效率；第三，争取他国或地区的贸易优惠政策，促进双方建立友好城市关系。还需规范珠海边境贸易市场秩序，打击违规走私行为，维护贸易双方合法利益，引导企业良性竞争，为跨境贸易创造良好的环境。

（三）提高产品异质性，优化珠海贸易结构

贸易规模质量是否庞大和过硬、产品出口结构是否合理愈发成为影响一国货币是否能成为计价结算货币的重要因素，跨境计价结算货币的选择日渐成为影响跨境贸易企业利润的重要因素，尽管人民币可以在部分国家或者地区流通，但是在多数跨境贸易上都是使用美元或其他货币进行结算，还是要视乎贸易结构。珠海地区需要不断扩大与其他国家和地区贸易规模的同时，应逐渐优化贸易结构，平衡进出口份额。其原因在于贸易顺差并不会完全有利于珠海跨境结算的发展，也不会有利于人民币被他国和其他地区选择为计价货币，增加了不稳定性。虽然珠海的生产结构正在转型，但目前加工贸易在跨境贸易中的占比依然较高，产品质量附加值较低。如此一来，与美元相比，人民币在结算货币的选择上亦是处于劣势。但从实证分析上能看出高新

技术产品占比的提高,是有利于珠海跨境结算发展的。因此,珠海地区应该不断进行产业结构调整升级,建立激励企业创新机制,为其生产的高新产品减免税收和提供奖励,以生产高附加值的科技类产品和高价值的产品为目标,逐步增大出口产品的科技含量占比和淘汰低附加值产品,进而提高出口产品的价值,引导企业进一步优化内部工业的生产结构,增加出口产品的竞争力,实现优化总体出口结构。

(四)完善汇率形成机制和人民币流通机制

目前在汇率制度上仍有欠缺,汇率价格形成机制不完善,人民币兑换未完全自由、市场流动性不足,境外人民币回流和投资的速度和力度还相对不足,这不仅影响到了珠海金融市场的活动,也影响到了国家层面的汇率制度改革。另外,汇率的稳定对于提升珠海跨境人民币业务结算额具有积极意义,从计价货币选择理论结合分析,汇率稳定能够增强珠海及境外跨境结算主体的持币信心,扩大结算的职能范围。由于人民币在岸和离岸存在汇差,在长期的跨境结算中会产生消极作用。因此,对策如下:第一,汇率形成机制深化的脚步不能停下,深入解决汇率市场化改革中的难点和痛点,进一步减少政府对汇率的干扰,由市场决定汇率,使得市场中真实的供求情况能够在汇率中体现出来并减少信息误差,缩小人民币汇差,努力降低和消除套汇发生的可能性;第二,建设和完善汇率稳定机制,维持人民币汇率水平稳定,并打破汇率单边升值预期,增加透明度,这不仅使珠海的跨境主体选择合适的方法规避汇率风险,还能有效防范珠海和境外持币主体人民币跨境结算后的市场风险。

资本市场受到管制、资本项目未完全开放,在这基础上还持续受全球新冠疫情影响,对外贸易在经常项目可兑换条件下人民币不能够顺利回流到境内资本市场,这使得跨境结算中的主体持有人民币的意愿受到影响。对策是政府当局就必须吸引境外离岸人民币持币者往中国内地投资,增加境外人民币流入境内的途径。其实我国逐步放开资本市场管制的步伐和成效是肉眼可见的,体现在以下几点:第一,2019 年 QFII 和 RQFII 取消了投资额度及准入国家的限制;第二,2020 年逐步取消外资进入金融市场的投资比例至多为 51% 的限制并 3 年后即 2023 年不再限制；第三，建立和完善离岸市场、增加人民币投资种类。这一系列政策和对策使得人民币能够以合适的方式回流，使得持有人民币的境外投资者具有有效的投资增值渠道并且减少汇率风险的承担，这也进一步增强了持币信心。这对珠海地区的跨境结算发展提供很好的研究样本。

第九章　数字经济安全风险类型、形成机理及风险防控

第一节　数字经济安全风险类型划分

根据《2022 年全球数字经济白皮书》[①]，数字经济主要包括 4 个方面。一是数字产业化，即数字经济核心产业，是指为各行各业数字化转型提供数字技术、产品、服务、基础设施和解决方案，以及完全依赖于数字技术、数据要素的经济活动，其范围主要包括电子信息制造业、电信业、软件和信息技术服务业、互联网行业等。二是产业数字化，即产业应用数字技术所带来的产出增加和效率提升部分，包括但不限于智能制造、车联网、平台经济等融合型新产业新模式新业态。三是数据价值化，包括但不限于数据采集、数据标准、数据确权、数据标注、数据定价、数据交易、数据流转、数据保护等。四是数字化治理，包括但不限于多元治理，以"数字技术＋治理"为典型特征的技管结合，以及数字化公共服务等；根据上述的数字经济划分，我们对数字经济安全风险进行分类。

一、从数字产业化视角划分

从数字产业化视角来看，数字经济安全风险主要有信息技术关键生产装

---

① 中国信通院 . 2022 年全球数字经济白皮书［R］. 北京：中国信息通讯研究院，2022.

备断供风险、ICT 供应链风险等。根据国家统计局《数字经济及其核心产业统计分类（2021）》对数字经济范畴界定，"数字产业化"是为产业数字化发展提供数字技术、产品、服务、基础设施和解决方案，以及完全依赖于数字技术、数据要素的各类经济活动，是数字经济发展的基础。数字经济核心产业安全风险方面，目前主要包括 ICT 供应链、信息技术关键生产装备断供打压等风险。

（一）软件供应链存在后门风险

软件行业作为数据经济的基础性行业，是我国信息技术体系中的基石。IBM、EMC 等信息技术巨头企业所生产、制造的存储、服务器、运算设备等硬件产品，基本都是由世界各国进行代工制造，从硬件角度对信息进行监听比较困难。大量的安全风险存在于软件和更新程序方面。大型软件往往由为数众多的组件、中间件等构成，中间任何一个软件供应环节出现风险，往往会对整个软件带来巨大风险。在一个典型的软件供应链中，由于软件已经被设计成专门的渠道进行处理，而测试人员仅仅根据协议里的功能进行测试，难以察觉到预留在软件中的监听后门。例如，2015 年，由于 iOS 开发人员使用了来自非正规渠道的带有后门的开发软件 xcode，导致 iOS 版的微信、网易云音乐等软件 APP 存在风险，不法分子可以通过后门程序将用户系统信息上传至指定服务器，这带来了极大的数据安全隐患。

（二）光刻机等关键生产装备断供风险

受外国政府对华政策影响，国外对一些关键设备和软件出口审批日益严格，可能影响我正常科研与生产进度。一些未在美国、德国等国限制出口名录中列出的设备，也可能会通不过审批，外国政府具有较大的自由量裁权，这将带来不确定性风险。例如近年来，光刻机进口突然受限，导致我国高端芯片制造受阻。又如，一些半导体检测设备还不能实现自主生产，需要大量进口，如果受限，将导致测试检测周期拉长。信息技术设备维护停止或者授权软件许可断供，将导致已购置的新一代信息技术设备不可用。部分关键信息技术设备需要定期进行维护，才能保持最佳的生产能力。如半导体制造设备（光刻机、蚀刻机等）需要国外派专人定期对设备精度进行校准，才能够保持设备的最佳性能，否则利用该设备生产的产品良品率会下降。另外，目前几乎绝大部分进口新一代信息技术设备都需要装载授权软件，并且国外设备供应商会提供在线或者离线激活服务，信息技术设备才能够继续使用。一旦国外断供授权许可，国内关键信息技术设备将不可使用。

二、从产业数字化视角划分

从产业数字化视角来看，数字经济安全风险主要包括制造业、金融数字化等过程中出现的风险。"产业数字化"覆盖智慧农业、智能制造、智能交通、智慧物流、数字金融、数字商贸、数字社会等数字化应用场景，是数字技术与实体经济的融合。由于涉及应用场景各不相同，其风险表现也不同，本课题重点考虑制造业、金融业数字化转型过程中出现的风险。

（一）制造业数字化转型过程中存在工控安全、网络安全、设备安全等风险

在工业控制安全风险方面，随着大数据技术的不断发展和创新，各行各业的数据都将被收集、处理和汇总。这些数据将被黑客攻击和使用，造成巨大损失。例如，2015年乌克兰电力系统的恶意软件攻击导致全国范围内的大规模停电；台积电在2018年因病毒入侵导致工厂停产。因此，控制安全是工业安全生产的关键环节，也是工业转型的首要任务。应加强工业控制系统的安全性，建立完善的安全保护体系。

在工业网络安全方面，随着越来越多的工业网络接入互联网，互联网本身的一些网络攻击有了新的实验环境，网络安全风险相比以前受到了更大的威胁。在工业生产中，无线通信广泛用于生产和降低成本。这种简单的安全保护措施很容易让攻击者通过无线网络侵入并攻击，从而对工业生产造成重大损害。随着网络集成，工业网络变得越来越复杂和多样化。传统安全机制面临着攻击模式动态化的严峻挑战。

在工业设备安全方面，在工业互联网和智能制造的推动下，越来越多的

工业设备正在进行数字化、网络化和智能化，但安全保护仍落后于信息和数字化发展的步伐，这使得越来越多的工业设备暴露在互联网的安全漏洞之中。同时，传统工业设备往往专注于生产和生产性，以及一些商业需求，而各环节缺乏对设备自身的安全保护，这将给工业设备安全运转带来威胁，一旦被恶意攻击将引发产能骤降，造成重要工业品供给短缺，进而影响整体经济安全。

（二）金融业数字化转型过程中存在信贷风险、信息安全风险、数字技术操作风险等风险

在信贷风险方面，由于我国信贷体系仍有改进空间，数字普遍性金融信贷建设过程中存在许多风险，主要表现在信贷信息的来源和存储两个方面。首先，在征信信息收集过程中，征信机构普遍存在非法或过度收集和滥用个人信息的现象。如果信贷机构在收集信息过程中获得的信贷信息是不真实的，则会对后续信息分析产生较大的误差，不仅会降低信贷信息的价值，还会损害行业决策，产生重大的财务风险。其次，从用户信贷信息存储的安全性角度来看，信贷信息通常是泄露、遗失或故意篡改的，而且一些市场参与者在未经法律许可的情况下非法使用信贷收集的数据，导致信贷信息存储失控风险。

在信息安全风险中，发展数字普惠金融服务必须通过大数据分析来实现，在信息收集、传输和存储过程中的保密性和安全性面临新的挑战。与传统的金融相比，使用数字技术收集到的信息涵盖面更广，内容更详尽，可能被非法分子侵入，也可能会面临外包公司人员非法披露信息的风险。一旦用户信息被泄露，将导致一系列负面影响。

在数字技术运营中，风险主要存在于数字技术复杂性、缺乏可靠性评估等方面。一方面，数字技术的复杂性也对从业人员的专业性提出了更高的要求，但在未能充分了解技术风险和安全的情况下，初级用户很难在短时间内掌握数字技术的理论和实践，并合理运用它们。另一方面，一些普惠金融机构缺乏有关系统基础设施和运营管理过程的可靠评估，没有建立交易过程的安全保护系统，缺乏信息和数据系统的缺陷和修复技术，难以保持平台运营的稳定性，不仅阻碍了数字普惠金融的发展，而且形成了潜在的运营风险。

三、从数据价值化视角划分

从数据价值化视角来看，数字经济安全风险包括数据要素生产环节风险、数据要素流通环节风险、数据要素消费环节风险。根据 2016 年 G20 杭州峰会发布的《二十国集团数字经济发展与合作倡议》中的定义，"数字经济是指以使用数字化的知识和信息作为关键生产要素、以现代信息网络作为重要载体、以信息通信技术的有效使用作为效率提升和经济结构优化的重要推动力的一系列经济活动"。可以说，数字经济代表了围绕数据这种关键的生产要素所进行的一系列生产、流通和消费的经济活动的总和。数据要素生产方面，主要包括数据泄露、数据被篡改、数据污染等风险。数据要素流通方面，主要包括数据跨境流动、数据要素市场、数据确权等风险。数据要素消费方面，主要包括数据内容安全、大数据杀熟等风险。

（一）数据要素生产环节存在个人信息泄露、非法利用等风险

随着数字技术的迭代和更新，信息检索变得越来越容易、越来越广泛。个人信息的安全受到严重威胁，体现在以下方面：第一，过度的个人信息披露。目前，各种商业软件被迫捕获个人数据，除了基本个人信息外，还被迫访问个人存储空间、联系方式和地理位置等信息。存在过度收集个人信息的风险。第二，个人信息被非法使用。近年来，个人信息非法利用已成为一个行业，并已在市场上传播。受利益驱动，对用户信息的非法收集、盗窃、买卖和使用变得越来越普遍。转售户籍信息的黑色产业链总规模已超过 1000 亿美元。根据中国互联网协会发布的《中国互联网用户权益保护调查报告》（2021），垃圾邮件、诈骗电话和危险网站造成 805 亿美元的经济损失。

（二）数据要素流动环节存在监管漏洞、跨境流动、数据价值稀释等风险

在数字产业化进程不断加快的背景下，数据跨境流动更为普遍。一系列数据流动风险严重威胁着国家安全和经济稳定。首先，敏感数据在流动过程

中存在失控的危险。由于不同行业对敏感数据的定义有所不同，各方对敏感数据的流动往往不敏感、管理不到位，导致敏感数据流动无法监测，相关信息泄露。对于一些已知的敏感数据，由于流动和处理过程中可能存在的监督空白，它们会流向无监督区域，最终导致严重的安全风险。其次，数据跨境流动的安全风险是溢出的。虽然我国企业正在加快推进跨境数据流动，但我国的大型数据资源仍然存在孤立、分散、封闭的问题，数据主权和数据安全受到严重威胁。最后，数据价值面临被稀释的危险。由于数据可以复制，所以如果交易发生，很难控制不被复制，而且数据的价值将随着复制的次数而逐渐降低。这导致许多公司不愿意共享数据，尤其是原始数据，这对数据市场的建立造成重大障碍。

（三）数据要素消费环节存在隐私泄露、大数据杀熟、数据内容伪造等风险

当前，大数据技术的发展，给商家分析消费者行为、偏好等带来了便利，但也会造成消费者隐私泄露、大数据杀熟、数据内容伪造等风险。消费者隐私泄露方面，在大数据时代，各大社交网站都不同程度地公开了其用户生产的实时数据，而这些数据可能被数据平台所收集并分析利用。例如，国外的 yelp 网站，公开了用户脱敏之后的数据，通过人们在社交网站写下的信息，还有智能手机所显示的定位信息等，通过多个数据相结合，能够高精度地锁定个人，并且挖掘出个人的信息系统，甚至分析出用户的商品偏好、消费习惯等。大数据杀熟方面，平台利用已掌握的用户消费频率、金额等数据，对用户区别对待，针对某一件商品或服务，老客户看到的价格反而比新客户更高。大数据杀熟所显现的商业逻辑既不符合商业伦理，也严重损害了消费者的合法权益，是平台在利用用户的信任"割韭菜"。对于本想获得一定优惠而购买会员、实际上却付出更高费用的用户来说，这更是欺诈。数据内容深度伪造，一些机构或平台利用 AI 技术篡改、歪曲、拼接或合成数据来制造虚假信息。数据内容深度伪造可能导致不准确的信息传播，从而影响人们的判断力和决策能力。如 YouTube 曾有一段关于埃隆·马斯克（Elon-Musk）的深度伪造视频，在该视频中马斯克推广一个新的加密货币平台

BitVex，声称只要交易者使用该平台，三个月内，每天都将获得30%的投资回报。

四、从数字化治理视角划分

从数字化治理视角看，数字经济安全风险包括数字基础设施攻击风险、利益相关者博弈风险等。数字化治理本质上是一种变革，它是以构建整体协同、敏捷高效、智能精准、开放透明、公平普惠的现代政府为目标，将数字技术广泛应用于政府管理服务，推进政府治理流程优化、模式创新和履职能力提升，构建数字化、智能化的政府运行新形态。2022年6月国务院发布《关于加强数字政府建设的指导意见》，是形成数字治理新格局、推进国家治理体系和治理能力现代化的重要举措。然而，数字化治理过程中存在大量数据整合、共享、开放等问题，利益相关者错综复杂，带来一系列新的风险问题，比如治理数字基础设施易于遭受攻击，国外有组织地对境内政府网站等的恶意攻击；政府不同部门的数据存在孤岛，但在整合运营过程中存在安全问题，存在利益相关者博弈等。

（一）针对数字政府基础设施的攻击越来越频繁

在数字政府基础设施攻击风险方面，信息基础设施攻击往往是有组织、有目的的，甚至是国家层面的网络攻击和对抗。它的强度和影响远远高于传统的网络攻击，并且表现出明显的专业性。根据公开信息，高端持续性攻击（AdvancedSustainedThreat，APT）近年来已成为国家网络空间战的主要形式。在这一过程中，许多相关组织受到海外国家或情报机构的培训及资金支持。蜒蜒的花、摩诃霍兰、甘蓝等组织对我国和其他国家的政府和信息系统以及军事、能源、金融、通信和其他行业的基础设施造成了严重影响和挑战。通过水坑攻击、海竿攻击和供应链攻击等方式对许多国家的相关信息系统进行针对性攻击。与此同时，APT不断发展，其溯源能力不断提高。它可以在攻击活动中充分利用各种手段，以避免其行为特性的发现和关联。由于其在攻击和反击中不断增强的战术和破坏能力，APT对信息基础设施和数字政府的安全威胁越来越大。

（二）利益相关者博弈导致数据要素难以整合

利益相关者博弈主要体现于 4 个方面。一是政府部门间博弈。对于政府管理的数据化维度，需要从组织引领、机构、机制、人员配备等多个角度做出适应政府对于数据治理的需要的调整与改革，其中涉及了不同部门之间的利益关系，基于数据治理的一体化特点，部门的整合，职责的重新梳理等，势必会导致原有部门管理者的人际关系、职责关系发生变化。而在机构、机制的改革过程中，牵扯了不同主体的利益关系，不同利益相关者之间的博弈会降低政府管理数据化改革的整体效率。二是政府与参与主体间博弈。对于政府数据治理过程来说，从数据的采集到数据的共享以及供给等各个环节都会涉及不同主体的参与，政府部门管理者与企业之间对于平台搭建、数据治理运维服务外包等的博弈将对整个数据治理的进度以及效果造成重要影响。三是政府与公众之间博弈。政府部门的管理者与公众之间的博弈主要是针对数据供给与使用的便捷性与响应程度，由于双方在数据目的的认知上不同的立场，数据供给与需求很容易出现不对等的现象，而双方之间的博弈则会造成公众对于政府服务提供的满意度下降。四是中央政府部门与地方政府博弈。不同部门以及地方政府之间关于数据共享的博弈则是政府数据治理过程中，数据共享程度的主要影响因素，在数据共享的过程中，不同部门或者地方政府都会存在着一种预期，即数据流入所带来的收益要高于数据输出，这种不平衡的数据共享心理会造成不同数据相关主体之间数据共享的屏障，降低数据应用的整体效率。

此外，从风险行为的角度来看，数字经济安全风险可以分为恶意行为风险和非恶意行为风险。恶意行为风险主要指个人、组织和势力的主动恶意行为对数字经济基础设施产生的不利影响或破坏性影响。非恶意行为风险主要指人们在发展和运行数字经济的过程中，按照预定计划实施某种符合性行为时，由于非主观原因对数字经济基础设施造成的非故意影响或破坏。尽管非恶意风险可以通过标准化的管理和操作大幅减少，但仍然是不可避免的。

第二节　数字经济安全风险事件识别

本章构建情绪知识增强模型实现从各类新闻资讯中识别数字经济安全风险事件，并采用 LDA 等无监督贝叶斯机器学习方式从风险事件中判断风险类型。基于 2021 年 1 月至 2022 年 11 月的数字经济新闻资讯数据（共计20.7 万条），根据数字经济安全风险分类筛选出数字经济安全相关资讯 5821条，建立模型，识别出每月的我国数字经济安全风险事件及利好事件，并通过数字经济安全利好事件数量除以风险事件数量的比例来动态反映我国数字经济安全整体走势。

一、数据统计描述

（一）数字经济资讯数据统计描述

基于新闻资讯数据库，通过数字经济关键词（包括数字经济核心产业、产业数字化等关键词），获取 2021 年 9 月至 2022 年 11 月的数字经济资讯数据，共计 20.7 万条。新闻资讯数据来源同花顺财经、东方财富网、腾讯、新浪、和讯网等主流资讯网站的公开发布信息，分布如图 9 - 1 和图 9 - 2 所示。

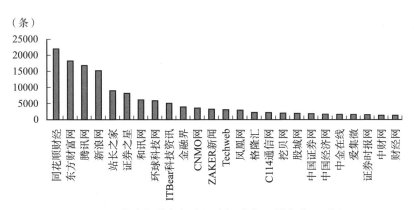

图 9 - 1　数字经济新闻资讯来源分布（排名前 25 位）

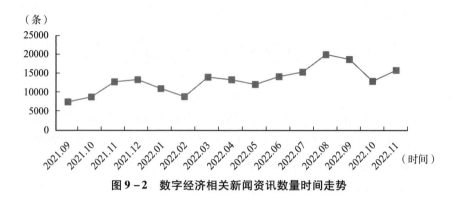

图9-2 数字经济相关新闻资讯数量时间走势

从走势上看，数字经济新闻资讯数量走势呈上升态势，表明数字经济的受关注程度越来越高。

（二）数字经济安全资讯统计描述

在20.7万条数字经济相关资讯中，通过数字经济安全、工控安全、网络安全、数据安全、隐私保护等关键词，检索出共计5821条数字经济安全的相关资讯。从走势上看，数字经济安全的新闻资讯数量走势总体呈现波动态势，在8月至9月达到高值（见图9-3）。

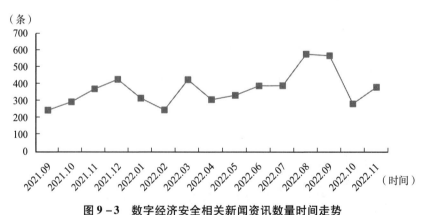

图9-3 数字经济安全相关新闻资讯数量时间走势

二、数字经济安全风险事件识别模型

数字经济安全新闻资讯往往分为正面和负面两种，正面资讯往往包括了对数字经济安全起到提升作用的事件，而负面资讯往往蕴含了对数字经济安全起负向作用的风险事件。通过应用情绪知识增强模型，可以从数字经济安全新闻资讯中，智能化地判别出我国数字经济安全风险事件，并建立风险事件指数，反映我国数字经济安全走势。

（一）情绪知识增强模型构建

应用情绪知识增强模型（SKEP），判别数字经济安全相关新闻资讯中的情绪标签。如果是负面情绪，则代表该资讯是风险事件，对数字经济安全存在不利影响。如果是正面情绪，则代表该资讯是利好事件，有助于提升数字经济安全水平。

情绪知识增强模型如下：①基于统计方法从大量无标记数据中自动挖掘情绪知识，包括情绪词、情绪词极性以及观点搭配。②基于自动挖掘的情绪知识，模型对原始输入句子中的部分词语进行屏蔽，即替换为特殊字符[MASK]。模型除了对单词或者连续片段进行屏蔽，还对观点搭配 skip-gram 进行屏蔽。③模型设计三个情绪优化目标，目标包括基于多标签优化的观点搭配预测、情绪词预测、情绪极性分类。该模型在应用前，需利用数字经济安全资讯数据对其进行微调。

（二）数字经济安全风险事件识别

采用情绪知识增强模型，对数字经济安全资讯进行分类，识别出数字经济安全资讯的风险事件资讯 3470 条，正向利好事件 2351 条，部分识别结果如表 9－1 所示。

表 9－1　　　　　　　　　　　数字经济安全负向风险事件

新闻标题	来源	分类	得分
技术中立并非侵犯公民个人信息挡箭牌	数字化观察网	negative	0.995
Alexa，黑掉你自己：亚马逊 Echo 可能在背着你搞事	腾讯网	negative	0.973
信通院：80％互联网电视系统存在非法采集共享用户数据问题	站长之家	negative	0.993

续表

新闻标题	来源	分类	得分
Meta 追踪用户位置被告	新浪网	negative	0.635
欧菲光（002456.SZ）预计前三季度归母净亏 2400 万~3600 万元	金融界	negative	0.987
三星计划为 GalaxyZFold4 配备更硬的"SuperUTG"屏幕	环球网	negative	0.922
注意啦！2021 年这些移动出行 APP 上榜工信部"黑名单"	ITBear 科技资讯	negative	0.995
北信源安全专家：两家知名企业同时被曝遭受勒索病毒攻击，筑牢企业数据堤坝势在必行	同花顺财经	negative	0.997
NFT 项目 AOTAVERSE 回应官方社群遭黑客攻击：赔偿一切用户损失，开售时间顺延两天	陀螺财经	negative	0.987

通过构建数字经济安全指数，动态反映我国数字经济安全整体走势。计算公式如下：数字经济安全利好事件数量除以数字经济安全风险事件数量。该指数越高则代表数字经济越安全。从历月数字经济安全事件数量走势看，2022 年年初，我国数字经济安全事件指数较低（0.43），代表数字经济风险事件较多发生。之后呈现波动态势，11 月数字经济安全事件指数达到高值（0.92），表明较高的数字经济安全（见图 9 - 4）。

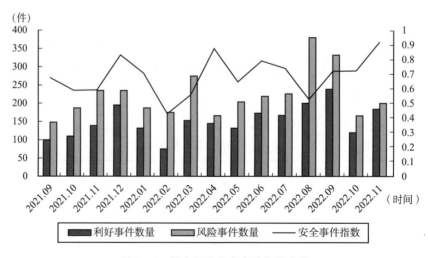

图 9 - 4　数字经济安全事件指数走势

第三节 典型数字经济安全风险成因及传播路径分析

综合分析数字经济安全风险事件及成因，其风险形成机理有以下方面：一是数字产业化过程中形成的风险，主要是数字经济核心产业（软件业、电子信息制造业等）风险。二是产业数字化过程中形成的风险，主要涵盖产业数字化（智能制造、数字金融等过程中形成的风险）。三是数据价值化过程中形成风险，主要涵盖数据要素生产、流通、消费层面形成的风险。四是由于数字化治理贯穿产业治理、数据要素化价值化过程，如治理数据泄露、法律法规真空、多头重复建设等，数字化治理过程中的风险也是一类重要的数字经济安全风险（见图 9 - 5）。

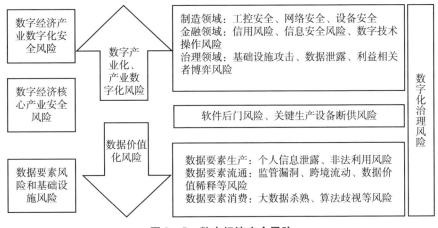

图 9 - 5 数字经济安全风险

一、数字经济安全风险形成机理或成因

（一）算力基础设施短板，影响我国数字经济根基

当前，人工智能、大数据等技术正与各行业深度融合，算力、算法已经

成为数字经济时代的重要生产力。我国在技术层（如计算机视觉和语音识别）和应用层方面目前处于世界前列，但在人工智能计算芯片等基础层，与国外先进水平仍然存在不小差距。对外依赖度高也将导致我国数字经济生存空间受限，影响数字经济产品供应能力和竞争力，需要重点弥补 GPU、FPGA 等通用人工智能芯片短板、以国内大市场弥补生态、多元化培养人工智能基础层人才，进一步夯实我国人工智能算力基础能力，提升我国数字经济安全水平。

图像处理器 GPU 方面，算力每年以数量级增长，以英伟达等国外厂商为主，国内计算平台对其依赖度极高，一旦断供难以找到同等性能级别的替代品。GPU 起初专门用于处理图形任务，2006 年时英伟达推出统一计算设备架构 CUDA，赋予 GPU 可编程性，使得 GPU 流式处理器具备处理单精度浮点数能力，对于深度神经网络的庞大计算任务，GPU 并行处理展现出比较强的优势。GPU 处理器技术性能每年都呈现倍数级增长。如 2022 年 3 月英伟达发布的 H100，对于训练 1750 亿参数级别的 GPT – 3，还是 3950 亿参数级别的 Transformer 大模型，该芯片可将训练时间从一周缩短到 1 天之内，速度提升高达 9 倍。国内主要的人工智能计算平台均大量采用英伟达系列 GPU 芯片。例如，阿里云的 GPU 计算型 gn6v 采用 8 块 NVIDIA V100，月租费用达到 6 万元。百度 AI studio 平台也主要采用 NVIDIA V100 或 A100 进行计算加速。另外，新款 GPU H100 采用 4 纳米制造工艺，这也是"卡脖子"的环节。一旦国外断供，我国没有替代厂商，即便有替代厂商，也没有此类同等性能级别的芯片生产工艺和生产能力，需要警惕。

现场可编程门列阵方面，以赛灵思、英特尔等国外厂商为主，国内企业市场占有率小，高性能 FPGA 也是基本依赖进口。FPGA 可以定制化硬件流水线，可以同时处理多个应用或者在不同时刻处理不同应用，有可编程、高性能、低能耗、高稳定、可并行和安全性的特点。在芯片需求量不大的情况下，或者算法不稳定的情况下，往往使用 FPGA 去实现半定制化的人工芯片。FPGA 可作为嵌入式芯片提升终端设备的智能化水平。例如，华为研发的软件定义摄像头就需要嵌入 FPGA 芯片，使得摄像头终端也具备数据处理能力。国内的 FPGA 在研发方面起步晚，企业主要有紫光同创、上海复旦等，研发进度逐渐赶上国际先进水平，与全球头部厂商相差 3 代缩短至约 2 代。但从国内主要的人工智能计算平台看，目前仍主要采用赛灵思、英特尔等 FPGA 芯片。

AISC 专用集成电路方面，国内头部企业已有涉及该领域芯片设计，对外依赖度较高的环节主要是大规模量产、设计工具等方面。ASIC 是指根据特定用户要求和特定电子系统的需要而设计、制造的集成电路。相比于同样工艺 FPGA，ASIC 可以实现 5~10 倍的计算加速，且量产后 ASIC 的成本能够大幅降低，但与 GPU 和 FPGA 不同，ASIC 一旦完成制造将不能更改，因此具有开发成本高、周期长、门槛高等特点。近年来，谷歌公司推出的 TPU、微软的 DPU、亚马逊的 Inderentia、寒武纪的 NPU、地平线的 BPU、百度的 XPU 等芯片，都是属于 AISC 范畴。由于 ASIC 是专门为特定目的设计的，比较适合自动驾驶等特定应用场景，具有较高的商业价值。我国虽然很多头部企业涉及 ASIC 芯片领域研发，但主要在设计领域，但对于设计工具、规模化生产等环节仍然依赖于国外企业。

SoC 系统级芯片方面，更加偏重系统集成创新，虽然系统层面对外依赖不高，但其零部件对外依赖可能较高。SoC 把中央处理器、存储器、控制器、软件系统等集成在单一芯片上，通常是面向特殊用途的指定产品，如手机 SoC、电视 SoC、汽车 SoC 等。系统级芯片能够降低开发和生产成本，相比于 ASIC 芯片开发周期更短，因此更适合量产商用。目前，高通、AMD、ARM、英特尔、阿里巴巴等都在研制 SoC 硬件研发，产品中集成了人工智能加速引擎。涉及该领域的头部企业仍然为国外企业，但由于可以和终端产品强绑定，且研发生产成本不高，多数国内头部企业都声称可自研。如华为推出的昇腾 310 就是面向计算场景的人工智能 SoC 芯片。SoC 更加偏重系统集成创新，虽然集成的系统属于国产品，但其集成的关键零部件对外依赖较高。

（二）ICT 供应链风险，影响数字经济正常运行

信息和通信技术供应链通常覆盖了信息和通信技术产品和服务的开发、外包、生产、交付等全生命周期，涉及制造商、供应商、系统集成商、服务提供商等多类实体以及技术、法律、政策等软环境，由于链条长、管理复杂，其面临的安全风险比较隐蔽且难以监管。攻击者对信息和通信技术产品和服务全生命周期中供应链环节开展的恶意攻击，将恶意代码等植入信息和通信技术产品或服务中，破坏信息和通信技术产品或服务的完整性，以便利用被篡改的信息和通信技术产品或服务实现更大的攻击目的，如窃取使用信息和通信技术产品或服务的系统敏感信息、获得系统控制权限等。如苹果公司的"Xcode Ghost"事件，攻击者通过恶意植入达到攻击目的。因 Intel 芯片漏洞导致部分设备丧失功能也是属于 ICT 供应链风险。

（三）大数据算法杀熟和偏见，破坏数字经济市场秩序

大数据时代，商户可以通过 APP 采集的用户行为数据，能够直接获取消费者的购买行为，还可以通过数据公司购买其他行业和竞争者的消费者数据，并进行关联分析，从而能全面把握消费者信息，精准定价，最终导致"千人千价"的大数据"杀熟"现象，这将带来消费风险。大数据"杀熟"现象产生的主要原因，实际上是因为商家和消费者之间的信息不对称。互联网平台凭借其收集的数量庞大且信息细致的用户数据，如消费者的个人身份、位置信息、聊天记录及支付信息等一切可能被线上记录的数字信息，通过一整套复杂且高效的数据运算、分析和挖掘技术，对碎片化、零散的消费者数字化信息进行全方位的数据标注，再通过对关键词的标注而对用户进行细分，从而生成独特的用户画像。在消费者不知情的情况下，平台与商家对具有不同画像特征的消费者制定"特定"的价格机制，造成消费者非知情前提下的"价格歧视"，从而最大程度地攫取利益。

（四）美国利用跨境大数据制定对华遏制政策

数据作为国家重要的生产要素和战略资源，其日益频繁的跨境流动带来了潜在的国家安全隐患。流转到境外的情报数据更易被外国政府获取，用于制定对我有针对性的政策，使我国陷入被动地位。如 2021 年年底，拜登政府授意阿尔塔纳科技公司利用 Altana Atlas 模型对全球涉疆供应链进行分析，相关数据支撑美涉疆法案制定；2022 年，阿尔塔纳公司又从美国云

供应链集成平台获得中国企业跨境物流和海关数据的使用权，并利用该数据精准绘制出中国企业跨境贸易关系网，为美国打压中国企业提供精准的数据支持。

（五）政务数字化过程中存在关键数据泄漏风险

政务数字化带来了大量便利，但也由于数据敏感且较为集中，一旦泄露会造成重大影响。如在英国"脱欧"谈判过程中，相关政府部门公开了一系列"脱欧"相关文件，但未料这些文件中的大量敏感信息被非法获取，甚至外泄。其中包括涉及政府内部私下交流的电子邮件和文件，甚至包括内阁成员的联系方式等。2020年1月，英国教育部数据库的信息访问权被一家博彩公司非法获取，该数据库包含2800万儿童的记录，包括学生姓名、年龄及详细地址等信息，是英国政府发生的最大的数据泄露事件之一。事件发生后，教育部已禁用对该数据库的访问，并将事件上报了ICO隐私保护机构。

二、数字经济安全风险传播路径

（一）数字产业化风险传播路径

人工智能芯片等对外依赖度高导致我国数字经济生存空间受限。人工智能芯片是新基建的核心部分，也是承载我国产业数字化、智能化转型的底座基础，如果被美国等断供，将直接限制我国数字经济生存空间。美国对华为的限制措施中，就包括如果有公司只要利用到美国的设备与技术帮助华为生产芯片产品，必须得到美国政府批准。这导致华为不得不对海思半导体业务进行重新调整，因为芯片设计需要用到美国设计工具，光刻机等芯片生产装备也涉及美国技术。

芯片短缺问题将制约我国数字经济的数智化产品供应能力。智能数字产品往往需要搭载大量芯片，对边缘数据进行加工和分析，如果芯片受限将导致终端产品产能受限。如华为的软件定义摄像头搭载专业AI芯片，可以实现智能视觉、多维感知、组网协同。又如，汽车智能化加速，整车将会搭载更多功能，大量执行元件都需要使用微控制器（MCU）来控制，一辆传统燃油车需要使用几十至数百颗 MCU，新能源汽车的使用量更是翻倍。在全球新冠疫情蔓延期间，瑞萨电子工厂发生火灾等突发事件，对芯片供应带来了不利影响，进而导致汽车整车交付也存在短缺问题。

芯片、软件等性能较低将影响我国数字经济的数智化产品竞争力。当前数智化产品通常采用软件定义模式，搭载丰富的软件应用，如汽车智能语音、自动驾驶等功能，都需要搭载大量的人工智能模型。而芯片性能会影响到这类模型的用户体验效果。如特斯拉为保障自动驾驶安全性和性能，专门研发自动驾驶芯片。在主板上搭载了两块全新的自研芯片，作为冗余可以独立运算，同时配有冗余电源保证供电。芯片拥有完整的传感器感知功能，包括雷达、GPS 甚至是转向角度等数据都能获取感知到。视频输入部分每秒可以处理 2.5G 像素的数据。芯片性能是智能驾驶产品的性能和可靠性的关键决定因素。我国数智化产品要在全球拥有竞争力，在人工智能芯片这块需要有较强的定制化场景的自主研发能力。

ICT 供应链风险主要通过开发环境、第三方模块、分发物流等进行传播。一是开发环境受攻击。开发软件的工具中含有后门等恶意代码。攻击者可以利用这种方式，获取用户个人敏感信息。2015 年 9 月，苹果公司的集成开发工具 Xcode 受到攻击，导致 1 亿以上的用户受到影响。攻击者通过对 Xcode 进行篡改，加入恶意模块，并进行各种传播活动，使大量开发者使用存在问题的开发软件，建立开发环境。该版本开发软件编译出的应用程序（APP），将被植入恶意代码。这种恶意代码不仅会在应用运行时窃取用户信息，甚至还会模拟收费或弹窗，窃取用户的 iCloud 及 iTunes 密码，包括多款知名 APP 在内，受影响的应用数超过 76 款。二是第三方模块嵌入风险。当前，敏捷开发已成为主流的开发模式，在这个过程中研发机构会引入大量的第三方模块。根据 Gartner 调查，当前大部分软件是被"组装"出来的，而不是被"开发"出来的。而一旦所组装的第三方代码模块存在风险，最终的软件产品或服务也会存在安全隐患。Python、Ruby 等代码库都曾经暴露出被植入了后门模块，从而对集成该模块的软件带来较大的风险隐患。例如，2019 年 10 月，HellohaoOCR_V3.1 图像识别程序暴出风险，其携带后门病毒。如果用户运行该图像识别程序，就会激活潜伏的后门病毒。病毒可以接受远程服务器指令，进行提升权限、日志删除等恶意行为。攻击手段隐蔽，该病毒潜藏在第三方易语言（EPL）模块中，该软件的研发人员在没有审查安全情况下直接嵌入使用了该模块，导致病毒嵌入至图像识别程序之中，从而引发风险。三是在分发过程中被植入风险。主要通过污染下载更新、定向钓鱼、物流截取等路径进行传播。例如，2014 年 6 月，ICS - CERT 通报了一种类似震网病毒的恶意代码 Havex，专门针对工控系统进行攻击。Havex 是一种通用的远程访问木马，主要感染 SCADA 和工控系统中使用的工业控制软件。该恶意代码对不同工业领域的工业控制软件都具备感染能力。不法分子除了可以获取被感染系统中的敏感数据外，还可以取得系统的控制权。该恶意代码传播方式，除了利用工具包、钓鱼邮件、垃圾邮件、重定向到受感染的 Web 网站等传统感染方式外，还采用了"水坑式"攻击方式，即渗透到工业控制系统提供商的 Web 网站，感染网站上的合法 APP，等待目标通过被渗透的网站下载安装被感染的合法 APP，进而感染目标工业控制系统。2020 年 1 月，FTP 远程管理工具"FlashFXP"破解版被黑客恶意篡改植入后门程序，通过搜索引擎诱导用户安装和定向钓鱼的方式进行传播。2014 年，《卫报》记者格伦·格林沃尔德（Glenn Greenwald）发现，路由器、服务器和其他网络设备从美国出口并交付给国外客户前，NSA 经常拦截待出口的设备，并在设备中植入监视工具，用厂家的密封条重新包装设备，接着出口至其他国家。

（二）产业数字化风险传播路径

制造业数字化风险主要从数据泄露、系统集成、应用分析、技术升级、人才短缺等路径进行传播。一是数据泄露安全风险。随着数字化转型的推进，制造业会面临大量的数据积累和集中存储，包括产品设计、生产、销售等各个环节的数据。这些数据如果泄露或被篡改，可能会对企业的商业利益和声誉造成严重影响。二是系统集成风险。制造业数字化转型需要将多个系统进行集成，以便实现数据的互通和业务的协同。但是，不同系统之间的集成可能会出现问题，例如数据格式不一致、接口不兼容等，这会对企业的业务运营产生负面影响。三是分析应用风险。数字化转型的核心是对业务数据的分析，通过对海量数据的挖掘和分析，可以发现潜在的业务机会和改进空间。但是，如果数据分析不准确或数据挖掘不彻底，可能会对企业的决策产生误导，从而带来风险。四是业务模式风险。制造业数字化转型需要改变传统的业务模式，例如引入智能制造、定制化生产等新模式。但是，这些新模式可能会对企业的组织架构、业务流程等带来挑战，需要企业进行全面的规划和调整。五是技术升级风险。数字化转型需要引入新的技术和设备，例如人工智能、物联网、云计算等。但是，这些新技术和设备可能会带来技术风险，例如系统稳定性、数据安全性等问题，需要企业进行充分的测试和评估。六是人才短缺风险。数字化转型需要大量的技术人才和管理人才，例如数据分析师、云计算工程师等。但是，这些人才在市场上相对短缺，企业需要花费大量时间和精力进行人才引进和培养。

金融行业数字化风险主要从技术、数据、竞争、法律合规等路径传播。一是技术风险。数字化转型需要引入新技术，如人工智能、大数据、云计算等，这些技术本身可能存在技术风险，例如系统稳定性、数据安全性等问题。同时，新技术的引入也需要金融企业进行技术升级和改造，这也可能带来一定的技术风险。二是数据风险。数字化转型需要大量数据的支持，但数据的收集、存储、处理和应用等方面都可能存在一定的风险。例如，数据质量不高、数据泄露、数据滥用等问题都可能给金融企业带来巨大的经济损失和声誉风险。三是场景风险。数字化转型需要将传统金融业务场景进行数字化改造，但这也可能带来一些新的风险。例如，数字货币的兴起可能对传统货币体系产生冲击，电子支付的普及可能对传统支付业务产生影响等。四是竞争风险。数字化转型让金融行业的竞争更加激烈，不仅传统金融机构之间存在竞争，而且新兴的互联网金融机构和科技公司也在不断进入金融领域，这给传统金融机构带来了巨大的竞争压力。五是法律和合规风险。数字化转型过程中，新兴的金融业务模式可能涉及法律和合规问题。例如，对于一些新的技术或业务模式，可能存在法律法规的空白或不明确之处，也可能存在监管机构的态度变化等问题。如近日证监会指导证券交易所出台加强程序化交易监管系列举措，发布两项通知，分别为《关于股票程序化交易报告工作有关事项的通知》《关于加强程序化交易管理有关事项的通知》，对高频交易进行重点监控。六是消费者保护风险。随着金融业数字化转型的推进，消费者保护的难度和复杂度也随之上升。例如，一些不法分子可能利用新技术进行欺诈和盗窃，损害消费者的权益。同时，一些消费者可能缺乏必要的金融知识和技能，无法正确理解和使用新的金融产品和服务，从而遭受经济损失。

（三）数据价值化风险传播路径

平台经济垄断导致大数据"杀熟"。大数据"杀熟"属于完全价格歧视，而价格歧视的实现前提之一，就是经营者具有一定垄断地位。能将价格定在边际成本之上的都是行业内具有垄断性的平台，"杀熟"的对象均是具有平台黏性的老消费者，这类消费者往往对价格的敏感性程度偏低。利润最大化是每个商家追求的最终目标，商家通过"杀熟"可将消费者剩余转化为自身的收益及利润。同时，由于线上服务平台交付的特殊性，消费者套利行为发生概率较低，所以商家不担心利润会被中间套利者抽走。

数字化诱导和操控用户购买行为。大数据比消费者本人还了解消费者，大数据的信息来源途径广泛，它背后的算法拥有高效的数据挖掘、分析能力及预测能力，在一定程度上会有针对性地诱导消费者进行消费的行为，如让消费者看到平台希望消费者看到并购买的商品、对某些目标商品有针对性地发放优惠券等。大数据"杀熟"的对象大多是具有忠诚度的消费者，他们对互联网平台产生的路径依赖性，一部分源于平台了解他们，并且乐于接受平台提供的定制化推荐。大数据"杀熟"背后的算法技术在潜移默化中替消费者做决定，消费者的独立判断及批评能力逐渐弱化，陷入"信息茧房"风险。

消费者被动接受平台使用权与信息授权协议绑定。由大数据"杀熟"行为模型可知，平台用采集来的大数据构建用户画像，而这些数据来源广泛，大多是在消费者不知情的前提下被收集到的，是一种无时无刻、不间断地在人们上网留下的痕迹中收集数据的行为，损害消费者的隐私权。这也表明，在进行购买或使用 APP 的过程中，消费者与平台实际上处于信息不对称的状态，平台拥有消费者数据信息的主导权和使用权，而消费者却难以反抗。《中华人民共和国民法典》中明确了自然人的个人信息受法律保护，且应当依法获取和使用个人信息。多数软件 APP 及网络平台的使用权与信息授权协议捆绑在一起，如果消费者不同意授权便不能使用该软件，大多消费者只能选择接受该要求。

（四）数字化治理风险传播路径

数据累积效应带来质变风险。对数据跨境流出国而言，大量的数据外流，只需要经过一定数量的累积，就极有可能导致国家秘密、社会安全信息、个人隐私的泄露。例如，个体的基因组测序已经应用于医疗、科研领域，个体的数据不可能危害国家安全，即使是少部分的个体基因组测序数据也不会危及国家安全，但大数据级别的基因组测序数据，就可能足以对国家安全、民族安全、种族安全甚至特殊对象安全造成严重危害。

数据关联效应带来安全风险。不同来源的数据融合，就可能挖掘出有价值的重要信息，一旦被国外掌握将导致重大的安全风险。例如，人口普查信息一般推导不出住房空置率。但结合快递订单、水电使用等大数据，就可以推测出相对较为准确的房屋空置率，进而推导出涉及国家的人口、经济、相关产业等重大安全信息。美国军方曾经要求禁止过一款跑步类 APP，因该APP 曾对外公布了用户的使用轨迹。美国军方判定，这可能会泄露美军在国内和海外的众多军事基地，将用户使用轨迹与美国官兵手机中语音通话、电子邮件、定位信息、健康信息、消费信息等信息相结合，可推测涉及美国国家秘密、军事秘密等与国家安全相关的信息。

第四节　加强数字经济安全保障
能力建设的主要措施

结合我国数字经济安全存在的风险，必须从完善体系、强化监管、创新提升、人才培育等层面完善监管措施。①

一、完善法律体系，筑牢安全屏障

健全法制保障，完善网络安全法、个人信息保护法等相应安全防护的法律法规内容，建立健全产业数字化经济安全态势系统、预防数据泄露系统的安全防范体系。加快数字经济安全标准化体系建设，充分利用长三角、作为数字经济发展领头羊的区位优势、技术优势，搭建合理完善的数字经济安全执行标准，包括不限于数据安全技术标准、数据分类标准划分、数据检测评估和数据安全监管等。

二、构建预警机制，抵御安全风险

要充分利用大数据优势，从微观和宏观两个方向统筹推进数字经济安全预警体系。在微观层面，构建企业——市场的数字经济安全风险预警体系，通过典型数字经济产业运营风险、技术风险、数据风险等设置指标，加权综合得出微观层面安全指数，辅以案例分析法，提高数字经济安全的价值评判的准确性。在宏观层面，构建市场—政府的数字经济安全风险预警体系，通过重点产业安全、金融安全、资源能源安全和网络信息安全加权得出宏观层面的数字经济安全指数，并与微观层面的预警结果进行比对，得出数字经济安全综合预警分值，计算安全、基本安全、不安全和危险数值，供政府和企业决策参考。

三、搭建创新平台，拓宽发展渠道

强化"新基建"布局，推进5G基站、千兆光纤等数字经济基础设施建

---

① 本节内容参考了《加强我省数字经济安全风险保障能力建设的对策建议》[J]. 浙江社科要报，2021 年第 39 期，得到浙江省主要领导重要批示。

设，提升各市县的数字资源协作、共享能力，助力数字基建新蓝图。加快传统产业数字化技术开发应用和产业升级步伐，提升传统产业的数字化水平，大力推动我国各企业的业务和组织形式改革"入云"，构建以激励创新为发展目标的新型云端企业。结合数字经济相关重要领域的发展需求，坚持将产业数字化共性上的关键技术研发与数字经济安全发展紧密结合，倡导在浙数字经济重要企业、数字经济重点实验室等科技创新平台共同开展多层次创新技术体系建设，培育数字经济的新动能与新力量。

四、优化运行路径，明晰运行风险

加强经济运行数字化的框架和路径研究，解决数字经济各部门之间数据采用口径不一致、时效慢、环节冗杂、数据之间相互割裂的重要问题，分析宏观经济、所属行业经济、大区域经济等方面的数字产业化与产业数字化的机制构建路径，建立健全经济运行风险研判、经济指标预测等数字化分析体系。加强统计检测数字化运行框架和路径研究。围绕经济提升、产业创新、资源保障、环境保护、数字产业化和产业数字化等方面的要求，构建高效的统计、检测、分析系统，提升数字经济安全研判的科学性、精准性和及时性。加强推进政府对市场的数字监管能力提升的机制与路径研究。构建规划、决策、执行、监督、反馈等数字化协同机制和基于"大数据＋云计算"双轮驱动的市场监管机制，重点研究破解"信息烟囱""数据孤岛"等障碍，构建互联互通的数字经济数据共创共享发展。

五、夯实人才队伍，强化保障能力

创造发展环境。大力研究数字人才实际需求和引进特点，促进产业创新环境、发展环境等综合方面能力建设，为吸引人才创造良好的软件和硬件环境。制定评判标准。完善数字经济人才的实际能力和素质水平管理与考核方式，科学合理界定其专业技能、运营分析能力以及数字经济安全风险防控能力。丰富合作方式。大力推行校企合作、政企合作等多种形式的合作，在大学、科研机构设立数字经济人才培养基地，建设高水平科研场所，鼓励各大高校及科研机构大力培养数字经济紧缺人才。完善引进政策。建立健全高效灵活的人才引进、培养、使用、评价、激励和保障全方位的政策。

六、创新监管体系，构建良性生态

遵循"政府创新 + 技术创新 + 政务创新 + 治理创新"四位一体的发展原则，构建中国数据资源、技术平台、政策制度、安全维护等多方面的管理体系。按照业务、技术与数据的三融合原理，在电子政务建设的基础上探索政务管理架构、业务和技术架构，建立模块集成、功能完备的政府数字化运行平台，包括以集成创新为主要手段的技术与基础设施层、以"政务一朵云"为主要载体的数据资源层、以提升效能和优化服务为主要导向的应用支撑层。完善我国省、市、县三级互联互通的政务信息资源共享交换体系和管理体系的建设，强化数字在政务、市场监管、经济安全监测监控和生态环保等领域的应用，提高事前预警精度，提高事中监管效率和提升事后评估水平，使数字经济安全监管更加规范化、科学化、精准化和智能化，更好地做到潜在风险预警、存量风险化解和增量风险防范。

第十章 数字化背景下供应链金融
信用风险影响与评估

随着数字化经济的深入发展，供应链金融行业面临着结构化转型与变革，逐步与金融科技等数字化手段相结合，在一定程度上控制企业信用风险的发生概率，造就经济新的发展增长点。因此，为更好地了解数字化发展阶段中供应链金融业务的信用风险，研究数字化发展对供应链金融信用风险的影响力以及建立数字化发展视角下科学的风险评价管理体系显得十分重要。

第一节 文 献 综 述

一、供应链金融相关研究

关于供应链金融的研究国外最早是从分析供应链共同价值开始的，之后的研究中逐步涉及解决融资难、融资贵等问题，进而系统化的提出相关概述与定义。从实现供应链目标考虑，蒂姆（Timme，2003）认为供应链金融是指集合物流、信息流、资金流和供应链各参与主体的经营状况，以链条形式加强主体之间合作关系与协作能力过程。[1] 而哈夫曼（Hofmann，2005）从

---

① Timme S G, Williams – Timme C. The real cost of holding inventory［J］. Supply Chain Management Review，2003，7（4）：30 –37.

公司角度解释供应链金融是公司内部与外部服务提供者利用金融手段控制资金流动和使用，进而实现共同价值的方式。[1] 张成（Zhang cheng，2016）认为线上供应链是帮助金融机构解决"麦克米伦缺口"的创新性金融产品，分析了线上供应链的分解模式和应用流程，以博弈演化理论分析多方之间存在的均衡点及其稳定性，有效抑制非对称信息状态[2]。随着供应链金融方案的落地与升级，供应链金融对融资约束存在一定影响能力，并可以纾解企业融资难且贵等现象（Caniato F，2016）。潘（Pan A.，2020）等通过分析证明了供应链金融可以改善企业的现金持有能力，通过链条传递企业之间的交易更加密切，资产的持有情况更加明确清晰。[3]

相较于国外研究，国内学者更多集中于以核心企业为主的供应链金融模式研究。熊熊（2009）等人指出金融机构将信用或资金注入供应链金融中，保证链条中的上游、核心、下游企业实现"供—产—销"的循环流转是构建供应链金融的主要目的，提升企业核心竞争，保证实体经济与投入资本之间稳健的契合关系。牟伟明（2016）从供应链的业务模式角度阐明供应链金融是基于整个链条内部的交易结构和信用机制，主要依赖于自偿性贸易融资的一种信贷模式，即主要是对链上的企业提供一揽子融资服务的一种模式。宋华（2018）指出供应链金融是基于供应链管理活动，在供应链运作过程中利用对供应链"四流"的整体考量，为融资方提供资金需求设计方案的一系列综合性金融服务。屈伸（2022）等从产业链视角分析供应链金融机制对实体经济的影响作用，利用产业政策对金融机构信贷融资优势，验证了供应链金融有助于产品销售，有效降低企业积压的存货。

二、供应链金融信用风险相关研究

从供应链金融信用风险角度而言，相关研究集中于分析资产、成本、利

---

① Hofmann E. Supply Chain Finance：some conceptual insights［J］. 2005.
② Zhang Cheng. Research on Risks of SME On-line Confirming Storage Based on Evolutionary Game Theory and Subjective Bayesian Method［C］.//2016 全国博士后学术论坛论文集. 2015：13 - 28.
③ Ailing Pan, Lei Xu, Bin Li, Runze Ling. The impact of supply chain finance on firm cash holdings：Evidence from China［J］. Pacific - Basin Finance Journal，2020，63.

润分配等对信用风险的影响与制约，由此划分了不同的风险水平，并分析相应的识别与控制体系。从仓储运输角度考虑，伍特克（David A. Wuttke，2013）等建立供应链金融管理的理论框架，将其划分为装运前阶段和转运后阶段，比较了二者之间存在不同的风险水平和管控能力①能力。以金融机构为主的供应链金融模式下，链条中企业的融资途径能够得到扩充，从而可以降低融资成本，在一定程度上缓解信用风险（Mingsheng Yang，2013）。史金召（2015）等研究金融机构与 B2B 平台的最优利润分配契约方式，主要借助联合授信和委托授信两种方式研究了供应链金融中的道德风险等问题②风险。供应链金融的本质是有效掌握产业经营模式、行业发展状态、资产使用存储状况、投资决策等多维度要素信息，实现信息动态对称，进而确立信用、控制风险，促进借贷之间资金顺畅流动，宋华（2019）将其比作天平，一侧代表资产情况，另一侧代表融资额度，其中维持天平稳定的杠杆是信用，稳固其运作机理和整合其管理要素的底层固定器是风险识别与控制。

三、数字化发展对供应链金融影响相关研究

当前，数字化的加速发展影响着供应链金融行业的结构性变革与升级，关于数字化发展的影响在国内外逐步展开，越来越多学者集中到研究区块链、金融科技、大数据等对供应链金融的影响领域中。将区块链技术引入能够打破供应链金融现存的信息屏障问题，从而实现增加供应链透明度的效果（Francisco K.，2018）。供应链中各企业可以借助大数据、物联网技术和区块链等数字科技将信息整合到共享平台中以提高信息的流动性和透明度（Templar，2020）。而借助物联网、大数据和区块链等数字技术，供应链合作伙伴将被整合到一个对供应商、买方、金融服务提供商、物流服务提供商、技术提供商都透明并且高效的平台中（Omranetal.，2017），大大提高

① David A. Wuttke, Constantin Blome. Focusing the financial flow of supply chains：An empirical investigation of financial supply chain management ［J］. International journal of production economics，2013，145（2）：773 - 789.

② 史金召，郭菊娥，晏文隽. 在线供应链金融中银行与 B2B 平台的激励契约研究 ［J］. 管理科学，2015，28（5）：79 - 92.

了信息的流动及透明度。

国内研究领域集中于分析数字化与非数字化对供应链金融的影响。邹宗峰（2016）认为运用数字化技术，将可交叉验证的交易数据作为评级依据，实现数据的互联互通，提高融资效率、缓解风险，从而助力融资参与主体建立利益共享风险机制，有效解决中小企业外源性融资难题，降低风险指数。[①] 宋华（2022）提出我国供应链金融发展的关键问题是信任链，可以围绕供应链金融的管理模式和业务领域等搭建与维护，并立足于可信交易链、可信资产链、可信行为链、可信制度链四个维度论述信任对供应链金融的重要性；同时揭示当前发展信任链的关键就是应用并普及数字信用。强调建立供应链数字平台，从前台、中台、后台三个角度满足供应链金融发展的数字需求、市场需要和价值诉求。[②] 彭璐（2022）提出中小企业的数字化转型一定程度上强化供应链的信用价值，提出建立数据中台以及中小企业信用担保体系，将数据作为融资新资产，融合信用链代替中小企业的抵押资产，缓解中小企业信用风险和融资需求。

四、风险评估相关研究

有关风险评估的研究方法涉及颇多，既有针对风险种类、风险水平设计相关评估方法，又有针对识别方法、计量模型设计评估体系。乔普拉（Sunil Chopra，2009）等认为供应链金融业务由于参与的主体较多，在动态的经济市场中其所处环境更复杂，面临的风险也多元化，具体可以分为产品自身的非系统性风险和市场传递的系统性风险。于尔特雷（Nicolas Hurtrez，2010）等肯定了供应链金融业务对提高企业核心竞争力和开拓金融机构贷款业务的积极意义，呼吁参与主体加强联通、提高风险管理，具体表现为金融机构主要利用评定信用等级的方式判断融资企业经营情况，与核心企业、

---

① 邹宗峰，佐思琪，张鹏. 大数据环境下的数据质押供应链融资模式研究 [J]. 科技管理研究，2016，36 (20)：201 - 205 + 233.
② 宋华等. 数字技术如何构建供应链金融网络信任关系 [J]. 管理世界，2022 (3)：182 - 200.

融资企业形成稳固的合作关系，并给予与评定等级相匹配的贷款额度。邓爱民（Aimin Deng，2017）通过分析线上供应链的运行模式和风险识别能力，提出利用大数据等技术建立信用风险评价体系、规范线上供应链金融业务流程的建议。

杨晓叶（2020）采用财务指标、平台信用指标等量化并形成企业的绿色供应链风险评估体系，分别运用 Logit 模型和 BP 神经网络模型比较研究绿色供应链风险评估体系，并得出样本量较少时 Logit 模型更具优越性的结论。刘兢轶（2019）选取企业经营能力、盈利能力、偿债能力、营运能力和核心企业信用情况等指标，降维因子，建立 Logit 模型研究分析其风险评价体系。胡卿汉（2021）以"信任机制下"和"无信任机制下"二者为切入点，研究区块链技术引入前后，利用博弈论方法论证三方主体在保理业务中的信任机制，证明区块链技术在供应链金融中能够优化金融机构的群体决策，解决企业融资困难实现整体效益最大化。杨红雄（2022）建立"数字信用共治—网络嵌入性—供应链金融绩效"的基本理论模型，运用模糊集定性比较分析从融资周期、融资额度、融资可获得性及融资成本 4 个融资维度作为结果变量进行组态分析。

五、文献评述

综上所述，供应链金融发展至今，伴随着供应链合作伙伴对供应链金融信息质量要求的增加，经过从传统模式到数字模式的演变。而数字信息技术的应用逐渐弥补供应链金融在融资和运营等维度的不足，发挥纾解信用风险的效果，进而以低风险获取企业稳定效益、改善经营状况。

传统供应链金融中的信用风险主要源于信息不对称，导致中小企业信息提供不及时、核心企业筑起信息壁垒以及金融机构信息渠道难以获取、信息掌握不全面等问题，继而引发供应链合作伙伴之间逆向选择、道德风险。因此，构建客观合理的供应链金融信用风险评估模型有助于衡量链上各企业内部以及企业之间在物流、信息流、产品流、资金流等方面是否存在风险，并为企业规划风险预警，有效降低由于信用导致的风险损失。在这一方面，已有大量学者针对供应链金融信用风险分别从风险来源、风险衡量、风险评估等角度分析了中小企业融资困难、企业绩效与经营能力、企业风险承受能力等问题。

信息不对称一直是困扰企业发展的难题之一，如果企业开展供应链金融业务时积极引入、研发数字化手段，那么可以实现信息对称传递，纾解信用风险。目前研究大多集中于数字技术优化供应链金融的管理模式和业务板块、数字化发展促中小企业融资等领域，同时从风险评估角度而言，以往学者对财务指标、供应链状况、质押物情况等因素分析研究较广，但缺乏数字指标优化风险的考量。因此，本章分析数字化发展对企业信用风险的影响能力，再进一步分析中将数字化发展指数作为风险衡量指标，构建供应链金融企业新型风险评估模型，以此全面优化供应链金融生态领域的信任环境。

第二节　数字化背景下的业务模式与信用风险分析

一、数字化背景下供应链金融信用风险的特点

现如今，受发展规模、经营状况、所处行业等因素的影响，企业运用数字化的程度也各有差异，形成差别化的供应链金融模式。宋华指出影响这种差异化形成机制主要有二：一是数字化赋能的广度不同，主要体现在数字化供应链的应用范围，如参与主体的应用面、异质程度、层级度；二是数字化赋能的深度不同，主要体现在企业业务模式的转变和数字信息的充实度。因此，数字化环境下供应链金融的信用风险也具有不同特点。

一是数据动态性。在数字化背景下，核心企业的信用可以在多级上下游企业中流转、划分，使其获得信用穿透，提高防范风险的能力，但是确保不同企业数据传递过程中的稳定与安全是值得探索的问题。随着数字化的发展，商业环境呈现更加多样化、多变化的发展趋势，企业风险管理能力由静态向动态转变，动态数据不仅难以有效监管、防控，而且维护企业安全与稳

定也具有一定难度。

二是风险关联性。在数字化背景下，供应链运营和金融各环节、各主体相互之间能够相互印证、相互校核，虽然一定程度上加快企业间经营管理效率，但是一家企业发生信用风险，会较传统模式下对上下游企业、核心企业、金融机构的影响更为深远，特别是数字化环境下要达到保证实物资产与票据资产之间的对应更具挑战。

三是主体共识性。一方面，不同企业之间在数字化环境中覆盖广泛模式、纵深多维度的情况下，较难以形成众多异构的技术、数字体系的技术共识和一致、协同发展的产业和金融活动的商务共识。另一方面，数字背景下需要构建可信资产池、可信数据池等，平衡核心企业、上下游企业的数据交互和隐私同样也面临共识问题。

二、数字化背景下供应链金融风险识别机制

(一) 区块链技术赋能供应链金融风险识别机制

搭建以区块链技术为依托的数字化供应链金融平台是未来发展之大势。区块链主要利用底层逻辑层和外部应用层赋能于供应链金融。前者是后者的基础，后者则主要借助智能合约系统和资产监控系统影响供应链金融的运作，区块链技术的不可篡改、时间戳等特性能够溯源企业资产并监控资金的使用情况。区块链技术对供应链金融风险的影响主要体现在以下方面：

保证供应链信息的透明和共享，控制虚假信息传递的风险。依托区块链的分布式账簿、共识机制建立基于区块链的供应链金融体系，从而链上所有企业信息均需通过区块链各节点共同确认。在多方确认的前提下，任何一方都无法借机编造、传递虚假信息，保证了供应链上的交易信息的准确性和透明度。区块链的去中心化的结构可以同步存储企业信息，避免参与主体主观篡改数据、丢失数据的风险，保证了供应链交易信息的共享性。

依托区块链技术建立供应链金融授信系统，促使供应链金融模块化、平台化转型升级，授信平台可以依据中小企业的汇票等资产信息向核心企业或

金融机构发起授信邀约，经区块链中共识层核验信息准确性，并以此为信用依据开展供应链中的往来交易以及金融机构的融资贷款。

动态监控资产信息，控制贷前贷后风险。融资企业以质押物融资时，区块链智能合约技术可实时监控和评估质押物，有效防范贷前质押物价值不对等的风险。企业获得融资款项后，金融机构利用共识层确认融资信息，动态监管融资后企业的资金去向与使用情况，并自动调整融资额度。如果发生异常信息，资产监控系统通过共识网络及时反馈到智能合约系统中，协助金融机构对融资企业的调查。

拓宽核心企业信用辐射，加强企业风险监管能力。数据在区块链上能够实现无法篡改和全程可溯的效果，核心企业利用这一特性，可以拆分传导上下游中小企业的融资需求和资产信息，同时区块链技术的应用可以使商业承兑汇票、银行承兑汇票的分割成为可能。于上下游中小企业而言，可以更高效、便捷地向金融机构发起融资、获得资金；于金融机构而言，智能合约系统的动态监控有效制约融资企业的违约风险，减少金融机构的成本损失；从而拓宽核心企业的信用辐射维度、加深了链上企业的关系依赖程度，有效制约企业信用风险的发生。

（二）人工智能赋能供应链金融风险识别机制

人工智能赋能供应链金融的方式更多应用于底层技术。首先，利用大数据搜集供应链上参与主体的信息，整合资金流、物流、信息流，形成数据基础。其次，利用人工智能识别、评估信息的可靠性，有效分析融资企业的经营情况、融资需求等，以提高供应链金融业务。

甄别风险因素，控制潜在风险。人工智能技术可分析比对大数据挖掘的信息，剔除无关信息、劣质信息，划分信息等级，利用企业数据等级充分挖掘风险因素，帮助数字化供应链金融平台有效甄别风险信息，强化供应链金融平台的风险控制力，有效规避融资企业违约概率的发生，提高金融机构对融资企业的认可程度。

降低供应链金融运营成本，控制成本风险。一方面利用人工智能技术甄别信息、传递信息、控制信息，协助金融机构对融资企业的评估工作，提高核心企业对中小企业的授信能力，可以减少大量人力物力的成本损耗，降低金融运营成本的风险。另一方面人工智能的动态反馈可以追踪资金流、物流、信息流的传递渠道和使用情况，有效制约企业违约风险，控制高成本对企业经营状况的损失。

（三）其他模式赋能供应链金融风险识别机制

数字化赋能除了广泛应用区块链和人工智能技术外，大数据技术的目标定位和物联网技术的实物资产与单证的对应等也为识别供应链风险提供机遇与可能。

缓解信息不对称问题，打破信息壁垒风险。供应链金融可以结合物联网技术，将企业现实经营活动中的实体货物、资产、物流信息等进行线上化加工处理，使流动资产数字化，从而转化为企业的数字资产，传递至区块链中的智能合约系统，有效缓解信息不对称引发的信息壁垒风险，为信贷审核的接入和数字化供应链金融的平台化奠定基础。

提高供应链金融运转效率，保障资产安全。供应链金融可以利用数字化技术升级传统模式，缓解传统动产质押的风险控制约束。企业抵押资产突破约束能够提高商业银行贷前审查和贷后管理工作的效率。既能减少传统模式的复杂人力物力成本又能保证信息的准确性、高效性，提高金融机构对融资企业的信用评估的方便快捷性和安全可靠性。提高资产属性，提升银行效率。

三、数字化背景下 EA 供应链金融业务模式与信用风险分析

（一）案例介绍

EA 集团成立于 1997 年，总部位于深圳，是中国第一家上市的供应链公司。EA 供应链金融是以扁平化、共享化、去中心化的 1 + n 供应链平台为载体，以品牌运营、产业运营为核心，打造多元化服务，完善供应链金融生态圈，提升客户核心竞争力的整合型商务服务平台。其中，2020 年业务量近1000 亿元，2021 年实现营业收入约 702.08 亿元。

当前，数字化技术能够发挥弥补传统供应链金融业务的不足、纾解企业信用风险的作用，以区块链为首的金融科技作为技术支撑，供应链上的各级企业的信息流、物流和资金流信息有效整合，同时，依靠分布式算法保障了供应链企业的信息安全，降低金融机构风控难度。多方在线协同工作提高金融机构放款效率、核心企业的授信审批效率和融资企业的还款效率。

（二）互联网营销服务模式的风险识别与分析

EA 以"科技 + 产业 + 生态"为核心，构建数字经济生态，整合全方位、全领域的资源，为上下游企业提供全方位的数字化运营与营销服务，如图 10 - 1 所示。第一，拓展品牌的多重销售渠道。以淘宝、京东等为公链平台发展线，社交、小程序为私链平台发展线，构建全链式综合化销售矩阵。第二，主打以市场导向为主的营销服务。根据品牌市场需求和产品策略，依托电商策略、媒体投放、内容运营、大数据营销等手段，挖掘潜在客户，稳固销售流量。第三，搭建数字化运营体系。融合 MCN、代理机构等资源，整合跨平台合作数据，以流量共享、数据资产驱动上下游企业实现销售裂变。第四，构建多元化物流服务平台，EA 打造的 380 物流服务平台从采购、生产、销售等多环节为上下游企业提供全方位的物流服务，结合其他营销模式，有效降低供应链运营的成本，改善用户的消费体验模式，全面提升供应链金融服务的效率。

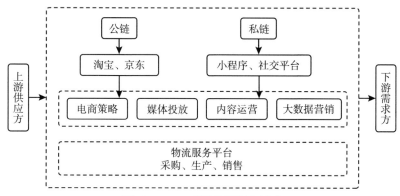

图 10 - 1　互联网营销服务模式

资料来源：根据 EA 官网整理。

由此观之，EA 利用互联网营销有效缓解供应链上企业之间信息不对称的问题，稳固核心企业的生产能力和融资企业的销售能力。搭建 380 物流平台，采取智能合约技术实时监控，解决存货、产品等自身损失的风险以及内部人员与融资企业虚假交易的风险。

（三）企业数字化服务模式的风险识别与分析

围绕核心企业及上下游，打造企业协同智能供应链，以咨询、服务、系统为主承接企业办公自动化、订单管理、仓储配送、财务核算、互联网＋、移动应用全方位的供应链信息化服务，细分市场领域，分别从贸易商、制造商、供应商、消费者等多角度优化供应链金融服务，提升供应链效率，降低运营成本，提升核心竞争力，如图 10 - 2 所示。

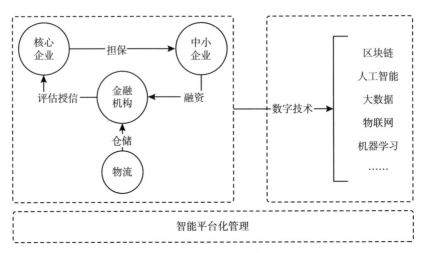

图 10 - 2　企业数字化模式

资料来源：根据 EA 官网整理。

第一，平台化运营项目管理。梳理目标企业的商务、业务流程，将形成的单据流、资金流、信息流整合到数字化平台中，从而发挥升级财务管理、控制仓储配送成本、诊脉流通行业经营的作用。第二，信息化工具助力企业发展。利用区块链、大数据、机器学习等技术对业务进行流程化、单据化处理，实现流程可控化、成本费用能效化、进销存管理化。第三，利用数据分析技术挖掘市场发展前景、目标客户需求，发现企业痛点与细分市场的营销重点，提升企业运维能力。

由此观之，EA 提供的企业数字化服务从成本治理层面减少企业违约风险的发生概率，对应收账款融资、预付账款融资的供应链金融交易形态实行流程化的平台管理，有效追踪款项的使用去向及情况。同时，应用数字技术定位产品细分市场，把控企业营销难点与痛点，解决以存货为主的抵质押物的风险问题。

第三节　数字化对企业信用风险影响实证分析

一、研究假设

根据前述研究，企业注重与金融机构合作和创新的基础上，广泛升级与应用数字化技术，有效提高效率、降低成本，向多元化的融资渠道发展。数字化赋能供应链金融，不仅可以延续应收账款、存货、预付账款等融资模式，还可以发展应用数据质押融资模式，而云计算、大数据以及平台技术的深度运用也为其提供了完备的技术环境。数字化赋能供应链金融可以实现供应链协同发展，将不同的企业和产业链各个环节打通，实现供应链上下游之间的资金流转和信息共享。这将带来更高效的供应链运作和更多的商业机会。

从企业技术创新角度来看，数字化发展可以有效改善企业的经营困境，缓解企业风险。张培和赵世豪（2022）研究表明，企业的信用风险随创新产出的提高而降低。数字化发展可以在一定程度上解决企业技术创新效率低和技术创新能力不足等问题，同时可以升级企业的消费结构，提高市场需求度。一方面，可以增长企业可持续性经济收益，提高生产效率，降低信用风险；另一方面，稳固投资者的长期信心，增加企业的良好声誉，降低其信用风险。

从信息披露透明度角度来看，企业积极发展数字化手段可以改善信息不对称问题。池仁勇（2020）研究指出，在成本可控的前提下，数字化发展有助于企业构建信息库平台，不仅有效分析合作企业经营能力、偿债能力等财务情况，还可以收集主要管理者个人征信等"软信息"。数字技术搭建的平台化管理可为使用者提供全方位的信息，提高决策可信度，在一定程度上降低了逆向选择和道德风险的发生概率（Gomber et al.，2018）。因此，企业发展数字化经营能力能够在当前信息披露度较高的市场环境下站稳脚跟，自觉增强履约意识，减少欺诈行为，降低信用风险。

从监管角度而言，数字化技术的发展不仅完善企业内部控制机制，而且能够依赖供应链金融搭建多维度信息监管体系。利用数字化技术搭建企业风险管理框架，实时监控企业风险动态，可以有效地预测企业发生违约和逆向选择的概率。

综上所述，本章提出如下假设。

H1：数字化发展能够有效降低供应链金融企业信用风险水平。

同时，考虑到供应链金融运作模式不再是单个主体参与到市场活动中，而是各主体之间共同联系，这就不可避免会产生风险传递与转移的问题（陈湘州，2021），可能加剧中小企业原本的风险，无法达到控制中小企业信用风险的效果。宋华（2018）认为如果不加强供应链的金融监管与风险防控，则链内各主体之间容易互相勾结，存在合谋欺诈的动机，加剧信用风险。同时，对于中小企业而言，研发数字技术需要耗费高昂的成本，可能会增加企业的负债，影响正常经营活动，从而引发违约风险等。由此分析，本章提出 H1 的备择假设：

H2：数字化发展加剧供应链金融企业的信用风险。

二、样本选取与来源

本章选取同花顺中供应链金融概念股板块 53 家上市公司 2011～2021 年的数据作为实证分析的研究对象。其中数字化发展指数源于巨潮资讯网各企业年报,利用 python 文本挖掘建立指标,后文作详细介绍。其他数据源于锐思数据库。

同时,为了提高结果的准确性,对原始数据进行以下处理:①剔除缺失的样本,最终得出 293 个观测值。②数据受量纲的影响会存在异常值,因此将数据进行了标准化处理,操作公式如下:

$$Z = \frac{A - A_{MIN}}{A_{MAX} - A_{MIN}} \tag{10-1}$$

三、构建数字化发展指数

(一) 数字化发展指数的选取原则

第一,全面性原则。构建数字化发展指数不仅需要考虑企业数字化发展现状,还要结合数字化创新发展与供应链金融紧密联系的金融业态,比如区块链、人工智能、大数据等。

第二,科学性原则。构建数字化发展指数应当参考学者构建方法,在理论支撑的基础上适度创新。

第三,实用性原则。构建数字化发展指数能够作为定量分析的依据,全面分析数字化发展能力对供应链金融的影响。

(二) 数字化发展指数的构建方法

目前,构建数字化发展等创新指标的方法有:一是来自北大数字金融普惠指数;二是企业年度申请的专利数、科学技术成果数占比;三是对企业信息文本挖掘创建指标。

本章主要利用文本挖掘法构建数字化发展指标。参照学者研究,王丽坤等(2002)表示文本挖掘以大量无结构的文本作为研究对象,采取定量的方法,从文本数据中整合有价值的、可利用的信息。文本信息是对传统财务报表等数字信息的解释与补充,具有更多的信息增量(谢德仁和林乐,2015)。年报中,除数据化的财务指标外,非数据化的文字信息也能在一定程度上反映企业的发展状况和经营状况。文本挖掘可以从企业的财务信息角度研究信息披露质量和信用情况，帮助金融机构评估公司价值（许启发，2022）。将文本内容转化为具有分析性的指标数据可以降低投资者信息理解难度，有利于缓解投资者与公司之间的信息不对称。因此，本章主要选取了与企业数字化发展相关的文本内容创建原始词库（肖土盛等，2022；吴非等，2021），关键词库如表10-1所示。

表10-1　　　　　　　　企业数字化发展关键词词库

维度	关键词
支付手段	线上支付，智能化，多渠道，移动支付，数字化支付，第三方支付，供应链支付
营销方式	电子商务，营销平台，互联网营销，线上商务，新零售，数字化营销，数字化平台，网络营销，现代零售，网上交易，电子交易，终端，电商，智能营销
借贷融资	数字信誉，信用授信，智能供应链，信用共享，共享信息，数据安全，智能风控，信用，声誉，信用风控
信用模式	网贷，网络贷款，供应链融资，票据贴现，信用融资，商业保理
技术支持	金融科技，科技金融，高新科技，高新技术，大数据，云技术，区块链，人工智能，机器学习，5G，O2O，交互数据

利用 python 的 jieba 包编写文本分类和词频统计代码，详细代码见附录。其中，原始词库主要从支付手段、营销方式、借贷融资、信用模式、技术支持、经营理念各维度创建（沈悦、郭品，2015；汪可和吴青，2017；刘园和郑忪阳，2018）。

提取关键词后，借助 tf-idf 算法对关键词做词频统计分析，TF（Term Frequency）代表词频，IDF（Inverse Document Frequency）代表逆文本频率指数，参考公式（10-2）至式（10-4）。其中 n(m，n) 代表关键词 tm 在文件 dn 中出现的次数，而式中分母代表 dn 文件中所有词出现次数之和；式（10-3）中 |D| 代表语料库中的文件总数，分母代表包含词语的文件数目。

$$TF_{m,n} = \frac{n_{m,n}}{\sum_k n_{k,n}} \qquad (10-2)$$

$$IDF_m = \log \frac{|D|}{1 + |\{n : t_m \in d_n\}|} \tag{10-3}$$

$$TF - IDF_{m,n} = TF_{m,n} \times IDF_m \tag{10-4}$$

除此之外，因子分析法是数字化发展指数构建的另一种方法，利用降维思想计算互不相关的指标来反映所有原始信息，根据各因子比重计算因子综合得分。主要利用 spss26 操作，参考数学模型公式（10-5）。

$$X_n = \alpha_{n1}M_1 + \alpha_{n2}M_2 + \alpha_{n3}M_3 + \cdots + \alpha_{nj}M_j + \varepsilon_j, \ j = 1, 2, \cdots, n \tag{10-5}$$

四、合成数字化发展指数

本章以 2011~2021 年供应链金融概念股板块上市公司的年报文本为研究对象，基于文本挖掘和主成分分析方法解析年报可读性，通过回归分析等模型来检验数字化发展指数对供应链金融风险的影响机制。

首先，将统计的词频结果标准化处理后，利用 KMO 和巴特利特球形检验确定原始数据是否满足因子分析的条件。通常情况下 KMO < 0.5 不适合做因子分析，0.5 < KMO < 0.7 比较适合，0.7 < KMO < 0.9 适合，KMO > 0.9 非常适合。检验结果显示见表 10-2，KMO = 0.739，p = 0.000，即小于 0.05，拒绝原假设，说明选取的数据适合做因子分析。

表 10-2 　　　　　　　　　KMO 和巴特利特检验

KMO 取样适切性量数		0.739
巴特利特球形度检验	近似卡方	2960.031
	自由度	190
	显著性	0

其次，舍弃特征值小于 1 的公因子，计算因子得分。总方差解释结果显示特征值比 1 大的公因子见表 10-3，累计总方差解释为 66.15%，大于 60%，可以较好地反映原始信息。碎石图（见图 10-3）也同样验证该检验

的公共因子个数为 8。随后，以最大方差法旋转因子，获取因子得分系数表。最后，生成数字化发展指数。

表 10 – 3　　　　　　　　　　　总方差解释

成分	初始特征值			提取载荷平方和			旋转载荷平方和		
	总计	方差百分比（%）	累积（%）	总计	方差百分比（%）	累积（%）	总计	方差百分比（%）	累积（%）
1	4.057	20.287	20.287	4.057	20.287	20.287	3.115	15.575	15.575
2	1.931	9.655	29.942	1.931	9.655	29.942	1.855	9.274	24.849
3	1.557	7.786	37.728	1.557	7.786	37.728	1.558	7.789	32.638
4	1.303	6.515	44.243	1.303	6.515	44.243	1.542	7.709	40.347
5	1.202	6.011	50.253	1.202	6.011	50.253	1.483	7.416	47.763
6	1.12	5.602	55.856	1.12	5.602	55.856	1.327	6.634	54.397
7	1.057	5.284	61.14	1.057	5.284	61.14	1.236	6.179	60.576
8	1.002	5.01	66.15	1.002	5.01	66.15	1.115	5.574	66.15
9	0.923	4.616	70.766						
10	0.82	4.098	74.864						
11	0.742	3.708	78.572						
12	0.661	3.304	81.875						
13	0.644	3.222	85.098						
14	0.612	3.062	88.16						
15	0.573	2.864	91.024						
16	0.505	2.525	93.549						
17	0.451	2.254	95.803						
18	0.344	1.718	97.521						
19	0.284	1.422	98.942						
20	0.212	1.058	100						

提取方法：主成分分析法。

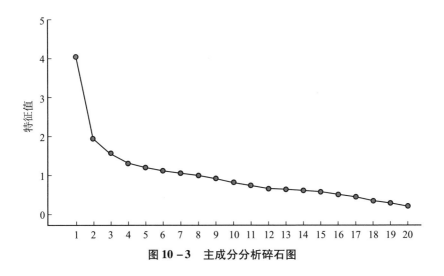

图 10 – 3 主成分分析碎石图

根据总方差贡献率生成数字化发展与公因子的线性函数式（10 – 6），确定因子综合得分的权重，并把因子综合得分进行归一化无量纲处理，最终合成数字化发展指数。

$$F = 15.575 \times FAC1\_1 + 9.274 \times FAC2\_1 + 7.789 \times FAC3\_1$$
$$+ 7.709 \times FAC4\_1 + 7.416 \times FAC5\_1 + 6.634 \times FAC6\_1$$
$$+ 6.179 \times FAC7\_1 + 5.574 \times FAC8\_1 \qquad (10 – 6)$$

表 10 – 4 为 6 家样本公司的数字化发展指数。可见，自 2011 年以来，供应链金融领域立足于探索数字技术、金融科技的融合发展，这与我国数字经济的发展趋势基本一致。从时间上来看，图示企业的数字技术发展能力均在 2014 年、2015 年实现第一个小高峰，主要原因是国家政策大力扶持发展数字金融，自 2017 年以来，比特币等高风险资产的广泛应用推动金融科技的快速发展，形成数字化资产，2019 年的数字技术发展达到一个小高峰，而后在 2020 年，受到疫情冲击的影响，国内整体的经济环境面临挑战，因此数字化发展的应用均有缓慢下降的趋势。

表 10 - 4　　　　　　　　　　　部分企业数字化发展指数

year	Code	Z-data	year	Code	Z-data	year	Code	Z-data
2011	000676	- 0. 37292	2011	002279	- 0. 45243	2011	002404	- 0. 21215
2012	000676	- 0. 3366	2012	002279	- 0. 60706	2012	002404	- 0. 17959
2013	000676	- 0. 21364	2013	002279	- 0. 44134	2013	002404	- 0. 29923
2014	000676	- 0. 05684	2014	002279	- 0. 39147	2014	002404	- 0. 25879
2015	000676	0. 028384	2015	002279	0. 71393	2015	002404	0. 08912
2016	000676	0. 291625	2016	002279	0. 101432	2016	002404	0. 23291
2017	000676	1. 134645	2017	002279	0. 930865	2017	002404	0. 13515
2018	000676	0. 644175	2018	002279	0. 837178	2018	002404	0. 043579
2019	000676	3. 209816	2019	002279	0. 985005	2019	002404	0. 294062
2020	000676	1. 944984	2020	002279	0. 82653	2020	002404	0. 936757
2021	000676	3. 259049	2021	002279	- 0. 02383	2021	002404	0. 577129
2011	002183	- 0. 34362	2011	002388	- 0. 15513	2011	300226	- 0. 21647
2012	002183	0. 069311	2012	002388	- 0. 34783	2012	300226	- 0. 333
2013	002183	0. 298054	2013	002388	- 0. 40363	2013	300226	- 0. 2077
2014	002183	1. 49555	2014	002388	- 0. 36743	2014	300226	0. 152951
2015	002183	1. 849667	2015	002388	0. 218668	2015	300226	0. 24106
2016	002183	1. 96482	2016	002388	0. 015258	2016	300226	0. 390056
2017	002183	0. 543552	2017	002388	- 0. 02048	2017	300226	- 0. 07432
2018	002183	0. 479293	2018	002388	0. 248407	2018	300226	2. 454295
2019	002183	1. 32774	2019	002388	0. 31906	2019	300226	0. 35061
2020	002183	1. 124485	2020	002388	0. 66791	2020	300226	1. 026977
2021	002183	1. 093911	2021	002388	0. 196083	2021	300226	1. 313263

五、变量选择

参照学者于富生（2008）、郭吉涛（2021）度量风险的做法，以 Altman -
Z 值模型（10 - 7）作为被解释变量企业信用风险水平的度量方法。通常 Z
值越小，企业濒临破产的风险越大，反之 Z 越大，风险越小。解释变量为数字化发展能力。各变量的名称及含义如表 10 − 5 所示。

表 10 − 5   变量名称及含义

变量类型	变量符号	变量名称	变量含义
被解释变量	Z	信用风险水平	$Z = 1.2P_1 + 1.4P_2 + 3.3P_3 + 0.6P_4 + 0.999P_5$
解释变量	Data	数字化发展指数	由文本挖掘、因子分析生成
控制变量	Lev	资产负债率	负债合计/资产合计
	Currt	流动比率	流动资产/流动负债
	lnb	经营时间	Ln（观测时间 − 成立时间）
	OpeprTOR	利润率	营业利润/营业总收入
	Grt	利润总额增长率	（本期利润总额 − 上期利润总额）/上期利润总额
	Grn	净利润增长率	（本期净利润 − 上期净利润）/上期净利润
	lnn	管理层人数	Ln（管理层人数）
	C5	客户集中度	Ln（前五大客户占比）
	S5	供应商集中度	Ln（前五大供应商占比）
	Tpay	薪酬总额	Ln（薪酬总额）

$$Z = 1.2P_1 + 1.4P_2 + 3.3P_3 + 0.6P_4 + 0.999P_5 \qquad (10-7)$$

其中，$P_1 = \dfrac{营运资金}{总资产}$；$P_2 = \dfrac{留存收益}{总资产}$；$P_3 = \dfrac{EBIT}{总资产}$；$P_4 = \dfrac{权益的市场价值}{总负债的账面价值}$；

$P_5 = \dfrac{营业收入}{总资产}$。

六、模型设计

借鉴王如愿（2022）、袁瑞英（2014）等的相关研究，本章利用阿特曼 Z 值代表企业的信用风险水平，分析数字化对风险的影响能力，具体公式如式（10 − 8）所示：

$$Z_{nt} = \alpha_0 + \alpha_1 Data + \alpha_2 Lev + \alpha_3 Currt + \alpha_4 lnb + \alpha_5 OpeprTOR + \alpha_6 Grt$$
$$+ \alpha_7 Grn + \alpha_8 lnn + \alpha_9 C5 + \alpha_{10} S5 + \alpha_{11} Tpay + \delta_t + \varepsilon_{nt} \qquad (10-8)$$

其中被解释变量 Z 值越高代表违约风险越低，反之越高；解释变量 Data 为企业数字化发展指数，同时选取 Lev（资产负债率）、TotaT（总资产周转率）、Currt（流动比率）、lnb（经营时间）、OpeprTOR（营业利润率）、Grt（利润总额增长率）、Grn（净利润增长率）、lnn（管理层人数）、C5（客户集中度）、S5（供应商集中度）、Tpay（薪酬总额）为控制变量。δ_t 为时间固定效应，考虑时间影响，做回归分析同时考虑固定效应与随机效应的估计结果。

七、实证分析与检验

（一）描述性统计分析

如表 10 - 6 所示，不同企业的信用风险水平不尽相同，标准差较高，说明供应链金融领域里，不同类型企业仍存在许多风险上的差异。同时，数字化发展指数无量纲指标的最小值为 - 7.094、最大值 4.923，二者差异较大，可以看出从 2011 ~ 2021 年企业不断发展数字化技术的，从原有低水平向高质量迈进。而作为控制变量的数据都显示出较大的标准差，具有较大的不稳定性，因此，将其纳入考量范围后有助于回归结果更加准确、可靠。

表 10 - 6　　　　　　　　　　　　描述统计

变量	N	最小值	最大值	均值	标准偏差
z	471	- 10.716	58.805	6.374	2.361
Z-data	520	- 7.094	4.923	0.022	1.027
lev	520	0.025	1.957	0.502	0.243
lnb	520	1.609	3.761	2.848	0.341
TotaT	520	0	12.373	0.988	1.282
Currt	520	0	15.883	2.127	1.981
OpeprTOR	520	- 96.349	47.924	3.587	9.099
Grt	520	- 66.637	39.438	- 0.440	7.453

续表

变量	N	最小值	最大值	均值	标准偏差
Grn	520	-40.65	20.05	-0.433	2.969
lnn	488	1.792	3.466	2.671	0.236
TPay	490	13.832	17.053	15.233	0.689
C5	324	-2.303	4.578	3.040	1.078
S5	319	1.089	4.576	3.366	0.643
有效个案数	293				

（二）数字化发展对信用风险影响的回归分析

然后，再分析数字化发展对信用风险的影响。

根据模型摘要表（见表 10-7）可以得出，调整后的 R 方达到 71.5% 以上，说明拟合度较好，德宾沃森为 1.336，接近于 2，对证明变量之间不存在自相关具有一定解释意义。根据 ANOVA 表（见表 10-8）中得知，加入相关控制变量后 F 值为 57.399，显著性为 0.00，小于 0.05，说明选取的解释变量和控制变量对企业的信用风险水平有显著性影响。

表 10-7　　　　　　　　　　模型摘要

模型	R	R 方	调整后 R 方	标准误	R 方变化量	F 变化量	显著性 F 变化量	德宾-沃森
1	0.015[a]	0	-0.003	6.71704	0	0.065	0.799	
2	0.853[b]	0.728	0.715	3.57907	0.728	62.164	0	1.336

表 10-8　　　　　　　　　　ANOVA

模型		平方和	自由度	均方	F	显著性
1	回归	2.94	1	2.94	0.065	0.799[b]
	残差	13130	291	45.119		
	总计	13132	292			

续表

模型		平方和	自由度	均方	F	显著性
2	回归	9558.5	13	735.272	57.399	.000ᶜ
	残差	3573.9	279	12.81		
	总计	13132	292			

随后，在回归系数表（见表10-9）中数字化发展指数的显著性为0.001，系数为0.585，标准化后为0.108，说明在99%的置信水平下，信用风险水平与数字化发展能力呈显著正相关关系，同时所有变量的VIF值均小于5，一般情况下VIF值小于10即可说明不存在多重共线性问题。在其他因素不变的情况下，企业数字化发展水平每上涨一个标准差，企业的风险水平则降低 $0.585 \times 1.03 = 0.60$，该增加量占企业风险水平平均值的9.84%（0.585/6.37）。由分析结果可知，企业的数字化技术发展的越好，Z值越高，即代表企业的信用风险越低；反之，数字化水平低的企业形成Z值小，相应的产生的信用风险较高。

表 10-9   数字化对企业信用风险影响回归结果[a]

模型	未标准化系数		标准化	t	显著性	B 的 95.0% 置信区间		共线性统计	
	B	标准误	Beta			下限	上限	容差	VIF
（常量）	4.94	0.395		12.502	0	4.162	5.717		
Z-data	0.081	0.318	0.015	0.255	0.799	-0.545	0.707	1	1
（常量）	12.412	3.914		3.171	0.002	4.706	20.117		
Z-data	0.585	0.174	0.108	3.363	0.001	0.243	0.928	0.949	1.054
lev	-1.528	1.329	-0.052	-1.15	0.251	-4.143	1.088	0.48	2.084
lnb	-2.376	0.807	-0.101	-2.944	0.004	-3.965	-0.788	0.829	1.207
Currt	3.407	0.194	0.781	17.589	0	3.026	3.788	0.495	2.019
OpeprTOR	0.008	0.009	0.032	0.92	0.358	-0.009	0.026	0.796	1.256
grt	0.021	0.095	0.015	0.223	0.823	-0.165	0.208	0.217	4.617

续表

模型	未标准化系数		标准化	t	显著性	B 的95.0%置信区间		共线性统计	
	B	标准误	Beta			下限	上限	容差	VIF
grn	0.005	0.071	0.004	0.066	0.948	-0.135	0.144	0.215	4.658
lnn	-1.822	1.003	-0.064	-1.816	0.07	-3.796	0.153	0.793	1.261
C5	-0.004	0.01	-0.013	-0.395	0.693	-0.024	0.016	0.842	1.187
S5	-0.042	0.011	-0.132	-3.836	0	-0.064	-0.021	0.83	1.205
TPay	0.002	0	0.021	0.584	0.56	0	0	0.772	1.295

注：a. 因变量：z。

在此基础上进一步分析，固定时间对回归模型的影响，由于 hausman
检验的 F 值为 0.27，更适合混合效应；但根据胡在勇（2019）对回归估
计结果稳健性的考虑，本章同时提供固定效应和随机效应的回归结果。如
表 10-10 所示，利用 stata 进行模型回归，fe 结果代表固定效应，re 结果
代表随机效应，在其他条件不变的情况下，数字化发展水平对企业的 Z 值
均存在显著正向相关，且影响程度分别为 0.573 和 0.592，与上述回归系
数值差距不大，同时 R^2 达到 0.71 表明拟合情况合适，这与原基准回归结
果一致。

表 10-10　　数字化对企业信用风险影响固定效应与随机效应回归结果

变量	fe	re
Zdata	0.573 ** (3.28)	0.592 *** (3.4)
lev	-1.756 (-1.29)	-1.407 (-1.05)
lnb	-1.916 * (-2.19)	-2.214 ** (-2.67)
Currt	3.340 *** (16.67)	3.408 *** (17.58)

续表

变量	fe	re
OpeprTOR	0.00699 (0.77)	0.00951 (1.07)
grt	0.0105 (0.11)	0.0249 (0.26)
grn	0.0139 (0.20)	0.00325 (0.05)
lnn	−1.883 (−1.77)	−1.592 (−1.53)
tpay	0.0718 (0.19)	−0.101 (−0.27)
C5	−0.00319 (−0.31)	−0.00485 (−0.47)
S5	−0.0424*** (−3.81)	−0.0439*** (−3.96)
_cons	10.53 (1.81)	13.07* (2.31)
N	293	293
R-sq		0.71

注：$*p<0.05$，$**p<0.01$，$***p<0.001$。

由回归分析得出，数字化发展指数与企业的 Z 值之间呈现显著正相关，即代表数字化发展与企业信用风险水平呈现显著负相关。一般情况下，企业的数字化水平越高，可以有效反映企业的信息披露程度和资产透明度，数据的迭代传递还可以衍生为数字资产，提高企业的风险防御能力的风险，从而可以有效缓解供应链企业之间逆向选择、信息不对称等信用风险问题。这对中小企业的融资与风险防范提供参考方案，中小微企业可以积极开拓数字化资产，积极研发技术，将数字技术转换为资产，并充分利用人工智能、区块链等，使供应链上的企业之间信息更具透明，从而能够较好地获得融资，同时，数字化手段的广泛应用可以让企业的交易、往来、资产可追溯，减少甚至避免企业的违约风险和道德风险。

八、内生性检验与稳健性检验

(一) 内生性检验

通过计算，可得回归结果如表 10 – 11 所示。

表 10 – 11　　　　　　　　两阶段最小二乘法回归结果

变量	result1	result2
Zdata	0.658 ** (3.19)	0.658 ** (3.19)
lev	– 1.437 (– 1.10)	– 1.437 (– 1.10)
lnb	– 2.232 ** (– 2.76)	– 2.232 ** (– 2.76)
Currt	3.410 *** (18.02)	3.410 *** (18.02)
OpeprTOR	0.00959 (1.10)	0.00959 (1.10)
grt	0.0286 (0.31)	0.0286 (0.31)
grn	0.000186 (0.00)	0.000186 (0.00)
lnn	– 1.574 (– 1.55)	– 1.574 (– 1.55)
tpay	– 0.11 (– 0.30)	– 0.11 (– 0.30)
C5	– 0.00451 (– 0.45)	– 0.00451 (– 0.45)

续表

变量	result1	result2
S5	− 0. 0443 *** (− 4. 09)	− 0. 0443 *** (− 4. 09)
_cons	13. 22 * (2. 40)	13. 22 * (2. 40)
N	293	293
R-sq	0. 73	0. 73
adj. R-sq	0. 71	0. 71

注：* p < 0.05，** p < 0.01，*** p < 0.001。

企业的信用风险水平对其经营情况和盈利效率也会产生影响。一般情况下，企业的风险水平较低，其维持生产运营的资金情况稳定，抗风险能力也就较高，在资金经营稳定的条件下更愿意开展数字化转型与升级的工作，从而扩大从金融机构获取融资的机会。

这一影响机制往往会导致存在内生性问题，造成风险水平与数字化发展能力之间存在互相影响关系。基于分析，本文利用滞后一期的数字化指数 ldata 作为工具变量进行内生性检验。

结果如表 10 - 11 所示，第一阶段分析工具变量 ldata 与 data 的回归结果，判断相关关系，ldata 对数字发展能力存在显著正向影响，对第二阶段以风险 Z 值与 ldata、其他控制变量做回归，结果显示 Zdata 与表 10 - 9 和表 10 - 10 回归结果的一致，均为显著正相关。表 10 - 12 的 hausman 检验中 p 为 0.61 大于 0.05，说明企业风险与数字发展能力之间无内生问题。

表 10 - 12 　　　　　　　　　　　**Hausman 检验**

Tests of endogeneity H0：Variables are exogenous		
Durbin（score）chi2（1）	= 0. 2687	（p = 0. 6042）
Wu – Hausman F（1，278）	= 0. 255178	（p = 0. 6139）

为验证模型是否具有稳健性，选择替换变量重新进行回归分析（见表 10 - 13）。首先，李羚锐（2022）、郑佳铭（2012）等提出，利用巴萨利模型能更好测度企业信用风险，计算得分越高，企业信用风险较小，反之，得分越低或为负分，则表明企业信用风险很高。其次，替换控制变量，将 lev、流动比 currt、利润率 OpeprTOR 替换为 ROE、速动比率 Qckrt 和营业利润率 Opeprfrt，巴萨利模型具体计算方法如下：

$$ECR = 企业利润/流动负债 + 税前利润/营运资本 + 股东权益/流动负债$$
$$+ (资产 - 无形资产净值)/负债总额 + 营运资本/总资产$$

表 10 - 13　　　　　　　　　　稳健性检验

变量	testfe	testre
Zdata	0.635 *** (3.77)	0.655 *** (3.9)
ROE	0.00628 (1.01)	0.0074 (1.21)
lnb	- 2.413 ** (- 2.88)	- 2.693 *** (- 3.39)
Qckrt	3.627 *** - 23.17	3.671 *** - 23.77
Opeprfrt	- 0.00053 (- 0.05)	3.8E - 06 (0.00)
grt	0.0359 (0.39)	0.0498 (0.55)
grn	- 0.0216 (- 0.31)	- 0.0311 (- 0.46)
lnn	- 1.232 (- 1.20)	- 0.982 (- 0.98)
tpay	- 0.0966 (- 0.26)	- 0.25 (- 0.70)
C5	- 0.0166 (- 1.68)	- 0.0176 (- 1.79)

续表

变量	testfe	testre
S5	− 0. 0290 ** (− 2. 71)	− 0. 0305 ** (− 2. 86)
_cons	12. 58 * (2. 24)	15. 10 ** (2. 79)
N	293	293
R-sq		0. 73
adj. R-sq		0. 71

注: * p < 0. 05, ** p < 0. 01, *** p < 0. 001。

(二) 稳健性检验

结果显示, 在控制其他不变情况下, 企业的数字化发展能力在 99% 的水平下, 对 ECR 的影响仍然显著正相关, 且固定效应的相关系数 0. 635 和随机效应系数 0. 655 的影响作用趋同, 从而推出企业的数字化水平越高, 企业的信用风险水平越低。这与原解释一致, 证明模型是有稳健性的。

第四节　供应链金融风险评估实证研究

一、样本选取与来源

本章选取同花顺中供应链金融概念股板块 53 家上市公司 2011 ~ 2021 年的数据作为实证分析的研究对象。数据来源 RESSET 数据库, 主要为文本挖掘和因子分析后生成的数字化发展指数以及上市公司年度财务指标、市值、往来数据等, 利用 SPSS26 实证分析。此外, 将数据预处理以保证结果的准确性, 处理方式上, 第一, 剔除缺失数据, 确定 521 个观测数据。第二, 避免量纲影响, 进行标准化数据处理。

二、模型设计

对于企业信用风险评价的模型，学者研究涉猎广泛。不仅有 Logistic 二元回归、KMV 模型，还有 BP 神经网络、支持向量机等。杨晓叶（2020）设计利用 BP 神经网络和 Logistic 两种方法对比分析绿色供应链金融的信用风险评估模型，并认为在观测值较少的情况下，Logistic 更具准确性。本章参考逻辑斯蒂回归的模型，其原理如下，设 n 个独立向量 $x = \{x1, x2, \cdots, xn\}$，其发生的概率 y 为二值型函数，如式（10 - 9），且式（10 - 10）和式（10 - 11）分别代表发生和不发生的概率。在本章中，研究供应链金融的信用风险问题，衡量 Z 值是否 ≥ 1.8 作为 Logistic 的因变量，是为 1，否为 0。

$$y = \begin{cases} 0, & z < 1.8 \\ 1, & z \geq 1.8 \end{cases} \tag{10-9}$$

$$P(y=1 \mid z) = \frac{1}{1 + e^{-g(z)}} \tag{10-10}$$

$$P(y=0 \mid z) = 1 - P(y=0 \mid z) = 1 - \frac{1}{1 + e^{-g(z)}} = \frac{1}{1 + e^{g(z)}} \tag{10-11}$$

三、风险评估指标选取原则

（一）全面性

评价指标是构建评价体系的基础，应当多层次、全方位综合考虑。一方面，针对时间这一纵向维度，指标能够反映企业实际情况与未来发展趋势，另一方面，针对企业这一横向维度，指标应当涵盖融资企业、核心企业、金融机构等数据。

（二）参考性

指标的选取以学者的理论研究为支撑，科学参考、适度创新，定量指标应当来源明确、计算准确，定性指标应当客观合理，二者相互补充。

（三）实用性

指标的选取有益于设计风险评估体系、实际分析风险因子，兼具可行性和实用性，并具有可解释性，保证结果更符合实际模型。

四、确定具体评估指标

供应链金融模式中涉及的参与主体众多，企业类型不一，应当从多角度结合融资企业资金债务情况、经营能力、核心企业资信状况、获利能力等，以及在确定数字化发展能力对企业的信用风险有显著影响的前提下，也应当纳入评估体系中。考虑到链条上企业担任角色的不同，选取的样本中涵盖核心企业、中小企业和金融机构等。因此评价指标的选取主要如下（见表 10 - 14）。

表 10 - 14　　　　　　　　　风险评估的指标

一级指标	二级指标	指标符号	指标含义
供应链金融 发展状况	经营时间	Lnb	Ln（成立时间 - 观测时间）
	客户依赖度	C5	前五大客户集中度
	供应商依赖度	S5	前五大供应商集中度
数字化发展能力	数字化发展指数	DC	利用文本挖掘方法建立指数
企业发展状况	管理能力	num	管理层人数
	领导者能力	Rew3Dir	前三名董事薪酬
		Rew3Exe	前三名高管薪酬
营运能力	产权比率	Dbequrt	负债总额/所有者权益总额
	固定资产周转率	FixT	Ln（销售收入/固定资产净值）
	营运资金周转率	WrkapT	Ln [360/（存货周转天数 + 应收账款周转天数 - 应付账款周转天数 + 预付账款周转天数 - 预收账款周转天数]）

一级指标	二级指标	指标符号	指标含义
盈利能力	资产净利率	ROA	一定时期内的净利润/资产平均总额
	销售毛利率	Gincmrt	（销售收入－销售成本）/销售收入
	销售期间费用率	Pdcostrt	期间费用/销售收入净额
偿债能力	流动比率	Currt	流动资产/流动负债
	经营现金流量比	NOCFCurLia	经营活动现金净流量/现金净流量总额
	现金流动负债比	OpeCcurdb	长期负债/营运资金
	资本化比率	LongDebtRt	有息债务/（有息债务＋所有者权益）
	长期负债与营运资金	Ldbwrkcap	经营净现金流量/非流动负债
	现金比率	CashRt	（现金＋有价证券）/流动负债
质押物状况	应收账款周转率	ART	Ln（赊销金额/应收账款平均余额）
	存货周转率	InvT	Ln（销售成本/平均存货）

（一）供应链金融发展状况

供应链金融发展状况可以细分为经营时间、客户依赖度、供应商依赖度等二级指标。一般而言，企业的经营时间能够从侧面反映其内控能力和发展状况。供应商依赖度反映企业的在供应链金融中的采购能力，从而揭示企业资信情况。客户依赖度的高低可以反映企业间的信任关系，稳固企业竞争力，增强企业黏性。

（二）数字化发展能力与企业发展状况

如前文所述，数字化发展在企业的普及与应用可以在一定程度上降低企业的信用风险。诸如人工智能、区块链、机器学习等技术的加入，可以实现企业间的信息共享，节省企业传递信息的成本。

此外，应当充分考虑企业的发展状况，高层和董事的薪酬能够有效分析企业薪资结构，管理层人数可以识别企业内部控制机制，判断影响经营决策的因素。

（三）营运能力

营运反映出企业管理层的经营管理策略，第一，产权比率借助债权与投资的相对关系反映财务结构的稳健性，一般情况下，投资占比越大营运能力越佳。第二，固定资产周转率解释内部调配闲置资产的管理能力。第三，营运资金周转率分析战略投资模式，反映投资管理效率。

（四）盈利能力

企业持有较好的盈利能力和稳定的流动性，可以为偿还借款提供资金保证。第一，资产净利润率等用于衡量企业资金投入的使用效果，可以有效评估企业的历史绩效，决定着企业的未来价值（邱蓉，2022）。第二，销售毛利率从获取销售收入角度解释企业的盈利能力，销售期间费用率可与毛利率综合比对。

（五）偿债能力

企业的偿债能力直接反映了其偿还借款利息的能力，作为直接评价指标，主要分为短期偿债能力和长期偿债能力。第一，流动比率代表企业短期债务中流动（速动）资产的偿还变现能力。第二，经营现金流量比越高，财务弹性越好，越有能力抵偿流动负债，而且，现金比率是从经营现金流量角度反映企业偿债能力。资本化比率、长期负债与营运资金比率也是影响偿债能力的重要指标。

（六）质押物情况

质押物情况的数量和质量决定企业违约风险发生时金融机构所能获得的直接赔偿能力。通常而言，数量和质量占优的质押物在供应链金融中获取的授信能力多、亏损程度小。一般可以用于质押的资产有应收账款、预付账款和存货，由于预付账款出现较少，因此主要以存货周转率、应收账款周转率反映质押物情况。

五、风险指标主成分分析

（一）描述性分析

各变量的描述性统计结果见表 10 – 15。其中，供应链发展情况中较为稳定，对于盈利能力的二级指标，资产收益率 ROA 仍有 3.93 的标准偏差，说明不同类型企业之间获利能力存在差异；考虑到产权比率和经营现金流量比的影响波动较大对其数据进行预先标准化处理，在偿债能力指标中长期偿债的极差更具明显。上述数据表明各企业之间能够获取融通资金的能力不同，在一定程度上反映企业风险水平不同。

表 10 – 15 描述统计

变量	N	最小值	最大值	均值	标准偏差
lnb	521	1.792	3.761	2.856	0.345
C5	300	– 2.303	4.577	3.040	1.079
S5	299	1.089	4.576	3.366	0.644
DC	521	– 7.134	4.945	0.042	1.045
num	520	2.000	29.000	14.687	3.486
Rew3Dir	517	11.849	17.110	14.357	0.722
Rew3Exe	520	11.184	16.901	14.434	0.694
Dbequrt	521	– 0.590	13.462	0.000	1.000
FixT	511	– 1.115	7.932	2.228	1.695
WrkapT	444	– 3.887	6.361	1.200	1.351
ROA	521	– 59.435	46.980	2.435	3.932
Pdcostrt	520	– 0.833	4.503	2.504	0.869
Gincmrt	519	– 11.661	57.294	21.941	4.239
Currt	520	0.237	54.344	2.378	3.233
NOCFCurLia	487	– 6.465	18.075	0.000	1.000

变量	N	最小值	最大值	均值	标准偏差
OpeCcurdb	520	−0.944	2.568	0.120	0.361
Ldbwrkcap	408	0.000	17.432	0.549	1.356
LongDebtRt	521	0.000	0.687	0.108	0.156
CashRt	520	−1.590	8.424	3.980	1.147
ART	519	−0.855	9.482	2.022	1.337
InvT	502	−4.129	14.491	2.024	1.682

（二）共线性诊断

鉴于每个一级指标下涵盖的二级指标较多，因此对数据先进行共线性诊断，如表 10-16 所示。选择二级指标中 VIF 值均小于 10，容差均大于 0.1，说明指标之间不存在共线性问题，可以进行后续主成分分析和 Logistic 分析。

表 10-16　　　　　　　　　　共线性诊断

变量	容差	VIF
lnb	0.727	1.375
C5	0.573	1.745
S5	0.654	1.530
DC	0.778	1.286
num	0.711	1.406
Rew3Dir	0.250	3.999
Rew3Exe	0.258	3.874
Dbequrt	0.549	1.822
FixT	0.491	2.037
WrkapT	0.241	4.149
ROA	0.615	1.625
Pdcostrt	0.213	4.694

续表

变量	容差	VIF
Gincmrt	0.270	3.703
Currt	0.398	2.513
Ldbwrkcap	0.483	2.070
LongDebtRt	0.692	1.445
NOCFCurLia	0.659	1.518
OpeCcurdb	0.472	2.118
CashRt	0.318	3.148
ART	0.489	2.044
InvT	0.644	1.553

（三）KMO 检验和巴特利特球形检验

本着提高模型准确性的原则，将选取的二级指标进行主成分因子的提取。利用 KMO 和巴特利特球形检验确定各风险因子之间的相关关系与相互独立性。根据前文所述，提取主成分分析的检验前提是满足 KMO > 0.6，p 值 < 0.05。

根据本章选择的各风险指标进行检验，具体结果分析见表 10 – 17，其中 KMO = 0.663，超过 0.6。说明变量做因子分析的效果好，p 值 = 0.000，小于 0.05，说明数据呈现球形分布，由此可以确定各风险因子之间一定程度上满足相互独立，适合主成分分析。

表 10 – 17 　　　　　　　　　KMO 和巴特利特检验

KMO 取样适切性量数		0.663
巴特利特球形度检验	近似卡方	1952.546
	自由度	210
	显著性	0.000

（四）公因子解释程度分析

公因子方差表示提取因子对原风险指标的解释程度，数值越高说明因子的解释程度越高，通常超过 0.5 可认为具有一定解释能力。公因子解释如表 10 - 18 所示，所有指标超过 0.5，风险因子解释程度较好。

表 10 - 18　　　　　　　　　　　公因子方差

变量	初始	提取	变量	初始	提取
lnb	1.000	0.543	Pdcostrt	1.000	0.773
C5	1.000	0.780	Gincmrt	1.000	0.767
S5	1.000	0.684	Currt	1.000	0.648
DC	1.000	0.703	NOCFCurLia	1.000	0.780
num	1.000	0.522	Ldbwrkcap	1.000	0.632
Rew3Dir	1.000	0.817	LongDebtRt	1.000	0.683
Rew3Exe	1.000	0.747	OpeCcurdb	1.000	0.733
Dbequrt	1.000	0.553	CashRt	1.000	0.780
FixT	1.000	0.691	ART	1.000	0.732
WrkapT	1.000	0.748	InvT	1.000	0.558
ROA	1.000	0.643			

注：提取方法：主成分分析法。

（五）提取主成分因子

本章提取主因子的方法依照各风险因子的累计贡献率。按照固定特征值大于 1 总共提取 7 个成分，将其定义为 E1 至 E7，见表 10 - 19。且总贡献率为 68.653%，大于 60%，表明提取主成分能够较好地反映各风险变量。在此基础上，精简原有风险指标，将主成分作为风险评估模型的自变量，并进一步分析各因子对企业风险的影响能力。

表 10 - 19   总方差解释

成分	初始特征值			提取载荷平方和			旋转载荷平方和		
	总计	方差 百分比	累积 （%）	总计	方差 百分比	累积 （%）	总计	方差 百分比	累积 （%）
1	4.776	22.744	22.744	4.776	22.744	22.744	3.062	14.581	14.581
2	2.272	10.821	33.566	2.272	10.821	33.566	2.776	13.221	27.802
3	2.151	10.243	43.809	2.151	10.243	43.809	2.140	10.192	37.994
4	1.392	6.630	50.439	1.392	6.630	50.439	1.878	8.941	46.936
5	1.360	6.474	56.913	1.360	6.474	56.913	1.676	7.981	54.916
6	1.314	6.256	63.169	1.314	6.256	63.169	1.459	6.948	61.864
7	1.152	5.484	68.653	1.152	5.484	68.653	1.426	6.789	68.653
8	0.889	4.232	72.885						
9	0.806	3.839	76.723						
10	0.772	3.675	80.399						
11	0.689	3.280	83.679						
12	0.603	2.871	86.550						
13	0.580	2.762	89.311						
14	0.516	2.456	91.767						
15	0.431	2.052	93.819						
16	0.344	1.637	95.456						
17	0.301	1.431	96.887						
18	0.232	1.103	97.990						
19	0.177	0.842	98.832						
20	0.135	0.645	99.477						
21	0.110	0.523	100.000						

注：提取方法：主成分分析法。

（六）因子得分系数与因子解释

旋转主成分因子的目的是能够更好解释主成分代表原风险因子的能力，确定不同因子之间的不同载荷，旋转结果如表 10 - 20 所示。

表 10 - 20 旋转后的成分矩阵[a]

变量	1	2	3	4	5	6	7
lnb	0.108	0.443	0.092	− 0.230	− 0.092	0.044	− 0.404
C5	0.047	0.048	− 0.044	0.868	− 0.039	− 0.128	− 0.040
S5	0.235	− 0.182	0.268	0.614	− 0.036	0.379	0.041
DC	0.045	− 0.028	− 0.078	0.028	− 0.010	− 0.155	− 0.818
num	− 0.262	0.347	− 0.535	− 0.185	− 0.018	− 0.109	0.017
Rew3Dir	− 0.126	0.880	− 0.097	− 0.011	0.003	0.127	0.020
Rew3Exe	− 0.146	0.824	0.035	− 0.046	0.112	0.163	0.072
Dbequrt	− 0.705	− 0.007	0.171	0.055	0.022	0.149	0.039
FixT	− 0.298	0.108	0.752	− 0.048	0.032	− 0.071	− 0.130
WrkapT	− 0.530	0.389	0.264	− 0.435	− 0.110	− 0.125	0.170
ROA	0.470	0.356	− 0.013	− 0.137	− 0.085	− 0.203	0.478
Pdcostrt	0.285	− 0.532	− 0.510	0.167	0.214	0.242	0.132
Gincmrt	0.428	− 0.353	− 0.417	0.062	0.300	0.055	0.434
Currt	0.720	− 0.257	0.083	0.074	0.225	0.009	0.013
NOCFCurLia	0.039	− 0.006	0.068	0.007	0.876	− 0.001	− 0.080
Ldbwrkcap	− 0.436	0.150	− 0.176	− 0.217	0.014	0.571	0.123
LongDebtRt	− 0.009	0.149	− 0.150	0.001	− 0.040	0.796	0.051
OpeCcurdb	0.298	0.038	− 0.148	0.006	0.772	− 0.047	0.151
CashRt	0.846	− 0.070	0.059	0.122	0.192	0.032	0.053
ART	0.108	0.394	0.317	− 0.582	− 0.201	0.264	− 0.123
InvT	0.083	0.008	0.683	− 0.067	− 0.039	− 0.201	0.194

注：提取方法：主成分分析法。旋转方法：凯撒正态化最大方差法。a. 旋转在 11 次迭代后已收敛。

从表 10 - 20 中可看出，E1 对 Dbequrt、WrkapT、CurrT、CashRt 的载荷量为 − 0.705、 − 0.530、0.720、0.846，这些变量反映短周期企业的经营稳定和偿债能力，故定义其为短期营运指标。E2 主要对 Rew3Dir 的解释度为 0.880、Rew3Exe 的贡献度为 0.824，代表企业董事和高管的薪酬，故将 E2

命名为薪资体系指标。E3 主要解释了 num、FixT、Pdcostrt、Gincmrt、InvT
在 E3 上的载荷量 −0.535、0.752、−0.510、−0.417、0.799，这些变量既
反映企业的外部经营状况，即存货周转率、销售毛利率等，又反映企业的内
部管理情况，即管理层人数、固定资产周转率等，故将其命名为综合指标。
E4 主要包含 C5、S5、ART 的解释贡献度为 0.86、0.614、−0.582，说明企
业与上下游供应商和客户之间的关联度以及回款能力，将其命名为供应链往
来依赖度。E5 主要解释 OpeCcurdb 和 NOCFCurLia 的贡献度 0.876、0.772，
一定程度上反映企业的现金经营情况，因此将 E5 命名经营现金指标。

E6 主要包含 Ldbwrkcap、LongDebtRt 的载荷量 0.571、0.796，代表企业
的长期偿债能力，命名为长期偿债指标。E7 对 lnb、DC、ROA 的解释贡献
量是 −0.404、−0.818、0.478，反映企业的数字化发展和盈利状况，命名
为数字经营指标。

由此得到的成分得分系数表如表 10 −21 所示，从而得出各因子表达式，
本章仅展示 E1 的表达式（10 −12），其他主成分因子表达式以此类推。

$$
\begin{aligned}
E1 = {} & 0.144 \times lnb - 0.039 \times C5 + 0.064 \times S5 + 0.060 \times DC - 0.080 \times num \\
& + 0.030 \times Rew3Dir + 0.007 \times Rew3Exe - 0.288 \times Dbequrt \\
& - 0.091 \times FixT - 0.149 \times WrkapT + 0.204 \times ROA + 0.021 \times Pdcostrt \\
& + 0.065 \times Gincmrt + 0.240 \times Currt - 0.092 \times NOCFCurLia \\
& - 0.136 \times Ldbwrkcap + 0.048 \times LongDebtRt + 0.009 \times OpeCcurdb \\
& + 0.308 \times CashRt + 0.177 \times ART + 0.038 \times InvT
\end{aligned}
\tag{10 −12}
$$

表 10 −21   成分得分系数矩阵

变量	1	2	3	4	5	6	7
lnb	0.144	0.161	−0.001	−0.086	−0.028	0.054	−0.304
C5	−0.039	0.197	−0.027	0.574	−0.053	−0.121	0.005
S5	0.064	0.014	0.206	0.345	−0.059	0.306	0.027
DC	0.060	0.005	−0.097	−0.015	0.033	−0.066	−0.602
num	−0.080	0.139	−0.317	−0.043	−0.005	−0.166	0.006

续表

变量	1	2	3	4	5	6	7
Rew3Dir	0.030	0.396	−0.086	0.161	0.032	0.023	0.014
Rew3Exe	0.007	0.355	−0.001	0.130	0.116	0.063	0.050
Dbequrt	−0.288	−0.073	0.093	0.085	0.115	0.088	0.076
FixT	−0.091	−0.022	0.362	0.021	0.130	0.018	−0.036
WrkapT	−0.149	0.044	0.081	−0.156	0.023	−0.108	0.177
ROA	0.204	0.196	−0.021	−0.033	−0.138	−0.171	0.338
Pdcostrt	0.021	−0.171	−0.175	−0.028	0.044	0.151	0.027
Gincmrt	0.065	−0.085	−0.133	−0.058	0.080	0.007	0.249
Currt	0.240	−0.041	0.094	−0.055	0.057	0.063	−0.048
NOCFCurLia	−0.092	0.021	0.098	−0.022	0.605	0.011	−0.115
Ldbwrkcap	−0.136	−0.032	−0.044	−0.098	0.052	0.363	0.067
LongDebtRt	0.048	0.030	0.000	0.006	−0.040	0.549	−0.016
OpeCcurdb	0.009	0.077	−0.011	−0.026	0.470	−0.050	0.038
CashRt	0.308	0.066	0.078	0.003	0.018	0.068	−0.024
ART	0.177	0.047	0.141	−0.315	−0.097	0.234	−0.103
InvT	0.038	−0.027	0.338	−0.022	0.003	−0.079	0.187

注：提取方法：主成分分析法。

旋转方法：凯撒正态化最大方差法。

a. 旋转在 11 次迭代后已收敛。

六、Logistic 回归分析

利用 Logistic 回归分析，首先将企业的信用风险水平转换为 or 值，根据阿特曼 Z 值模型理论，衡量企业资产利用效果和收入能力，从而较好地反映企业的信用风险能力。其判断准则为当 Z<1.8 时，代表企业面临破产风险；当 1.8≤Z<2.99，企业处于灰色地带，具有一定警示作用；Z>2.99 代表安全。因此，本章将计算出的 z 值按照是否大于 1.8，对企业进行分类，Logistic 回归结果如表 10－22 所示。

表 10 -22   Logistic 回归结果

		B	标准误差	瓦尔德	自由度	显著性	Exp（B）	EXP（B）的90%置信区间	
								下限	上限
步骤1ᵃ	E1	-0.755	0.352	4.609	1	0.032	0.470	0.263	0.838
	E2	0.076	0.099	0.584	1	0.445	1.078	0.917	1.269
	E3	0.600	0.185	10.561	1	0.001	1.822	1.345	2.469
	E4	0.114	0.096	1.409	1	0.235	1.121	0.957	1.312
	E5	1.703	0.273	38.778	1	0.000	5.488	3.500	8.604
	E6	0.509	0.188	7.337	1	0.007	1.663	1.221	2.265
	E7	0.148	0.061	5.835	1	0.016	1.159	1.048	1.282
	常量	-3.194	1.659	3.708	1	0.054	0.041		

注：a. 在步骤 1 输入的变量：E1、E2、E3、E4、E5、E6、E7。

因子 E1、E3、E5、E6、E7 的 p 值均小于 0.1，说明在 90% 的置信区间内提取的主成分因子与企业风险水平之间存在相关关系。以上影响因子的相关系数分别为 -0.755、0.600、1.703、0.509、0.148，分别代表企业的短期营运指标、综合指标、经营现金指标、长期偿债指标、数字经营指标，说明这些因子对企业信用风险存在影响力，并且综合指标、经营现金指标、长期偿债指标、数字经营指标的 beita 值与 z 值呈正相关，具有正向促进作用，说明这些因素越高保证企业的信任能力；反之，越低容易引起违约风险。

进一步分析数字经营指标对企业风险影响程度较为稳定，影响程度为 0.148，主要原因是当前样本企业处于数字化发展的前期，投入成本较大，相应影响程度较其他因素波动小，但从相关性来看，企业的数字化程度可以有效维护企业信用，防范企业信用风险，随着数字化的普及与发展，运营成本在进一步控制的条件下，数字化发展对企业风险的作用会更明显。基于上述分析，由此得出信用风险评估体系式（10-13）所示。

$$P_t = \frac{1}{1+e^{-(-3.194-0.755\times E1+0.600\times E3+1.703\times E5+0.509\times E6+0.148\times E7)}} \quad (10-13)$$

根据回归分析结果，企业在衡量测度信用风险水平时，应当综合考虑影响经营发展的各种因素。伴随数字化技术的进步，数字化体系潜移默化地影响企业的经营管理、投资决策、风险防范，除此之外，企业自身资产的抵押、质押情况，经营运行的周转能力、内部控制体系等因素都会影响企业风险发生的概率。因此，企业在识别与测度风险承受能力时，应当将数字化运营能力与企业的治理结构、营运能力、偿债能力、盈利能力以及质抵押物情况等因素共同作为衡量企业信用风险的主要指标，以此全面化、系统化的制定风险防控机制，应对风险。

七、模型检验

（一）Omnibus 检验与霍斯默—莱梅肖检验

Omnibus 检验利用对比当前模型与截距模型，确定拟合效果。表 10 - 23 中显著性为 0.000，满足检验条件因变量与风险因子之间存在关系。选取的主成分能作为判断供应链金融信用风险的主要依据，并且涉及的模型具有较好的统计效果和实操意义。

表 10 - 23　　　　　　　　　模型系数的 Omnibus 检验

		卡方	自由度	显著性
步骤 1	步骤	166. 451	7	0. 00
	块	166. 451	7	0. 00
	模型	166. 451	7	0. 00

霍斯默—莱梅肖检验用于判断预测值与真实值之间的拟合优度，从而检验利用 Logistic 回归分析确立的风险评估体系是否与真实值之间存在差异，如表 10 - 24 所示，显著性为 0.689，一般认为大于 0.05 即可验证拟合良好，因此，上述结果拟合效果较好。

表 10 - 24 霍斯默 - 莱梅肖检验

步骤	卡方	自由度	显著性
1	5.626	8	0.689

（二）准确度检验

预测准确性概率见表 10 - 25，1 代表守信情况，0 代表违约情况。本章在选取影响经营、盈利、偿债等财务指标的基础上，还考虑了数字化能力、供应链金融中的发展状况、抵押物情况，定量与定性相结合，风险评估的数据比较全面，因此回归模型中整体预测的准确度达到 91.9%，而守约概率下的企业准确率高达 97.1%。

表 10 - 25 准确度检验分类表[a]

logit-z	0	1	正确百分比
0	78	30	72.2
1	12	401	97.1
总体百分比			91.9

注：a. 分界值为 .500。

第五节 结论与展望

一、结 论

本章选取 53 家供应链金融上市企业的相关数据进行实证分析，采用了因子分析、logistic 回归分析方法，首先验证了数字化发展对供应链金融信用风险的影响作用，其次根据数字化对企业信用风险的影响能力，设计数字化模式下供应链金融的信用风险评估体系，完善供应链金融业务的风险衡量体系，加强企业风险防控。并得出以下结论。

第一，本章利用文本挖掘和因子分析的方法构建数字化发展指数，并能较好地反映不同供应链金融企业的数字技术发展能力，将其作为解释变量，分析与被解释变量企业信用风险水平之间的关系，信用风险水平的测量主要参考阿特曼 Z 值模型。由回归分析得出，数字化发展指数与企业的 Z 值之间呈现显著正相关，并以时间固定效应进一步回归分析确定数字化与企业信用之前仍然存在显著正相关，即代表数字化发展与企业信用风险水平呈现显著负相关，证明了数字化的发展可以降低企业的信用风险水平这一假设。企业积极推进数字化转型与升级，可以利用大数据、区块链等技术形成交易信息与数字资产，提高供应链金融的信息透明度，提高识别和防范风险的能力，有效抑制信用风险的发生，从而可以有效缓解供应链企业之间信息不对称的问题。这对中小企业的融资提供参考方案，中小微企业由于自身资产较核心企业薄弱，向金融机构融资时存在一定困难，而传统供应链中核心企业容易产生不确权等不负责行为，往往会加剧中小微企业的融资难度，导致信贷配给问题和风险定价难题，因此，中小微企业可以积极开拓数字化资产，积极研发技术积累数字信用能力，使供应链上的企业之间信息更具透明，从而能够较好地获得融资，同时，数字化手段的广泛应用可以让企业的交易、往来、资产可追溯，减少甚至避免企业的违约风险和道德风险。

第二，针对风险评估模型的设计与分析，并考虑到数字化技术的引进与发展，以及企业在供应链中的往来交易等情况，将数字化发展指数、成立时间、上下游依赖度、质抵押物等指标纳入评估体系。为缓解共线性问题，进行主成分分析提取主要影响因子。利用 Logistic 回归分析可以得出，企业的综合指标、经营现金指标、长期偿债指标、数字经营指标对企业信用风险存在显著影响力，与 Z 值呈正相关，具有正向促进作用，短期营运指标呈负相关，表明企业在经营过程中应当重视这些指标的变动，才能够控制企业的信息风险水平，提高企业的生产经营信赖度，预防违约风险、逆向选择等风险问题的发生。

第三，研究表明，风险评估模型的准确度达到 91.9%。本章在选取影响经营、盈利、偿债等财务指标的基础上，还考虑了数字化能力、供应链金融中的发展状况、抵押物情况，定量与定性相结合，风险评估的数据比较全面，因此回归分析中整体预测的准确度较高，守约概率下的企业准确率高达97.1%，存在违约风险的企业概率为72.2%。能够有效拟合供应链金融企业的信用风险情况，帮助金融机构合理识别并决策核心企业防范风险的能力和中小企业的信用风险水平。同时，根据 Logistic 回归分析结果，企业在衡量测度信用风险水平时应当综合考虑影响经营发展的各种因素。伴随数字技术的升级，数字化体系潜移默化地影响企业的经营管理、投资决策、风险防范。因此，企业在识别与测度风险承受能力时，应当将数字化运营能力与企业的治理结构、营运能力、偿债能力、盈利能力以及质抵押物情况等因素共同作为衡量企业信用风险的主要指标，以此全面化、系统化的制定风险防控机制，应对风险。

二、展望

公共部门、企业、金融机构应当齐头并进，正确把握好数字化转型与发展的新机遇，拓宽我国经济发展的广度与深度。具体对策如下。

（一）公共部门营造数字化环境、加强数字化监督

第一，注重培养原创能力，强化基础研究。着力解决"卡脖子"技术问题，为培育新兴领域提供底层技术支撑，加快我国区块链、人工智能、机器学习的研发与创新，协同创新发展产业新优势，构筑基础技术地基。

第二，打造数字化发展的市场环境和政策环境。公共部门一方面可以通过积极指定数字化转型与发展的专项政策规划，引导企业向上发展，充分发挥环境引导与战略学习对企业数字化转型的驱动效应。另一方面助推市场环境的转型与升级，以创建示范区、先行区的形式，区域化推动整体市场的升级，以标杆数字化行业的形式，产业化引导整体市场的转型。

第三，打造多种形式的高层次人才培养平台。人才作为引领发展的第一资源，创建合理培养选拔方案，推动领军人物和高质量创新团队带动数字化发展，培养理论型与实践型交叉融合的人才机制，不断为企业创新、市场转

型创能、赋能、供能，实现人才价值最大化。

第四，加强数字化监管与治理。相关部门在积极引导数字化市场的同时，应当把控转型节点，加快推进数据、资本等要素的配置改革，监督数字化转型中"头部效应"现象，有效干预阶段性垄断行为和排他性较强的交易，量身定制监管治理体制，促使监督与治理模式常态化，打造良好的数字化营商环境。

（二）企业加强数字化转型与发展

第一，大力发展数字技术。数字技术可以作用于企业的生产、加工、销售、管理等环节形成企业的数字资产，由于数字资产具备客观性、实时性、可获得性，因此能够获得市场的认可度，降低企业通过经营现金流影响还款能力的信用成本，解决融资难的问题。

第二，积极构建数字资产。数字资产具有较强的检验能力（即可交叉检验），数字资产的确立可以为金融机构测度企业风险能力提供强有力的参考，高风险投资企业可以将数字资产作为信贷抵押，以增加企业自身抵押品价值。即此时高新技术企业和中小企业的有形抵押品由转换为有形＋无形数字抵押品，抵押物的比例增多，有效解决融资贵的难题。

第三，降低中小企业的上链成本。中小企业是融资的主要需求方，控制其纳入供应链的成本，可以吸引和鼓励更多企业上链，发展数字化普及应用能力，搭建可交互性、可核验的信息数字供应链网络。龚强（2021）指出只有当上链企业的数量足够多时，区块链技术缓解信息不对称的优势才能够充分释放出来。中小企业可以利用第三方区块链 BaaS（Blockchain as a Service）平台完善入链、上链的信息和机制，构建全面化、全局化的信息体系，规范风险管理体制，从而降低成本。

第四，培育以核心企业为主的供应链金融新生态。基于金融服务实体经济的主旋律，积极推动供应链金融布局，形成数字化背景下的供应链金融规范化框架。适应市场环境和政策的变化，掌握数字化发展趋势，构建产业链创新生态，畅通供应链企业上下游信息壁垒，发挥核心企业有效信息传递功能，破解信任困局，为中小企业创造稳定的数字化信用环境。

（三）金融机构推动数字化规模发展

第一，培育数字化规模发展，降低金融机构的营运成本。由于数字技术已经成型，金融科技运营已经形成规模优势，利用"智能合约、共享数据、分布式账簿"等先决条件有效降低商业银行处理企业信息的成本，从而有效降低信息边际成本，为金融机构稳定盈利能力提供契机。

第二，加强金融机构与企业之间的良性互动。金融机构可以利用人工智能技术，从大数据库资源中提取真实信息，实施精准画像形成数字信用资产，将其作为衡量企业信用能力的依据。在共识机制中，金融机构可以实时监控企业的数字资产，动态评估融资企业的风险能力、核心企业的资产状况，同时根据本章风险评估的实证分析内容，加强对企业财务数据、供应链之间发展情况的追踪定位，形成金融监管与企业融资之间的良性互动。

（四）公共部门解决数字化发展现存风险

近年来，数字技术的成长与应用逐渐成为各类企业改革创新、弯道超车的第一动力。但是受头部效应的影响，技术、资源、人才较多集中于高新技术企业或者大型企业，对中小微企业而言，数字技术的规模投入成为企业发展的瓶颈问题。因此，实体经济中各行业的数字化发展程度差距迥异，这种差距易加剧供应链金融数字一体化的难度，导致供应链金融韧性不强，从而引发信用风险。

面对上述问题，有关部门应当一方面建立健全防范供应链金融风险的政策引导，在面对新兴数字技术的发展同时，创新健全数字化时代的风险法律法规，从监管方面维护市场经济的法律环境。另一方面完善信用评价体制，加大社会层面信用评级的力度，以评级衡量企业的经营能力和社会责任能力，为整个供应链金融乃至市场体系提供完善的信用评价支撑，积极引导数字技术改善信息不对称等风险问题的发生。

（五）企业加强风险识别与防范化解风险

随着数字化时代的发展，企业应当积极引进、研发数字技术分析和监测异常数值和根源，并及时采取风险预警，维护供应链及其金融活动的合规性，提高企业自身风险识别与防控能力。

第一，建立企业风险防控数字化平台，完善企业信用管理体制。扩大数据来源的广度、增加数据采集的维度，打破"数据孤岛"给企业带来的损失是防范化解信用风险的首要举措。依托大数据技术，整理并清洗广泛采集的企业数据，识别企业的风险水平，以此精准画像锁定低风险的目标企业群体，提高供应链金融的准入门槛。而对于高风险的企业而言，依托大数据技术可以有效识别敏感信息，并及时传导、反馈企业管理层，做出相应的风险防范决策，改善风险管理模式以满足预期供应链金融的准入门槛。

第二，稳固经济效益，控制信用风险。除了建立完善的信用平台有效识别企业信用风险外，还应当大力开展生产，密切联系企业之间的交易业务，稳固经济效益。核心企业集中行业发展优势，稳固自身经营状况的同时引导中小企业健康发展。在供应链金融中，利用区块链技术可以实时监控企业之间交易信息，区块链的分布式记账策略作为基础底座，凭借时间戳技术传递企业的数字化信用能力，保证企业的所有往来交易、内部控制等融合在区块链搭建的信息系统中。智能合约可以实时监控上游供应商、核心企业与下游客户之间的交易信息，避免虚假信息的流通对企业经济效益的影响，并及时向金融机构反馈信息，便于金融机构贷后管理。因此，有效的制约企业之间道德风险的发生，从而降低信用风险。

第三，提高企业管理水平，加强资产与信息的监督。利用供应链金融融资需要相应抵押物的担保，金融机构和第三方物流由于信息不对称等问题影响商业银行对融资企业的评估，加剧银企之间的借贷成本。因此推广物联网技术，利用视频、遥感等方式实现对实物资产的全流程化动态监管，同时创新抵押物的形式，形成更多数字资产，提高企业的运作管理水平。此外，即使企业发生信用风险，物联网与区块链智能合约的有效结合可以规避抵押物仓储、运输等过程的损耗，提高企业效率。

（六）金融机构加强风险监管

一方面，加大科技投入，补齐银行技术短板。金融机构对企业的贷前评估和贷后管理是保障二者稳定合作的必要前提，建立预警风险机制可以协助金融机构预测企业的风险能力，并采取相应策略强化企业监管。同时，完善金融机构对企业干预与救济是防范化解企业信用风险的重要手段，应当积极确立救济策略、明确救助目标、探索干预方案、预测救助场景，以保证风险发生时将损失降至最低。

另一方面，建立健全金融风险处置机制。金融机构应当规划科学合理的市场推出规则，清晰制定明确的企业破产制度，并在能力范围之内给予相应的破产保护。积极落实"分层监管"的方针，稳定市场的预期状态。

第十一章　中国数字资产交易的
风险问题与发展对策

本章主要研究中国数字资产交易的风险问题及其对策。[①]

第一节　中国数字资产交易的风险问题

　　一直以来，传统资产交易市场为交易者提供了各种各样的交易工具和多种多样的投资渠道。在金融市场的环境提供不出合适的交易机会时，投资者会通过创新捕捉不同的市场及产品之中的交易机会。虽然数字资产市场现在仍然独立于且有别于传统金融体系的运作，但其市场发育的动因依然如此。其中，数字代币交易平台发展得最迅速、集聚规模最大，数字代币平台主要是实现数字代币的撮合交易、资产管理及清算，而未来"元宇宙"的登场将带来交易场景、产品及参与机制的重要变革。

　　2013 年，ICO（代币首次发行）作为一种新型的筹措资金的方式也在国内外开始野蛮生长起来，国内也涌现出一众数字代币交易平台。数字代币的产业链包含着多个环节，其中主要的是：第一，生产环节，即"挖矿"；第二为交易的环节，主要的场所为代币交易所，或叫数字代币交易平台。第三

---

　　① 孔乐怡. 中国数字资产交易的风险问题与应对策略［M］. 引自刘鸣主编《珠江论丛》，北京：社会科学文献出版社，2022：169 – 182.

个环节为存储环节，即钱包服务，钱包可以为数字代币的持有者提供代币保存的突击，钱包的核心功能为保护用户的密钥，若密钥被黑客攻击盗取，则会永远失去该笔钱包。

国内的数字代币交易平台数量众多，大多成立时间较短，在诸多的交易平台中，比特币是重要的数字资产交易种类，但随着时间的推移，比特币、莱特币等的价格水涨船高，带动了投资者对数字代币的炒作需求与人气，各交易平台也开始陆续上线了一系列自身平台单独支持的小币种。所以国内很多刚进入数字货币行业的资金开始向不同的竞争币转移，在当时三大家只提供主流代币等十几个币种的情况下，支持更多小额币种交易的平台成为了投资的焦点，进行首次代币发行（即ICO）的公司也就越来越多。

从公司角度来看，与IPO、VC等传统融资方式相比，ICO在当时不需要经过监管机构的监管审查，缩短了投融资链，为许多不具备上市资格，没有银行贷款资质或者缺少风投资源的企业提供了新的融资渠道。而且，ICO的路径也更"互联网化"，参与门槛较低，流动性好，大大降低融资成本；它是通过发行数字代币，换回比特币等虚拟货币，然后到交易平台上兑换法定货币，以达到集资的目的。发行代币的最终目的是要兑换法定货币，所以说它是一种融资行为。最具代表性的就是比特币。在各大媒体的大肆宣传以及炒作之下，比特币的价格也呈现出明显的上涨势态，且涨幅异常高，这引起了国内大量投资者的投资热情。

但各种数字代币在发展的同时引发了诸多问题，首先是数字代币价格极其容易受到影响，暴涨暴跌使得整个数字资产交易市场有极强的投机性，其次是以比特币为标的的诈骗案频发，例如，在2013年10月26日，中国香港数字资产交易所GBL（期货交易所）突然宣布关闭，负责人跑路，成为"中国首例交易平台卷款跑路的虚拟代币诈骗案"，涉及GBL诈骗事件的维权人数达500人以上，涉及损失资金超过3000万元人民币。表11-1简要描述了在中国地区的数字资产交易平台发生过的安全事件。

表 11 - 1 中国数字资产交易平台安全事件

时间	地区	平台	安全事件原因	交易品种	损失金额
2013.12	中国	Bter	恶意进行自动交易，网络连接失败，用户不能登录导致无法提币	比特币	未公布
2015.2	中国	Bter	黑客攻击	比特币	175 万美元
2016.8	中国香港	Bitfinex	黑客攻击	比特币	6500 万美元

再者，ICO 市场发展模式相当杂乱，鱼龙混杂的市场上出现了许多"庞氏骗局"。从表面上来看，数字代币的发行与交易未涉及法定货币的集资，众多投资者也因此被迷惑吸引进局。但由其的运作机制可知，数字代币是需要在交易所需要用法定货币进行购买或交易所得的，同时发行的数字代币也可在二级市场流通，实质就是间接集资，只是用数字代币的交易掩盖了其非法集资的本质。

发行数字资产是增加社会的融资途径，降低国际融资门槛，拓宽社会融资市场层面的一种突破，其直销繁衍的众筹方式也为社会低收入阶层增加收入提供了一种新的投机方式，因此发行数字资产、促进数字资产的交易交易是传统金融市场的一种补充，但今天价格高涨的各种数字代币显然不适合普通投资者投资，并且数字资产市场中的关于数字代币投机性行为极有可能会造成一国金融体系的大动荡。

目前，虽然我国境内已经禁止相关数字代币的发行、交易业务，但并不意味着我国的数字资产交易停滞不前，中国的区块链技术从发行交易"空气币""山寨币"的炒作中脱离，慢慢向实际的应用转移，通过锚定可以用法币进行计量的真实资产，区块链逐渐成为解决现有经济体系中资产流动性弱、资产价值评估难等问题的有效手段，本章将分析以往中国数字资产交易问题中存在的具体风险及风险诱因，通过解析"中国式数字资产交易"风险，诠释完善我国的监管法规及技术手段的重要，为推动我国数字金融与数字经济体系的完善做出努力与尝试。

一、中国数字资产交易的风险问题

（一）操作风险

操作风险指数字资产交易平台的操作者日常对平台进行操作时因为失误，产生一定的收益下降甚至是亏损；或在实际交易期间，交易的另一方在交易平台上展开转账、充值以及提现等业务时，交易平台可能因技术的不完备或者管理组织体系的缺陷导致相关的操作指令无法履行，导致投资者错失了获利的机会，这不但让投资者的时间、精力、金钱都被浪费掉，同时影响了投资者对市场的判断，进而无法做出科学的决策。

（二）道德风险

对于一些项目发起者而言，他们能够控制项目的运营，因此在投资者展开交易时，他们极有可能做出一些不利于投资者的行为，进而导致交易不成功，甚至在得到投资之后马上卷钱跑路，根本不可能达成正常的交易。更有甚者，直接制造一场金融骗局，捏造虚假的投资项目，通过发展下线来套取投资者的资金，运营平台所公开的信息。

（三）市场风险

大多数数字资产交易平台是不设置涨跌幅限制的，那么整个数字资产市场的流入资金的来源与金额都不受限制，一旦有新的资金流入该平台中，价格就会飞涨，暴涨与暴跌会使投资者难以做到理性投资。并且数字资产的价格影响因素受到多因素影响，高回报可能会带来极高的风险，投资者同样会面临本金遭受损失的风险。

（四）技术风险

在进行交易时由于技术不安全因素导致的风险，自比特币出现以来，由于应用了大量新技术，围绕其产生的安全问题频频出现，具体反映在信息被篡改、数字资产被盗窃以及平台携款潜逃等事件时有发生。

二、数字资产交易的风险诱因分析

(一) 投资者对数字代币的盲目追捧

投资者所热衷的投资的标的都集中在数字代币上，首先这种数字代币的内在价值是不稳定的，不同类的数字代币它的价值源也不同。如去中心化的数字代币——比特币、以太坊等，其价值不与实物挂钩，价值源于人们的共识，其中挖矿的成本、效率以及交易的需求，并认为该数字代币可以实现跨时间的商品交换，一旦价值共识发生了变化，数字代币的价值就会发生剧烈的变动。尽管投资者了解区块链技术是一种富有竞争力的技术，但数字代币近乎疯狂的价格波动和投机赌博的属性，导致绝大多数人不清楚比特币是作为一种全新的支付工具出现的，导致投资者对 ICO 项目的盲目追捧显然超越了理智，只是怀抱一种追求高回报的心理，茫然进入市场。其次，由于投资者的追捧导致多数数字代币的价格存在着泡沫，价格泡沫又进一步增加了投资者的投资风险。就当时的市场状况而言，绝大多数 ICO 项目自身并无发展前景，只是数字代币市场的暴涨使得 ICO 逐步沦为投机性工具，很少有投资者在意项目本身的发展空间，也正是由于投资者追捧的盲目性，使得市场中的套利者有了可乘之机。

(二) 区块链 ICO 虚构背书的违法成本低

违法成本低体现在，在过去的几年里，中国监管部门非常包容金融创新，如在移动支付与网贷等领域发展早期阶段，推行的就是先观察再规范措施，逐步在监管体系纳入新技术新模式新业态，因此在一段时间内，没有制定相应的法律法规对 ICO 的乱象进行整治，因此助长了 ICO 虚假发行的嚣张气焰。其次，数字代币或虚假 ICO 项目的发起者，利用公众对货币、数字货币、区块链等概念的一知半解，就利用投资者这种狂热且不理智的心态进行诈骗与套利。近年来不乏披着"数字货币"外衣用来诈骗和传销的工具，或实际上这类所谓的"数字货币"和区块链、物联网技术等没有任何的关系，都是诈骗人员通过互联网手段包装出来的产品。某些项目的发行人还会邀请一些专家名人为其项目宣传，去提高要发行项目的可靠性。这类名人通常是区块链技术的专家、法律顾问等，而在这背后是，就是虚构公共人物名誉相对较低的侵权成本和 ICO 募资暴利的问题。并且，在数字资产出现之时，多数国家与地区没有对其交易进行及时的监管，或者监管较为宽松。由于数字资产的交易机制与证券比较相似，但是参与数字资产交易的投资者却得不到证券法的保护。比如投资者准入、禁止内幕交易等机制，在许多的数字代币交易平台中并没有设置，一方面，掌握内幕消息的人就可以在合适的时间点买进或卖出资产已赚取利润差额，另一方面，平台不会对投资者的资质进行审核，任何背景的投资者都可以进入到数字代币投资市场，在遭受风险事件时投资者同时也只能自担损失，无法寻求救济。此外，目前多数的数字资产平台是一个全球性的交易市场，如比特币可以在全球范围内流通，可以跨国界、跨市场交易，因此一旦发生争议，管辖权如何界定、应使用哪一国法律就成为了难题。因此许多投资者即无从寻求法律途径去维护自身权益，即使想要追究责任，这种维权从时间、金钱的耗费来说，成本比较高，以至于很少的投资者真的会去追究平台的责任，因此平台的操作者或平台中的交易者的投机心理则会更加强烈。

（三）目前交易平台的相关技术不完善

技术风险的主要来源为数字资产交易过程中应用技术的不完善。许多数字代币发行公司打着高科技的旗号，对外宣扬自身的数字资产交易平台安全可靠，风险防控机制完善，电子钱包密钥稳妥，但实际上各个国家与地区的数字资产平台的体系架构都有不完善的地方，都经历过被攻击与窃取数字代币。数字资产交易平台一旦被黑客攻击，数字资产就会被大量窃取。除此之外，还有许多数字代币的代码的缩写都比较简单，是对比特币、以太坊、莱特币等较为成熟的代币代码进行简单的拼凑组合，存在着极大的漏洞，因此黑客可以轻而易举地攻陷数字资产交易平台的系统，窃取平台与投资者持有的代币。另外，数字代币平台的交易中，代币在区块链上转移，而资金的流转与用户信息的登记利用的还是基于传统的互联网技术。通常用户在平台上先使用货币购买法币，然后利用法币购买代币，或者有些平台可以直接利用人民币购买，这个过程与我们平时利用手机或电脑购买债券或基金没有任何区别。而交易双方的资金还是利用银行卡、电子钱包等工具，另外中国的数字货币平台都是由私人设立的，交易者就有可能在平台上利用虚假的身份或者别人的身份信息进行交易。而且监管的技术在一段时间内，没能跟得上数字资产的发展，因此对数字资产交易与发行的资金的来源去向都无法进行检测，给平台运营者进行非法融资、诈骗集资等引发道德风险的行为可乘之机。

（四）基于数字资产的固有属性

首先，数字资产相对于传统资产而言是虚拟的，因此它具有虚拟性，数字资产没有存货形态的前提下其生产过程是看不见的。普通的有形资产或无形资产可能退出经济活动，由于各种原因，或失去价值由于材料状态的消失，但数字资产将永远存在于数字资产系统，没有物质形态的消失，不会轻易退出社会和经济活动。在这种情况下，容易引发数字资产的增发与流通过程难以确权的问题，在产权保护不明确的情况下，数字资产容易被相关人员无偿使用，导致初始创造者无法获取资产出让应带来的价值收益，这对实现产业化和商品化也极为不利。其次，金融科技背景下产生的数字资产，具备创新性，导致监管困难，引发安全风险。通过数字化，资产属性变得多样化，既可以是证券也可以是货币，可以是现货也可以是期货，在这些属性的界定下，资产可以更好地流动起来；而在数字资产的新金融模式下，边界模糊了，监管也变得愈发艰难。再者，数字资产可以被投资买卖，被默认为一种金融产品，则具备了投机性。它的投机性体现在下面三点：一是数字资产的交易价不稳定。以比特币来说，其是最早出现，市场价值最高的数字代币，其自出现到现在历经了多次涨跌，在交易日涨跌幅度最大高达35%。二是不同平台的交易价不一致。结合我国不同交易平台的有关数据可知，不同平台的交易价在相同时间不统一，带有更大投机性。三是投资人的偏好。数字资产价格涨跌幅度巨大，这吸引了很多投机者的重视，大多数投资者以短期盈利为目的购入比特币在相关的法规出台之前的几年，数字资产是投资回报率最高的行业，如比特币、以太坊、莱特币、瑞波币等数字代币的投资回报率都高达上千倍的。但是到目前为止，比特币是唯一维持着高收益率的数字资产，它的表现远远超过其他同类的数字代币，其价格从2019年年底的7200美元一直涨到2020年年底的29000美元（截至2020年12月31日），涨幅高达302.78%。最近已突破了6万美元，远超全球主要股指、债券、外汇、大宗商品和其他另类投资产品的涨幅，因此数字资产的投机性是引发市场风险的一个重要原因。

（五）部分数字资产的流动性不足

流动性指的是一种投资品在不影响其市场价格的情况下快速买卖的容易程度；但是市场上一部分数字资产的流动性还是不够的，一方面是因为市场上数字资产缺少公开的交易渠道，不同的数字资产之间不能相互交易，使投资者在获得收益后难以卖出所持有的加密数字，另一方面，市场上数字资产内容存在高度异质化问题，加上交易双方之间存在严重的信息不对称问题，由此导致数字资产缺乏有效的价格形成机制，导致了数字资产的市场风险会被放大，大额交易可能造成币价的剧烈波动，进而抹杀获取收益的可能。

三、中国数字资产交易风险产生的影响及所带来的挑战

对于普通投资者来说，数字资产交易不仅仅只意味着一夜暴富，也可能一次穿仓一无所有。因为数字代币的价格是缺乏价值支撑的，虚拟的数字代币的价格受到各个国家的政策影响，价格波动幅度大，暴涨和暴跌都是有可能的，投资者难以通过常规的分析方法对其进行预测。受挫的投资者、金融机构、企业等微观个体的数量累积到一定程度，必然会引发更大的系统性风险甚至民生问题。

对金融市场而言，数字代币缺乏中心化的政府监管，市场价格容易受到投机者操控发生剧烈的波动，民间投资与企业损失对实际的金融市场中资金

的运转会造成一定的影响。并且数字代币缺乏国家的信任保证，信息是难以追溯的，参与交易的部分资金很可能并不是通过正常的途径进入市场，使数字代币的交易沦为腐败和洗钱的温床，扰乱正常的金融秩序。

对国家发展而言，资产泡沫过大往往会影响金融为实体经济服务的能力，出现市场上大量资金通过数字资产交易追逐所谓"稀缺资源"的现象，会给大众带来一种财富增长的错觉，容易导致经济脱实向虚，进而影响了一国实体经济的发展。

通过上述分析，金融的稳定发展需要严格控制风险、金融应回归服务实体经济。数字资产中的数字代币作为一种投资品，对经济的直接正面影响尚未清晰，但却存在着成为洗钱、贩毒、走私、非法集资等违法犯罪活动工具的危险性，与金融监管主基调相违背，如今被禁止交易也就不难理解。因此我们认为，发展与创新中国的数字资产交易，主要面临以下四个方面的挑战：

第一，确保数字资产价值来源真实性的挑战；许多开发者将区块链、数字货币看作是一个概念，缺少对区块链技术的理解与研发，仅仅希望看中这片客户流量中快速地炒作概念、炒高币值实现最快时间的套利，这样的发展就会导致资本脱实向虚，区块链的最大作用在于如何尽可能地应用到真实的行业与应用上。有学者曾说道：比特币只是区块链的一种实现方式，跳出比特币区块链范式，解决现实痛点的区块链将会更具价值。互联网区块链的发展，最关键的是要确保能将现实世界的资产或价值，高效准确地信息化推送到线上运行，并从源头确保其合法性，真实性，完整性。

第二，增强数字资产市场合规性的挑战；随着加密数字资产的迅猛发展及众多传统金融机构、投资机构的布局入场，如何对此类数字资产进行合理监管并制定与之配套的市场及交易规则，逐渐受到各国监管部门的重视。但目前，各国在加密数字资产的监管方面尚未达成完全共识，在某些国家和地区，加密数字资产仍旧存在合规性问题。

第三，保护数字资产投资行为安全性的挑战；一方面，数字资产的匿名性和跨国性等特征，给反洗钱、反恐怖主义融资等带来了挑战；另一方面，资产数据泄露和数据滥用问题频发，资产的安全问题亟待解决。随着各个机构数据规模的不断扩大，一旦发生安全问题，将对企业经营和用户利益造成巨大影响，束缚数字资产价值的释放。

第四，提高数字资产交易监管专业性的挑战；数字资产属于新生事物，投资者、监管者以及配套基础设施的建设过程中的专业性有待提高。以数字货币监管为例，虽然一些国家推出了相应的监管制度，但由于之前并无可参考案例，监管力度往往很难把控，一旦监管条件严苛，会阻碍数字资产的发展，而如果监管相对松散，容易产生风险，两难的处境为监管政策的制定带来了挑战。

第二节 基于区块链技术支持的数字资产交易风险防范

中国金融监管当局最近的政策导向多次提到：数字资产的发展不仅可以有效扩展数字货币的应用场景，未来还可以为数字货币的发行奠定重要的基石，二者的协同发展是数字经济发展的基础动力和重要标志。我们需要将数字资源转化为价值资源，最终做到为实体经济服务，这也是数字资产化的关键所在。

通过观察不难发现，如今国家重点关注区块链技术在实际场景或领域中的应用创新与示范效应，区块链技术应用也在往金融资产数字化交易的方向上发展，给我国数字资产发展方向提供了新思路。

从技术的选择上看，目前，区块链数字经济市场处于爆发前期的百万亿市场规模的关键爆发点，虽然禁止了 ICO，但我国对区块链技术的发展一直秉持着积极的态度（见表 11-2）。和全球的区块链市场相比，中国市场存在巨大的潜力，中国区块链的研发与应用水平也走在世界的前列。区块链行业正处于创新技术和创新商业模式的爆发前期，逐渐成熟的区块链技术能带给金融业新机遇。从资产种类的选择上看，许多企业或个体会持有无形资产（例如专利权、商标权）与物理资产（例如房产、书画）等等，该两类资产的持有者会在资产增值后，在特定的行业领域中与对手发生一对一的交易，完成资产的流转（例如，房产就在房地产买卖平台上进行交易），相较于金融资产没有形成大规模的交易市场。从二者融合上看，区块链技术在金融领域有着广泛的应用。其中，应用落地最多的项目集中在金融领域，落地项目达 132 项，可以看出政策十分支持金融机构或金融企业运用区块链技术，以探索解决小微企业融资难的创新模式。

表 11 − 2   我国在区块链 + 金融相关的政策发布

发布主体	发布时间	政策/文件名称
中国人民银行金融科技委员会	2020 年 1 月	《金融科技（FinTech）发展规划（2019—2021 年)》
工信部	2020 年 3 月	《中小企业数字化赋能专项行动方案》
商务部、工信部、农业农村部等八部门	2020 年 4 月	《关于进一步做好供应链创新与应用试点工作的通知》
央行、证监会、银保监会等部委	2020 年 5 月	《关于金融支持粤港澳大湾区建设的意见》

首先，《中华人民共和国国民经济和社会发展第十四个五年规划和2035年远景目标纲要》中提到，要将区块链作为新兴数字产业之一，提出"以联盟链为重点发展区块链服务平台和金融科技等领域"的方案，由此可见，区块链能与金融资产进行深度融合，并能成为发展的主要策略，源于区块链的分布式网络对可以对数字金融资产进行确权。用户可通过数字身份，对拥有的资产进行登记，经分布式网络中的所有用户的一致认可后，完成数字资产的初始确认，依托于区块链技术能实现数字资产确权后，与数字资产交易的各方人员就可依据法律规定开展交易活动。与此同时，资产交易的信息也会被同步于区块链上，实现从一般数字化到可信数字化的转变。增加金融支持实体经济的依据和基础信息，降低金融支持实体经济的风险。从这个视角上来说，引入区块链技术对数字资产流通非常有利，能为金融资产流通提供基础支持。

其次，区块链为各个主体建立了信用的桥梁。信用的建立并传递是金融的核心，因此企业主体在传统金融业的进行交易活动时需要有第三方机构作为信用中介参与其中，并落实各项处理工作，如引入银行、保险、交易所等这些可信机构，可为开展各项业务提供担保。这种以第三方作为中介的交易模式也具有一定的积极性，且在绝大多数情形下的表现均为良好，但这种交易模式也存在相应的一些问题：一是中心化机构内部操作存在透明度不足问题，内部人员有可能会实施暗箱操作行为，进而引发相应的道德风险问题；二是中心化机构建设及维护需要的成本投入较高，如需要支付较高的人工管理费用及运营维修费用等；三是中心化机构成为网络黑客攻击目标的概率比较大，工作人员需要时刻对此进行防范，以便避免发生财产丢失问题。区块链的特性对多种金融资产交易场景具有天生的适用性。随着区块链技术的提出并在实践中的运用，进一步创新分布式架构的金融业务模式，使得每个节点之间能相互交互，促使交易工作效率实现提升，同时还能节省成本，大幅度提升业务交易能力，从而能有效解决中心化机构存在的各种问题；区块链通过数字签名等密码学技术，在保证数据唯一性和所有权不可篡改的前提下，实现多方之间的信息共享，在每一个参与方之间都建立了信用的桥梁。

最后，区块链技术可以有助于金融行业的监管机构更好地跟踪市场变化。监管机构经常未能实现其监管目标，因为它未能承认市场活力。新危机的出现，新的要求才被添加到监管的规则手册中，增加了监管成本，并且滞后的规则不一定能解决市场的根本问题。通过区块链技术，监管机构可以在资产交易的关键节点进行监管，如果发现问题可以利用区块链技术的特点，一步一步往上回溯追踪，及时将更新的监管规则，写到区块链底层和智能合约里面，在共识层面，强制披露给政府监管节点相关数据，减少监管的成本，还可以帮助监管机构更好地适应市场变化和新出现的风险。

总的来说，区块链的三项核心技术——密码学原理、分布式储存和共识机制，决定了区块链的去中心化，开放性，信息不可伪造和篡改，自治性的特点，将这些特点融入高度数据化的金融行业，既能够解决金融业务交易确认和交割环节昂贵耗时、多方参与主体交互认证效率低下，又能解决部分业务重复性强工作量大容易诱发操作风险、监管不及时不到位等问题。

一、对策应用案例

案例一：区块链＋资产证券化——招商银行区块链 ABS 平台

ABS 即为资产证券化，是较为常见的一种融资模式，此类证券化融资方式是以项目所属的资产作为支撑，具体是指以项目拥有的资产作为基础，以项目资产能创造的预期收益作为保证，在资本市场中发行债券，据此来实现募集资金这个目的的一种项目融资方式（见图 11 –1）。

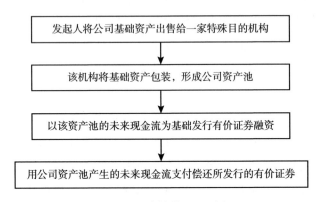

图 11 –1　传统的 ABS 流程

传统 ABS 存在诸多问题，比如发行和流通的高昂成本，交易活动的不便利性和不透明性，操作效率低、风控能力弱、难以定价，ABS 二级市场的客户群体较少导致寻找交易对手时需要支出的时间成本高等问题。

招商银行牵头完成的 ABS 区块链平台，为其在发展资产证券化的领域完成了新一轮的技术革命。

招商银行 ABS 区块链平台系统架构的中间是区块链网络，功能包括：

对 ABS 券挂钩的底层资产包数据上链共享，对资产的真实情况与持有企业的真实情况进行详尽分析，并完成各类 ABS 券发行前的各类报告、文档等直至获得交易所的无异议函件。

资产方或计划管理人将资产包底层数据加密上传到区块链，对需要获取共享资产包的投资机构进行授权，则投资机构就能获取对应资产信息进行分析和了解资产质量。购买的投资机构可以了解到 ABS 相关立项信息，在平台上下单购买，代替以往线下手工签订认购协议；发行机构可以归集所有认购信息，募集结束后，进行中标处理，确定各机构的中标金额和中标利率，最后完成发行审批。

使用区块链技术，将实现通证化的 ABS 券代替传统 ABS 债券。数字 ABS 分层券将具有发行份额总量受控、去中心化、P2P 方式转移、防篡改等特性，使得数字 ABS 券挂钩的底层资产更加真实、透明、可靠。ABS 区块链平台增加了数字化证券产品的发行和交易渠道，可提升数字化证券产品的流动性。该系统将显著改变 ABS 产品的设计、发行、流转、存储、风控、清算等模式。同时由于去中心化，加盟成员平等，对自己的数字资产完全自主可控，可提升参与成员的安全感，以后将吸引更多机构用户加盟。

案例二：数字票据交易平台——区块链＋数字票据

数字票据交易平台实验性生产系统是由上海票交所和中国人民银行数字货币研究所牵头，结合区块链打造的一个全新的票据交易系统。该系统于 2018 年 1 月 25 日投入生产环境并进入成功运行状态。包括中国工商银行、浦发银行、杭州银行等在内的商业银行，在数字票据交易平台实验性生产系统顺利完成基于区块链技术的数字票据签发、承兑、贴现以及转贴现等各项业务。

票据，尤其是商业汇票与银行汇票，具有交易、支付、信用等多重属性，为我国实体经济特别是中小企业提供便捷的融资渠道和低成本资金发挥了重要作用。市面流通的票据还是以纸质银票为主，票据的信用环境不佳，票据伪造、票据诈骗等案例时有发生，引入区块链技术后对解决上述困境非常有利。

数字票据交易平台实验性生产系统使用的是 SDC（Smart Draft Chain，数金链）区块链技术，借助同态加密、零知识证明等密码学算法予以隐私保护，同时，还通过实用拜占庭容错协议（PBFT）创建共识及采取用看穿机制提供数据监测。并且，该项目自主研发一套符合数字票据和数字货币等金融业务场景特点的底层联盟链，依托于区块链技术也带来了业务方面的创新，如引入数字货币进行结算能实现 DVP 票款对付结算等等。

该项目系统具体包括四个子系统，首先是票交所子系统，在该子系统中，主要负责监测区块链开展的各项管理及对数字票据业务。其次，银行子系统具有数字票据的承兑签收、贴现签收、转贴现、托收清偿等业务功能。第三是企业子系统，在该子系统中，也具有诸多业务功能，具体为数字票据的出票、承兑、背书、贴现、提示付款等。第四是监控子系统，其主要负责对区块链状态和业务开展情况进行实时监控（见图 11-2）。

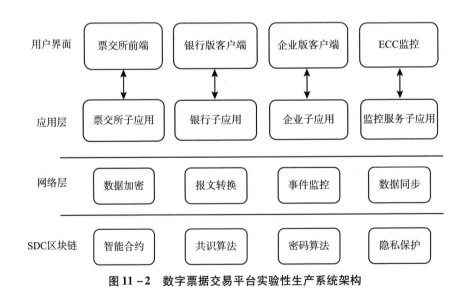

图 11-2　数字票据交易平台实验性生产系统架构

在安全加密方面，根据金融业务的需求，对底层联盟链进行了大量安全方面的加固和创新。比如实现了节点通讯加密、数据落盘加密，并改造金融密码机和芯片智能卡，以实现联盟链上用户私钥的安全存储和运算。同时，还进行了将区块链底层加密算法改造成国密算法 SM2、SM3，已通过了验证与测试。在隐私保护方面，跟踪和研究国外区块链信息隐私保护技术的发展，根据数字票据特定场景下的隐私保护需求，结合同态加密和零知识证明算法，既解决信息保密方面的问题，还能确保票交所等监管方在必要时具有看穿机制。

同时，创新性地提出并设计了区块链中间件，实现了底层联盟链与上层类中心式业务应用系统之间的消息传递机制，给出了中心式业务应用系统并发访问区块链节点、时间戳共识、交易确认事件通知等问题的解决方案，使底层在基于区块链节点开发的同时，上层业务应用系统仍可保留类传统中心式系统的开发架构，有效降低了开发门槛。

此外，该系统还采用业务逻辑智能合约与数据智能合约相分离的新型设计模式，这就能有效解决传统区块链智能合约不易升级与升级后繁重的历史数据迁移等相应问题。在这种设计模式下，可以支持票交所对包括数字票据交易在内的业务逻辑的在线升级，而无须进行数字票据数据迁移。类似TheDAO 事件（2016 年 6 月 17 日，区块链业界最大的众筹项目 TheDao 被黑客攻击并盗取了 300 多万的以太币）带来区块链分叉来解决业务逻辑升级，可以在这种设计模式下避免。

二、应用案例评价与总结

接下来，本章会对以上两个案例进行评价（见表 11 - 3），四个维度的选择是基于数字资产交易中的风险问题所带来的四大挑战，分别是数字资产底层信息的真实性，交易过程中的安全性，资产交易流转市场（平台）的合规性与监管是否能同步适应、配合的四个角度，通过分析其能否应对相应的挑战，以评估该发展策略是否同样会引发与以往相似的风险问题。

表 11 - 3 应用案例的评价

评价维度	招商银行区块链 ABS 平台	央行数字票据交易平台
资产的真实性	ABS 平台把 ABS 项目的申报文件材料、资产打包信息、资产状态等变更记录于区块链平台之上,各节点在确认信息且生效之后达成共识,不可篡改。再利用区块链技术可追溯特性,投资人可据此查明资产使用情况,进一步提升了资产利用的可信度	平台通过建立分布式总账,实现数字票据价值数据的分布式记录,并将票据按照发生时间先后顺序记录,不可篡改,可以有效地保证链上票据数据的真实性和透明性。而且,当部分节点受到攻击而损坏时,也不会影响整个数据库的完整性和信息更新。另外,智能合约可编程的特点可通过编辑一段程序来限定票据价值,实现对流转方向的有效控制
市场的合规性	招商银行在 2016 年获得银监会批准,获得开办 ABS 业务的资格,保证了 ABS 项目发行的合法性。另外,平台由招商银行与科技公司合作构建,其余机构通过加入联盟链,数字资产在联盟链的内部流动	数字票据交易平台是根据票据真实业务的需求建立了与票据交易系统相同的业务流程,使数据统计、系统参数等内容与现行管理规则保持一致。并且,该数字票据交易平台由央行建设,与各金融机构、科技企业合作,合规性不言而喻
交易的安全性	区块链账本上存储基础资产、证券化产品信息与存续期披露信息,使得信息透明度与公信力增加。底层资产具有的透明可信特点,使得投资人对于资产收益和风险情况更加清楚,这对提升投资人信心也具有重大积极性,进而推动产品的流通	在数字票据机制传递过程中,需处于隐藏状态的"第三方"来为交易双方得以安全交易提供保障支持。而采用区块链后数字票据能直接实现价值在点对点之间的这种"无形"传递,而使得票据价值传递的去中介化获得实现。区块链中的分布式具有高容错性特点,同时采取非对称加密算法,能有效控制人为操作风险问题,中介利用信息差撮合的职能也将被消除
监管的适配性	借助区块链技术,平台能把企业的底层资产以及项目的全流程信息都完整记录下来,使得资产的穿透力获得大幅度提升,这对提升数据统计和监管审查的穿透力有益,且便于数据统计和监管审查	在区块链上,数字票据的一旦交易就会产生时间戳,能大幅减少监管所需的调阅成本,同时为监管提供相应的可追溯渠道,在必要条件下,监管机构可以作为独立的节点参与监控数字票据的发行和流通全过程,实现链上审计,提高监管效率,降低监管成本。平台之后或将引入央行数字货币,实现自动实时的 DVP 对付、监控资金流向等功能,进一步提升监管效率

　　通过上述分析可得知,在面临不同风险挑战时,该策略都能实现有效应对,可以在一定程度上避免上述提到的风险问题。并且上述两个案例具备着一定的代表性,主要代表中国式数字金融资产交易发展的两种模式。

　　第一种模式是以商业银行等金融机构与科技公司合作的模式,在开源架构或自建架构基础上的区块链业务实践，也是如今最主要的模式。除招商银行外，国内金融机构（中国银行、兴业银行、平安银行、微众银行、蚂蚁金服、京东金融、港交所等）及国际金融机构（高盛、摩根士丹利、摩根大通、花旗等）在清结算、贸易融资、ABS、风控等业务中，开始尝试运用区块链技术。如浙商银行的区块链应收款产品，首先将企业的应收账款资产化，再利用区块链将应收款打包成理财产品。在现阶段，该模式下基于区块链的数字资产仅仅在联盟链的内部流动，但在未来 API 银行的发展逐渐成熟与区块容量的扩大之后，每个银行都可以将自己的金融服务通过开放平台（Open API）等技术开放给外部客户（企业或个人），客户可以通过调用API 的开放开展跨界合作，实现银行与其他机构或企业之间的场景融合，将会使更多的个体参与到数字资产的交易之中。第二种模式就是由政府部门发起，与各金融机构、科技企业深度合作，利用科技赋能于传统金融资产交易。由于某些金融资产，例如本身有相应的交易场所与交易机制，发展数字化金融资产交易是在原有体系上的创新与补充。

但无论是哪一种模式，相比以往数字代币项目，数字金融资产的发行方、参与交易的投资者或者其他相关的评级机构，必须具备相应的牌照才能开展相关的业务，受到当局的监管；政府、合格的数字资产管理公司、交易平台，商业银行等一直在金融业中健康有序地发展，经验更加充足，更加了解不同投资者的喜好与需求，可以发行不同风险系数与收益率的数字资产，管理资产的整个流转过程的专业程度也必然比新生的数字代币企业更好，一定程度上可以避免大规模的经营风险与道德风险引发的资产损失与信息泄露问题的发生。

并且，数字金融资产最大的特征是每一个被数字化的资产都有真实的信息支撑其价值，因为传统金融资产是指一切代表未来收益或资产合法要求权的凭证。该凭证并不说明传统金融资产的价值与未来收益就一定良好，而是具备了真实的信息，投资者对数字金融资产的价格有了相对客观、可靠的判断依据。投资者可以根据相应的信息，例如项目的业务、行业发展趋势、团队运营能力、核心技术等对资产的价值进行合理的判断，投资行为就会回归理性，减少了交易的噪声，不容易造成市场情绪反应过激。因此发展数字金融资产的交易，从底层逻辑上更行得通，投资者在很大程度上不需要了解技术的逻辑，区块链仅仅作为一项规避风险的技术而存在。

最后，数字金融资产交易的流动性更充足。数字代币的流动性不足源自本身的属性，因为其只能够在具有价值共识的范围内进行流动，目前无法通过技术手段去进行改善，但金融资产本身具备一定的流动性，而数字化金融资产上链后，再通过引入第三方资产评级机构，增强了其信息来源的可靠性，也进一步提高其流动性。

第三节 区块链技术应用中应解决的其他问题

区块链技术是以解决信息不对称为主要目标的数字化手段，其具有一定的优越性，但也并非万能药，在以新的技术手段构建出新的共识信任的同时，会产生有别于传统经济运行风险的新的风险表现形式，因此基于区块链技术的系统架构可能存在新的安全隐患。

首先，数字化技术的大量应用，各种资产被上传，网络黑客就有了更为广泛的袭击范围，也有了更加多可供盗取的资金，当众多机构之间的数据连接甚至共享时，那么一旦遭受网络攻击，网络风险将会带来高速且大规模的传染效应，所以区块链的安全性能有待进一步提高。

其次，数字资产在隐私保护方面的监管机制尚有不足，区块链下数字金融资产交易的监管机制有待进一步完善。区块链技术的"信息共享"机制使得链上主体均能收到该链条中其他用户的即时信息，可将重要信息进行隐私保护，但大数据交易过程中，仍有可能出现数据拥有者的隐私泄露等问题。数据运行标准和监管制度亟待完善。由于区块链是一个新兴技术，其基本构成要素存在法律认定还处于空白期。因此风险防控的手段也要做出相应的创新。

最后，随着区块链的飞速发展，可能会产生新的市场主体以至于改变现有的市场结构，现有的部分传统金融机构的职能可能被某些区块链技术开发的科技型企业所替代，而这些企业需要的从业执照或是资质许可证是以何种形式授予也是一个尚未明确的问题。

基于以上种种的问题，应该需要有额外的措施或机制，对实现区块链技术应用做相应的补充。

第一，可以设立专门的数字资产交易风险管理组织。专门设立的风险管理部门应对资产交易过程的全面风险情况进行统一管理的机制。数字资产交易的过程中，投资者与发行方都会面临各种各样的风险：例如项目方涉嫌严重控盘、欺诈、洗黑钱等行为、区块链资产因新上架存在较大的归零风险，就会产生交易风险；使用者转账到高危地址（已经被回报为诈骗者变现主要钱包）、使用者近期不活跃，突然转出大额资产和场外交易，涉嫌诈骗，可能就会产生一定程度的账户及资金风险。发展数字资产交易应建立一个完备的风险管理组织，以保证数字资产交易的安全性。首先，风险管理组织应根据实情建立完备的应急预案。在风险发生初期，风险管理部门应第一时间发现风险，并由风控负责人组织风险管理部及相关部门确定风险等级和应急处理关键点。其次，风险管理组织应建立风险警示机制。出现交易价格出现异常、投资者交易异常、客户涉嫌违规、违约、客户涉及司法调查等情形的，相关的风险管理部门有权约见客户谈话提醒风险，或者要求客户报告情况，或者通过出示书面警示、发布风险警示公告等措施，以警示和化解风险。最后，风险管理组织应该建立好完善的风险管理综合信息的收集与积累机制。广泛、持续地收集与交易所风险管理相关的内部、外部信息，包括历史数据和未来的预测，并总结应急预案中出现的问题、处理方式和相应的结果，得出风控措施的改进方案，并把新的方案分工落实到各部门中。

第二，建立防范数字金融风险的"沙盒监管"机制。数字资产交易是一个新事物。加密数字资产的大量流动直接关乎金融领域的稳定，涉及金融机构参与引发的风险事件暴雷、金融监管部门不履行职责产生的负面影响、加密数字资产在支付与结算中运用引发的操作风险、数字资产市值极度波动带来的财富效应和风险。因此为稳定金融市场提供保障，防止现有金融体系受到数字金融资产的巨大碰撞，我国有必要实行配套的监管策略。但是，数字金融的兴起并不符合广大民众的意愿，数字资产能够在全球流动的特征，导致以往的金融安全防范系统无法施展功效，倒逼其同步改变以满足数字金融发展要求，使区块链和分布式分类账技术为金融稳定作出贡献。我们可以学习中国香港现行的监管制度，并采用"沙盒监管"制度，本着技术中性的原则，在遵守相关法律规定的条件下，确保拥有适度性，将改革试点列入沙盒监管的范畴，也就是说将运营数字资产业务的机构放在特定区域、特定领域、风险可承受的环境中。创新不能被一刀切的方法所扼杀，也不能受困于数字金融的监管。不然，重大数字金融资产项目在走出去这一途径的庇护下不受监管，反而造成潜在风险的大大增加，最终对金融稳定产生不利影响。

第三，加强对区块链安全性能的基础研究。首先，国家层面应鼓励支持科技企业集中力量攻关区块链的风险应对技术。针对区块链存储层、协议层、扩展层、应用层等各层安全风险，研究部署覆盖编码、管理等各环节的风险应对措施。其次，区块链相关行业应加快推进区块链核心理论研究，为区块链应用发展提供理论支撑。重点支持区块链存储、加密、共识和跨链关键性技术的理论研发与应用，加强对区块链安全风险的研究和分析，密切跟踪发展动态，保持在区块链技术上探讨的热情与积极性，探索其以后发展规律。最后，相关区块链科技型企业应该为达到统一发展与市场稳定的目标，建立起统一的行业标准，制定行业范围内统一的技术要求，规范好业内人员必须遵守的行业守则，借鉴国内外发展情况，分析以往国内在区块链技术诞生后所诱发的潜在风险，以提升区块链技术使用的安全性。

第四，改善相关的法律政策环境。我国在区块链＋数字金融资产交易的方面一直存在着法律框架上缺失，不少地区都试图在数字资产交易创新上另寻出路，但都被叫停或暂缓，国家可能需要找到一个尽可能规避风险以及纳入掌控的方式，就要先从改善法律环境入手，既要在准入方面进行疏导，也要对违规行为严惩打击。在这方面可以参考日本、美国等国家的优秀做法，对数字资产进行类别细分并将其纳入证券、支付、反洗钱等部门法的适用范围。首先是要针对数字资产服务构建市场准入机制，而针对机构设立、经营范围等方面问题交由监管部门核实。再者就是加大对违规活动的惩处力度，另外在刑罚、民法中对需要承担的民事责任进行明确规定。

第五，推动数字人民币作为数字资产的交易媒介。缺乏合法数字货币构成的资产交易将不免从交易的初始端开始滋生违法交易行为，利用数字人民币作为交易的媒介能够进一步控制资金的来源。利用数字人民币的存在，将它运用到中国数字资产交易中，这样就能实现交易即结算的交易结算模式，因此就能大幅提高交易效率和降低交易成本。瑞士也正在建立的瑞士数字资产交易所（Six Digital Exchange）。SDX 是计划采用数字瑞士法郎作为稳定币，在这个交易业务当中，该代币是基于瑞士法郎按照 1∶1 的方式产生，SDX 交易成员需要将瑞士法郎兑换成这个代币，然后通过代币在 SDX 进行交易。这样的一个交易结算方式就能充分发挥区块技术的交易即结算的特征，以即时成交及时结算的方式下，交易结算效率和成本就优于目前证券市场中的效率和成本。数字人民币也与人民币——纸钞与硬币都等价，以数字人民币 DC/EP 作为之后数字资产交易的媒介，也可以同样充分发挥区块链即时交易结算的特征，并且数字人民币具有高可追溯性，在有权机关严格依照程序出具相应法律文书的情况下可进行相应的数据验证和交叉比对进行溯源，对小型的违规交易的行为都可以实现有效的监管。

第四节　结论与展望

发展数字资产交易需要解决两大问题，一是如何通过发展数字资产的交易模式弥补传统金融的短板，二是如何在创新的过程中做到防范化解重大金融风险，因此中国新式数字资产交易既要创新，也要合规，还要可持续发展。

目前，数字资产交易在我国已经处于起跑阶段，以"先资产，再交易"为明确途径，致力于提升金融服务的效率升级以及推动实体经济的发展。多数人将其视为传统金融领域的补充，但这也是数字资产交易的全新蓝图。而区块链技术的应用并非金融创新的终点，"守住不发生系统性金融风险的底线"是金融领域风险控制的核心，面对新技术我们需要辩证地看待其优势与弊端，并且区块链技术与金融相结合还存在着诸多的不确定性与新型的风险，还需要继续完善相关的技术与制度，才能更好地发挥其效用。

参 考 文 献

[1] Acharya, V. V. , Engle, R. and Richardson, M. Capital Shortfall: A New Approach to Ranking and Regulating Systemic Risks [J]. The American Economic Review, 2012, 102 (3): 59 –64.

[2] Acharya, V. V. , Pedersen, L. H. , Philippon, T. and Richardson, M. Measuring Systemic Risk [J]. The Review of Financial Studies, 2017, 30 (1): 2 –47.

[3] ADB, Asian Economic Integration Report 2015 [N]. Asian Development Bank, 2015, p. 158.

[4] Afonasova M A, Panfilova E E, Galichkina M A. Social and Economic Background of Digital Economy: Conditions for Transition [J]. European Research Studies, 2018, 21: 292 –302.

[5] Ailing Pan, Lei Xu, Bin Li, Runze Ling. The impact of supply chain finance on firm cash holdings: Evidence from China [J]. Pacific – Basin Finance Journal, 2020, p. 63.

[6] Aimin Deng, Zixuan Chen. Managing Online Supply Chain Finance Cred Risk of "Asymmetric Information" [J]. World Journal of Research and Review, 2017 (4): 29 –32.

[7] Aker, J. , and I. Mbiti, 2010, "Mobile Phones and Economic Development in Africa", Journal of Economic Perspectives, 24 (3), 207 –232.

[8] Alsu Ahmetshina, Roza Kaspina, Linar Molotov. Economic Security Indicators Forecasting for Management Decisions Based on Integrated Reporting Data [J]. The Impact of Globalization on International Finance and Accounting, 2018

（2）：403 –409.

［9］ Amitav Acharya. Constructing a Security Community in Southeast Asia：ASEAN and the Problem of Regional Order ［J］. The Hague Journal of Doploma-cy. 2016, 12 （4）：361 –364.

［10］ Anna Giunta, Francesco Trivieri. Understanding the determinants of information technology adoption：Evidence from Italian manufacturing firms ［J］. Applied Economics, 2007, 39 （10）.

［11］ Ansoff H. I. Corporate Strategy：An Analytic Approach to Business Policy for Growth and Expansion ［M］. New York：Mc Graw Hill, 1965.

［12］ Arellano, M. , and M. O. Bover, 1995, "Another Look at the In-strumental Variables Estimation of Error – Components Models", Journal of Econ-ometrics, 68 （1）, 29 –51.

［13］ Barnaby Kapstein. The Political Economy of National Security：A Global Perspective ［M］. New York：McGraw – Hill Humanities, 1991：188 –202.

［14］ Barro, R. J. , and X. Sala-i – Martin, 1991, "Convergence across States and Regions", Brookings Papers on Economic Activity, 1, 107 –182.

［15］ Barry Buzan. New Patterns of Global Security in the Twenty-first Centu-ry ［J］. International Affairs, 1991, 67 （3）：432 –433.

［16］ Beilet, R. , G. Ford, and J. Jackson, 2005, "On the Relationship between Telecommunications Investment and Economic Growth in the United States", International Economic Journal, 19 （1）, 3 –9.

［17］ Blackman I D, Holland C P, Westcott T. Motorola's global financial supply chain strategy ［J］. Supply chain management, 2013 （2）：132 –147.

［18］ Bo C. The Digital Economy：What is New and What is Not ［J］. Structural Change & Economic Dynamics, 2004, 15 （3）：245 –264.

［19］ Brookes, Martin, Zaki Wahhaj. The Shocking Economic Effect of B2B ［M］. Goldman, Sachs & Co. Global Economics, February 3. 2000.

［20］ Bukht, R. , & Heeks, R. Defining, Conceptualising and Measuring the Digital Economy. University of Manchester, 2017.

[21] Burlov V G, Gryzunov V V, Tatarnikova T M. Threats of Information Security in the Application of GIS in the Interests of the Digital Economy [J]. Journal of Physics: Conference Series, 2020, 1703 (1).

[22] Cathles, Alison, Nayyar, Gaurav & Rückert, Désirée. Digital Technologies and Firm Performance: Evidence from Europe [J]. IB Working Papers 2020.

[23] Chyungly Lee. The Asian Turbulence: A Case Study in Economic Security [M]. Asia – Europe Cooperation After the 1997 – 1998 Asian Turbulence, 2017: 12.

[24] Cleslik, A. , and M. Kaniewsk, 2004, "Telecommunications Infrastructure and Regional Economic Development: The Case of Poland", Regional Studies, 38, 713 – 725.

[25] Concetta Castiglione. Technical efficiency and ICT investment in Italian manufacturing firms [J]. Applied Economics, 2012, 44 (14).

[26] Crawford W. The Digital Economy: Promise and Peril in the Age of Networked Intelligence [M]. New York: Mc Graw – Hill, 1996.

[27] Cronin, F. J. , E. B. Parker, E. K. Colleran, and M. Gold, 1991, "Telecommunications Infrastructure and Economic Growth: an Analysis of Causality", Telecommunications Policy, 15, 529 – 535.

[28] Datta, A. , and S. Agarwal, 2004, "Telecommunications and Economic Growth: A Panel Data Approach", Journal of Applied Economic, 36, 1649 – 1654.

[29] David A. Wuttke, Constantin Blome. Focusing the financial flow of supply chains: an empirical investigation of financial supply chain management [J]. International journal of production economics, 2013, 145 (2): 773 – 789.

[30] Démurger, S. , 2001, "Infrastructure Development and Economic Growth: An Explanation for Regional Disparities in China", Journal of Comparative Economics, 29 (1), 95 – 117.

[31] Ding, L., E. K. Haynes, and Y. Liu, 2008 "Telecommunications Infrastructure and Regional Income Convergence in China: Panel Data Approach", Annuals of Regional Sciences, 42, 843 – 861.

[32] Digital Auto Report 2020, by Strategy & and PwC, 2020, Volume 1.

[33] Digital Economic Dynamics: Innovations, Networks and Regulations [M]. Springer Science & Business Media, 2007.

[34] Don Tapscott. The Digital Economy: Promise and peril in the age of network and intelligence [M]. New York: McGraw – Hill, 1996.

[35] Erich H. Strassner. BEA Advisory Committee. Measuring the Digital Economy [EB/OL]. https: //bea. gov/about/pdf/Measuring% 20the% 20Digital% 20Economy. pdf.

[36] Federico Caniato, Luca Mattia Gelsomino, Alessandro Perego, Stefano Ronchi. Does finance solve the supply chain financing problem? [J]. Supply Chain Management: An International Journal, 2016, 21 (5).

[37] Francisco K., Swanson D. The Supply Chain Has no Clothes: Technology Adoption of Blockchain for Supply Chain Transparency [J]. Logistics, 2018, 2 (1).

[38] G20. Digital Economy Development and Cooperation Initiative, 2016.

[39] George Akerlof, The Market for Lemons: Quality Uncertainty and the Market Mechanism [J]. The Quarterly Journal of Economics, 1970 (3): 488 – 500.

[40] Georgiou, M. N. E – Commerce has a Positive Impact on Economic Growth: A Panel Data Analysis for Western Europe [R]. 2009.

[41] Gomber P, Kauffman R J, Parker C, et al. On the Fintech Revolution: Interpreting the Forces of Innovation, Disruption, and Transformation in Financial Services [J]. Journal of Management Information Systems, 2018, 35 (1): 220 – 265.

[42] Hadlock C J, Pierce J R. New Evidence on Measuring Financial Constraints: Moving Beyond the KZ Index [J]. Review of Financial Studies, 2010,

23（5）：1909 – 1940.

［43］ Hellen E. S. Nesadura. Introduction： Economic Security, Globaliza-tion and Governance ［J］. The Pacific Review, Vo. l 17, No. 4, 2004： 462 – 463.

［44］ Holikov. Ivan. Principles of Economic Security ［J］. Economic Annals, 2014, 10 （2）： 8 – 11.

［45］ Imad Moosa. On the U. S. – Chinese Trade Dispute ［J］ Journal of Post Keynesian Economics, 2011, 34 （1）.

［46］ Lambert D, Cooper M, Pagh J. Supply chain management： imple-mentation issues and research opportunities ［J］. International journal of logistics management, 1998 （2）： 1 – 16.

［47］ Kevin Barefoot, Dave Curtis, William Jolliff, Jessica R. Nicholson, and Robert Omohundro. Defining and Measuring the Digital Economy ［J］. Work-ing paper, Bureau of Economic Analysis, March 15, 2018.

［48］ Kohli A K. Looking through the lens of B2B and beyond ［J］. Indus-trial Marketing Management, 2011, 40 （2）： 193 – 194.

［49］ Lambert D, Cooper M, Pagh J. Supply Chain Management： Imple-mentation Issues and Research Opportunities ［J］. International Journal of Logis-tics Management, 1998 （2）： 1 – 16.

［50］ Michael J Zhang, Augustine A Lado. Information Systems and Compet-itive Advantage： a Competency – Based View ［J］. Technovation, 2001, 21 （3）.

［51］ Mingsheng Yang. Research on supply chain finance pricing problem under random demand and permissible delay in payment ［J］. Procedia computer science, 2013, 17： 245 – 257.

［52］ Nicolas Hurtrez, Massimo Gesua Slve Salvadori, Supply Chain Fi-nance： From Myth to Reality ［J］. Mckinsey on Payments, 2010, （10）： 22 – 28.

［53］ OECD, Interconnected Economies： Benefiting from Global Value

Chains – Synthesis Report ［N］. 2013.

　　［54］ OECD, The Digital Economy. Paris, 2012.

　　［55］ OECD. Measuring the Digital Economy: A New Perspective ［M］. OECD Publishing, 2014: 45 – 49.

　　［56］ Omran Y, Henke M, Heines R, et al. Blockchain-driven supply chain finance: Towards a conceptual framework from a buyer perspective ［C］// Ipsera. 2017.

　　［57］ Pankov. V, Economic Security: Essence and Manifestations ［J］. International Affairs. 2011. Vol. 57. p192 – 202.

　　［58］ Preacher K J, Hayes A F. SPSS and SAS Procedures for Estimating Indirect Effects in Simple Mediation Models ［J］. Behavior Research Methods Instruments & Computers, 2004, 36 (4): 717 – 731.

　　［59］ Robert A. Pollard. Economic Security and the Origin of the Cold War, 1945 – 1950 ［M］. New York: Columbia University Press, 1985.

　　［60］ Shin H H, Soenen L. Efficiency of Working Capital Management and Corporate Profitability ［J］. Financial Practice & Education, 1998.

　　［61］ Simon Templar, Erik Hofmann, Charles Findlay. Financing the End-to – End Supply Chain: A Reference Guide to Supply Chain Finance ［M］. Kogan Page: 2020 – 01 – 29.

　　［62］ Sunil Chopra, Peter Meindl. Supply chain management: strategy, planning and operation ［M］. London, UK: Peasrson Press, 2009.

　　［63］ Timme S G, Williams – Timme C. The real cost of holding inventory ［J］. Supply Chain Management Review, 2003, 7 (4): 30 – 37.

　　［64］ Togar M. Simatupang: Design for Supply Chain Collaboration ［J］. Business Process Management Journal, 2008, 14 (3): 401 – 418.

　　［65］ Daniel N. Blaschke, Abigail Hunter, Dean L. Preston. Analytic model of the remobilization of pinned glide dislocations: Including dislocation drag from phonon wind ［J］. International Journal of Plasticity, 2020, Volume 131.

　　［66］ Ziba PW, Kang J. Factors Affecting the Intention to Adopt E – Government Services in Malawi and the Role Played by Donors [J]. Information Development, 2020, 36 (3): 369 – 389.

[67] 艾庆庆. "互联网 +" 下传统制造业商业模式创新路径及策略研究 [J]. 经济研究参考, 2017 (10): 74 – 79.

[68] 巴曙松. 推动珠澳特色金融发展, 发展大湾区有特色的数字交易平台 [N]. 21 世纪经济报道, 2020 – 01 – 07 (004).

[69] BCG、阿里、百度联合发布《中国互联网经济白皮书 3.0》[R]. 2020.

[70] 毕克新、孙德花. 基于复合系统协调度模型的制造业企业产品创新与工艺创新协同发展实证研究 [J]. 中国软科学, 2010 (9): 156 – 162 + 192.

[71] 陈宾. 电子商务与快递业的互动关系研究——基于 VAR 模型的动态实证分析 [J]. 福建师范大学学报 (哲学社会科学版), 2016 (1): 63 – 69.

[72] 陈贵富, 吴腊梅. 中国服务业全球价值链位置变化及驱动因素 [J]. 厦门大学学报 (哲学社会科学版), 2021 (3): 79 – 90.

[73] 陈开江. 数字化新基建与我国流通业全要素生产率提升: 理论分析和实证研究 [J]. 商业经济研究, 2021 (23): 5 – 8.

[74] 达尔·尼夫. 大数据文摘翻译组 (译). 数字经济 2.0 [M]. 北京: 中国人民大学出版社, 2018.

[75] 大数据白皮书 2020 [D]. 北京: 中国信息通信研究院, 2020.

[76] 董晓松. 中国数字经济及其空间关联 [M]. 北京: 社会科学文献出版社, 2018.

[77] 杜龙政、汪延明、李石. 产业链治理架构及其基本模式研究 [J]. 中国工业经济, 2010 (3): 108 – 117.

[78] 范方志, 苏国强, 王晓彦. 供应链金融模式下中小企业信用风险评价及其风险管理研究 [J]. 中央财经大学学报, 2017 (12): 34 – 43.

[79] 傅秋子, 黄益平. 数字金融对农村金融需求的异质性影响——来自中国家庭金融调查与北京大学数字普惠金融指数的证据 [J]. 金融研究,

2018（11）：68 - 84.

[80] 龚强，班铭媛，张一林.区块链、企业数字化供应链金融创新 [J].管理世界，2021，37（2）：22 - 34.

[81] 韩军涛.电子商务背景下我国快递业发展与协同机制研究 [D].北京邮电大学博士学位论文，2014.

[82] 韩永新.5G 移动通信技术及项目管理在工程建设中的应用分析 [J].数字通信世界，2022，（3）：88 - 90.

[83] 何军.大数据对企业管理决策影响分析 [J].科学进步与对策，2014（4）：65 - 68.

[84] 何维达等.国家能源产业安全的评价与对策研究 [M].北京：经济管理出版社，2010.

[85] 何维达等.全球化背景下国家产业安全与经济增长 [M].北京：知识产权出版社，2016.

[86] 何维达等.经济安全与合作机制评估研究 [M].北京：经济管理出版社，2023.

[87] 何维达，何昌.当前中国三大产业安全的初步估算 [J].中国工业经济，2002（2）：25 - 31.

[88] 何维达，付恩琦.数字新基建对中国参与全球价值链的影响研究 [J].经济体制改革，2022（6）：190 - 196.

[89] 何维达，刘立刚.新时代中国金融安全及治理研究 [M].北京：知识产权出版社，2018.

[90] 何维达，宋胜洲.开放市场下的产业安全与政府规制 [M].南昌：江西人民出版社，2003.

[91] 何维达.中国"入世"后的产业安全问题及其对策 [J].经济学动态，2001（11）：41 - 44.

[92] 胡卿汉.区块链架构下供应链金融主体间信任机制研究 [D].成都：西南交通大学，2021.

[93] 胡再勇，付韶军，张璐超."一带一路"沿线国家基础设施的国际贸易效应研究 [J].数量经济技术经济研究，2019，36（2）：24 - 44.

[94] 黄浩. 数字金融生态系统的形成与挑战——来自中国的经验 [J]. 经济学家, 2018 (4): 80-85.

[95] 黄志华, 何毅. 基于引力模型的中国与 34 个"一带一路"沿线国家的本地市场效应研究 [J]. 中国软科学, 2020 (3): 100-109.

[96] 姜奇平. 浮现中的数字经济: 美国商务部报告 [M]. 北京: 中国人民大学出版社, 1998.

[97] 焦瑾璞, 黄亭亭, 汪天都. 中国普惠金融发展进程及实证研究 [J]. 上海金融, 2015 (4): 12-22.

[98] 焦勇, 杨蕙馨. 政府干预、两化融合与产业结构变迁——基于 2003-2014 年省际面板数据的分析 [J]. 经济管理, 2017, 39 (6): 6-19.

[99] 金碚. 全球竞争新格局与中国产业发展趋势 [J]. 中国工业经济, 2012 (5): 5-17.

[100] 金岩石. 建议设立以央行 DC/EP 为稳定币的数字资产交易平台 [J]. 理财周刊, 2021 (1): 6.

[101] 康伟, 姜宝. 数字经济的内涵、挑战及对策分析 [J]. 电子科技大学学报 (社科版), 2018, 20 (5): 12-18.

[102] 柯思雨. 汽车供应链金融信用风险研究 [D]. 杭州: 浙江大学, 2021.

[103] 郭峰, 孔涛, 王靖一. 互联网金融空间集聚效应分析——来自互联网金融发展指数的证据 [J]. 国际金融研究, 2017 (8): 75-85.

[104] 郭吉涛, 朱义欣. 数字经济影响企业信用风险的效应及路径 [J]. 深圳大学学报 (人文社会科学版), 2021, 38 (6): 69-80.

[105] 李海舰, 蔡跃洲. 中国数字经济前沿 (数字经济测度及十四五发展 2021/数字经济蓝皮书) [M]. 北京: 社会科学文献出版社, 2021.

[106] 李建军, 彭俞超, 马思超. 普惠金融与中国经济发展: 多维度内涵与实证分析 [J]. 经济研究, 2020, 55 (4): 37-52.

[107] 李俊英. 基于产业关联的我国快递产业的发展研究 [D]. 上海师范大学博士学位论文, 2011.

[108] 李羚锐，黄先军．数字普惠金融对企业信用风险的影响研究 [J]．金融理论与实践，2022，No.521（12）：43－53.

[109] 李鹏华．电子商务与快递业协同演化研究 [D]．吉林大学博士学位论文，2016.

[110] 李青，马晶．大国竞争背景下粤港澳大湾区构建具有国际竞争力的现代产业体系研究 [J]．国际经贸探索，2023（3）：89－102.

[111] 李晓华．数字经济新特征与数字经济新动能的形成机制 [J]．改革，2019（11）：40－51.

[112] 李晓华．"新经济"与产业的颠覆性变革 [J]．财经问题研究，2018（3）：3－13.

[113] 李晓钟，黄蓉．工业4.0背景下我国纺织产业竞争力提升研究——基于纺织产业与电子信息产业融合视角 [J]．中国软科学，2018（2）：21－31.

[114] 李致远，陈光．工业大数据推动智能制造发展作用机理探析 [J]．中国工业评论，2016（8）：78－83.

[115] 林毅夫．中国经济发展奇迹将延续 [J]．求是，2012（8）：64.

[116] 林悦，胡家菁，孙小越，张博卿，韩杰超．数字货币在数字经济中的作用研究 [J]．网络空间安全，2020，11（12）：106－110.

[117] 刘德学，吴旭梅．信息通信技术与制造业全球价值链嵌入——基于信息通信技术发展数量和质量的研究 [J]．国际经贸探索，2021（10）：70－85.

[118] 刘凤芹，苏丛丛．"新基建"助力中国经济高质量发展理论分析与实证研究 [J]．山东社会科学，2021（5）：136－141.

[119] 刘骏民．虚拟经济的理论框架及其命题 [J]．南开学报：哲学社会科学版，2003（2）：34－40.

[120] 刘利科，任常青．农业互联网供应链金融模式分析——以产业龙头企业新希望集团为例 [J]．农村金融研究，2020（7）：32－38.

[121] 刘璐璐．数字经济时代的数字劳动与数据资本化——以马克思的资本逻辑为线索 [J]．东北大学学报（社会科学版），2019，21（4）：

404 - 411.

[122] 刘鸣. 珠江论丛 [M]. 北京: 社会科学文献出版社, 2022.

[123] 刘淑春, 闫津臣, 张思雪, 林汉川. 企业管理数字化变革能提升投入产出效率吗? [J]. 管理世界, 2021 (5): 170 - 190.

[124] 刘伟、苏剑. 中国经济安全展望报告 (2020): 供求双萎缩下的经济形势与政策 [M]. 北京: 中国经济出版社, 2020.

[125] 刘涛、周红瑞. 农村高质量发展的区域差异与动态演进 [J]. 华南农业大学学报 (社会科学版), 2022 (6): 1 - 11.

[126] 刘涛雄, 徐晓飞. 互联网搜索行为能帮助我们预测宏观经济吗? [J]. 经济研究, 2015 (12): 68 - 83.

[127] 刘玉荣. 全球价值链重塑背景下中国国际分工地位测度与演变趋势分析 [J]. 南京邮电大学学报 (社会科学版), 2020 (4): 41 - 57.

[128] 卢明华, 李国平, 杨小兵. 从产业链角度论中国电子信息产业发展 [J]. 中国科技论坛, 2004 (4): 18 - 22.

[129] 卢明佳. 金融科技赋能供应链金融的途径与机制 [D]. 北京: 北京外国语大学, 2022.

[130] 陆岷峰, 王婷婷. 数字化管理与要素市场化: 数字资产基本理论与创新研究 [J/OL]. 南方金融: 1 - 10.

[131] 罗琼. 电子商务与快递行业供应链协同发展研究 [D]. 重庆交通大学博士学位论文, 2013.

[132] 罗雨泽、芮明杰、罗来军、朱善利. 中国电信投资经济效应的实证研究 [J]. 经济研究, 43 (482): 61 - 72.

[133] 马化腾等. 数字经济: 中国创新增长新动能 [M]. 北京: 中信出版社, 2017.

[134] 马化腾. 数字经济与实体经济的分野终将消失 [J]. 中国经济周刊, 2017 (18): 82 - 83.

[135] 马九杰, 亢浩, 吴本健. 农村金融机构市场化对金融支农的影响: 抑制还是促进? ——来自农信社改制农商行的证据 [J]. 中国农村经济, 2020 (11): 79 - 96.

［136］马淑琴，柴美珍，赵红英，等．OFDI绿色技术溢出与全球价值链升级——以中国对"一带一路"沿线国家为例［J］．中国流通经济，2021（4）：70－81．

［137］马述忠．数字经济时代的全球经济治理：影响结构、特征刻画与取向选择［J］．改革，2020（11）：69－83．

［138］毛薇、王贤．数字乡村建设背景下的农村信息服务模式及策略研究［J］．情报科学，2019（11）：116－120．

［139］梅宏．大数据与数字经济［J］．求是，2022（5）：60－66．

［140］慕娟，马立平．中国农业农村数字经济发展指数测度与区域差异［J］．华南农业大学学报（社会科学版），2021，20（4）：90－98．

［141］牟伟明．中小企业绿色供应链金融及其风险控制研究［J］．会计之友，2016，No.541（13）：94－98．

［142］倪萍．两化融合对现代服务业影响的统计研究［D］．重庆：重庆工商大学，2013．

［143］欧阳日辉．数字经济时代新型信任体系的构建［J］．人民论坛，2021（19）：74－77．

［144］逄健，朱欣民．国外数字经济发展趋势与数字经济国家发展战略［J］．科技进步与对策，2013，30（8）：124－128．

［145］裴长洪，倪江飞，李越．数字经济的政治经济学分析［J］．财贸经济，2018，39（9）：5－22．

［146］彭璐．数字化供应链金融促进中小企业融资的路径研究［J］．国际金融，2022，No.492（6）：57－62．

［147］乔志强．从信息流与知识传递探究供应链协同运行［J］．情报科学，2009，27（5）：751－754．

［148］齐萌．香港虚拟资产监管经验及其启示［J］．亚太经济，2020（4）：135－141＋152．

［149］戚聿东，李颖．新经济与规制改革［J］．中国工业经济，2018（3）：5－23．

［150］戚聿东，肖旭．数字经济时代的企业管理变革［J］．管理世界，

2020, 36 (6): 135 – 152.

[151] 钱志新. 数字新经济 [M]. 南京: 南京大学出版社, 2018.

[152] 屈伸, 钱雪松, 康瑾. 供应链金融和产业政策传导: 理论建模分析和来自十大产业振兴规划的证据 [J/OL]. 中国管理科学: 1 – 12 [2023 – 03 – 20]. https: //doi. org/10. 16381/j. cnki. issn1003 – 207x. 2022. 0214.

[153] 曲越, 秦晓钰, 黄海刚, 等. 全球价值链视角下中国的 FTA 贸易伙伴选择——基于贸易增加值数据的分析 [J]. 财经研究, 2021 (6): 33 – 46 + 60.

[154] 沈颂东, 亢秀秋. 大数据时代快递与电子商务产业链协同度研究 [J]. 数量经济技术经济研究, 2018, 35 (7): 41 – 58.

[155] 沈悦, 郭品. 互联网金融、技术溢出与商业银行全要素生产率 [J]. 金融研究, 2015 (3): 160 – 175.

[156] 施炳展. 互联网与国际贸易——基于双边双向网址链接数据的经验分析 [J]. 经济研究, 2016 (5): 172 – 187.

[157] 史金召, 郭菊娥, 晏文隽. 在线供应链金融中银行与 B2B 平台的激励契约研究 [J]. 管理科学, 2015, 28 (5): 79 – 92.

[158] 史雪娜, 肖瑶. 数字货币的国际监管经验与启示 [J]. 对外经贸实务, 2016 (12): 57 – 59.

[159] 宋华. 智慧供应链金融 [M]. 北京: 中国人民大学出版社, 2019: 67 – 69.

[160] 宋华. 供应链金融 (第 3 版) [M]. 北京: 中国人民大学出版社, 2021.

[161] 宋华, 韩思齐, 刘文诣. 数字技术如何构建供应链金融网络信任关系? [J]. 管理世界, 2022, 38 (3): 182 – 200.

[162] 宋华. 信任链: 中国供应链金融发展的关键 [J]. 中国流通经济, 2022, 36 (3): 14 – 21.

[163] 宋华, 杨璇. 供应链金融风险来源与系统化管理: 一个整合性框架 [J]. 中国人民大学学报, 2018, 32 (4): 119 – 128.

［164］孙克. 促进数字经济加快成长促进数字经济加快成长：变革、问题与建议［J］. 世界电信，2017（3）：31－36.

［165］孙黎，许唯聪. 数字经济对地区全球价值链嵌入的影响——基于空间溢出效应视角的分析［J］. 经济管理，2021（11）：16－34.

［166］孙玲. 协同学理论方法及应用研究［D］. 哈尔滨工程大学博士学位论文，2009.

［167］孙倩，徐璋勇. 数字普惠金融、县域禀赋与产业结构升级［J］. 统计与决策，2021（18）：140－144.

［168］唐松，伍旭川，祝佳. 数字金融与企业技术创新——结构特征、机制识别与金融监管下的效应差异［J］. 管理世界，2020，36（5）：52－66＋9.

［169］童锋，张革. 中国发展数字经济的内涵特征，独特优势及路径依赖［J］. 科技管理研究，2020（2）：262－266.

［170］王春晖. 实体经济与数字经济融合构建现代化经济体系的基石［J］. 通信世界，2017（33）：9.

［171］万佳彧，周勤，肖义. 数字金融、融资约束与企业创新［J］. 经济评论，2020（1）：71－83.

［172］王军，李萍. 新常态下中国经济增长动力新解——基于"创新、协调、绿色、开放、共享"的测算与对比［J］. 经济与管理研究，2018（7）：3－13.

［173］王力. 关于数字资产的若干思考［J］. 银行家，2020（10）：4－5.

［174］王力恒，何广文，何婧. 农业供应链外部融资的发展条件——基于信息经济学的数理分析［J］. 中南大学学报：社会科学版，2016，22（4）：79－85.

［175］王茜. 我国普惠金融发展面临的问题及对策［J］. 经济纵横，2016（8）：101－104.

［176］王胜，余娜，付锐. 数字乡村建设：作用机理、现实挑战与实施策略［J］. 改革，2021（4）：45－59.

［177］王佃凯，李安琪. 全球数字货币的实践与启示［J］. 银行家，

2021 (4): 73 - 74.

[178] 王婷, 郑丽珠. 新常态下中国经济增长动力转换的理论与路径分析 [J]. 当代经济, 2018 (17): 11 - 13.

[179] 王亚男. 两化融合中我国制造业的机遇、挑战与发展 [J]. 北京邮电大学学报 (社会科学版), 2011, 13 (2): 75 - 82.

[180] 王耀宗、牛明雷. 以 "数字乡村" 战略统筹推进新时代农业农村信息化的思考与建议 [J]. 农业部管理干部学院学报, 2018 (3): 1 - 8.

[181] 温珺, 阎志军, 程愚. 数字经济与区域创新能力的提升 [J]. 经济问题探索, 2019 (11): 112 - 124.

[182] 温忠麟, 叶宝娟. 有调节的中介模型检验方法: 竞争还是替补? [J]. 心理学报, 2014, 46 (5): 714 - 726.

[183] 吴非, 胡慧芷, 林慧妍等. 企业数字化转型与资本市场表现——来自股票流动性的经验证据 [J]. 管理世界, 2021, 37 (7): 130 - 144 + 10.

[184] 吴群锋, 杨汝岱. 网络与贸易: 一个扩展引力模型研究框架 [J]. 经济研究, 2019 (3): 84 - 101.

[185] 武淑萍、于宝琴. 电子商务与快递物流协同发展路径研究 [J]. 管理评论, 2016 (7): 93 - 101.

[186] 吴笑、魏奇锋、顾新. 协同创新的协同度测度研究 [J]. 软科学, 2015 (7): 45 - 50.

[187] 吴秀生, 林左鸣. 以广义虚拟经济的视角定位 "新" 经济 [J]. 经济体制改革, 2006 (2): 12 - 16.

[188] 吴梓萌. 人民币跨境结算的发展进程及影响因素研究 [D]. 外交学院, 2020.

[189] 许宪春, 张美慧. 中国数字经济规模测算研究——基于国际比较的视角 [J]. 中国工业经济, 2020 (5): 23 - 41.

[190] 许旭. 我国数字经济发展的新动向、新模式与新路径 [J]. 中国经贸导刊 (理论版), 2017 (29): 49 - 51.

[191] 肖土盛, 孙瑞琦, 袁淳等. 企业数字化转型、人力资本结构调

整与劳动收入份额［J］. 管理世界，2022，38（12）：220 - 237.

［192］谢莉娟，王晓东，张昊. 产业链视角下的国有企业效率实现机制——基于消费品行业的多案例诠释［J］. 管理世界，2016（4）：150 - 167.

［193］熊熊，马佳，赵文杰，等. 供应链金融模式下的信用风险评价［J］. 南开管理评论，2009，12（4）：92 - 98 + 106.

［194］闫聪林. 新疆人民币跨境结算问题研究［D］. 石河子：石河子大学，2017.

［195］杨德礼，于江. 供应链管理下节点企业与第三方物流间协同合作的量化研究［J］. 中国软科学，2003（3）：51 - 55.

［196］杨德明，刘泳文. "互联网 +"为什么加出了业绩［J］. 中国工业经济，2018（5）：80 - 98.

［197］杨帆. 金融发展对跨境贸易人民币结算影响的实证研究［D］. 昆明：昆明理工大学，2020.

［198］杨红雄，陈俊树. 区块链技术、网络嵌入性与供应链金融绩效——模糊集定性比较分析［J］. 大连理工大学学报（社会科学版），2022，43（2）：13 - 23.

［199］杨锐. 产业链竞争力理论研究［D］. 复旦大学博士学位论文，2012.

［200］杨晓叶. 绿色供应链金融风险评估研究——基于 Logit 模型与 BP 神经网络的比较研究［J］. 工业技术经济，2020，39（12）：46 - 53.

［201］姚前. 法定数字货币的经济效应分析：理论与实证［J］. 国际金融研究，2019（1）：16 - 27.

［202］于乐，潘新兴. "两化融合"相关问题研究综述［J］. 价值工程，2012，31（14）：148 - 150.

［203］郁义鸿. 产业链类型与产业链效率基准［J］. 中国工业经济，2005（10）：30 - 42.

［204］岳孜.《中国制造2025》背景下制造业智能化发展分析［J］. 社会科学战线，2016（11）：261 - 264.

[205] 张培，赵世豪．企业家创新精神与信用风险——基于技术创新维度的实证研究 [J]．商业研究，2022，No. 531 (1)：95 – 102.

[206] 张锋军，杨永刚，李庆华，等．大数据安全研究综述 [J]．通信技术，2020，53 (5)：1063 – 1076.

[207] 张鸿，刘中，王舒萱．数字经济背景下我国经济高质量发展路径探析 [J]．商业经济研究，2019 (23)：183 – 186.

[208] 张汉林，魏磊．全球化背景下中国经济安全量度体系构建 [J]．世界经济研究，2011 (1)：8 – 13.

[209] 张杰．我国金融体制改革的演进轨迹与取向观察 [J]．改革．2018 (5)：37 – 47.

[210] 张静佳，张龑，孙浦阳．金融危机、溢出渠道与企业敏感度 [J]．国际金融研究，2016 (2)：11 – 25.

[211] 张勋，万广华，张佳佳，等．数字经济、普惠金融与包容性增长 [J]．经济研究，2019，54 (8)：71 – 86.

[212] 张亚明，刘海鸥，朱秀秀．电子信息制造业产业链演化与创新研究——基于耗散理论与协同学视角 [J]．中国科技论坛，2009 (12)：34 – 42.

[213] 张智富，郭云喜，张朝洋．宏观审慎政策协调能否抑制国际性银行危机传染？——基于跨境金融关联视角的实证研究 [J]．金融研究，2020 (7)：38 – 56.

[214] 张志明，周彦霞，熊豪，等．地理距离如何影响全球价值链合作：理论模型与国际经验 [J]．经济评论，2021 (3)：75 – 88.

[215] 张中元．区域贸易协定的水平深度对参与全球价值链的影响 [J]．国际贸易问题，2019 (8)：95 – 108.

[216] 赵剑波．新基建助力中国数字经济发展的机理与路径 [J]．区域经济评论，2021 (2)：89 – 96.

[217] 赵润娣．美国开放政府数据范围研究 [J]．中国行政管理，2018 (3)：33 – 37.

[218] 甄杰，谢宗晓，李康宏，等．信息安全治理与企业绩效：一个

被调节的中介作用模型 [J].南开管理评论，2020，23（1）：158-168.

[219] 郑荣，刘永涛，彭玉芳.协同学视角下的竞争情报联盟构建研究 [J].情报科学，2013（8）：27-31.

[220] 郑世林，张昕竹.经济体制改革与中国电信行业增长：1994-2007 [J].经济研究（11）：67-80.

[221] 国家统计局.中国统计年鉴：2022 [M/OL].北京：中国统计出版社，2022 [2023-05-30].http：//www.stats.gov.cn/sj/ndsj/.

[222] 中国信息通信研究院：中国数字经济发展白皮书（2019），2021.

[223] 中国信息通信研究院：中国数字经济发展白皮书（2020），2022.

[224] 中国银保监会政策研究局课题组，洪卫.绿色金融理论与实践研究 [J].金融监管研究，2021，No.111（3）：1-15.

[225] 中华人民共和国国务院办公厅.关于积极推进供应链创新与应用的指导 [R/OL].（2017-10-05）[2023-03-19].http：//www.mof-com.gov.cn/article/b/g/201802/20180202715586.shtml.

[226] 中华人民共和国中央人民政府.数字中国建设整体布局规划 [R/OL]（2023-02-27）[2023-02-27].http：//www.gov.cn/zhengce/2023-02/27/content_5743484.htm.

[227] 钟田丽，弥跃旭，王丽春.信息不对称与中小企业融资市场失灵 [J].会计研究，2003（8）：40-42.

[228] 周军佑.M银行供应链金融业务信用风险控制研究 [D].北京：北京交通大学，2020.

[229] 周道许.金融全球化下的金融安全 [M].北京：中国金融出版社，2001.

[230] 邹宗峰，佐思琪，张鹏.大数据环境下的数据质押供应链融资模式研究 [J].科技管理研究，2016，36（20）：201-205+233.

[231] 朱华峰.跨境贸易人民币结算理论研究与实证分析 [D].昆明：云南财经大学，2018.

[232] 朱晓明.走向数字经济 [M].上海：上海交通大学出版社，2018.

后　　记

　　本书是国家社科基金重点项目《我国数字经济安全风险预警、防范机制和保障能力研究》（21AZD108）、广东省社会科学研究基地《珠澳数据谷与经济高质量发展研究中心》、广东省高校人文社科重点研究基地《珠澳数据谷与自贸区研究基地》（2023WZJD013）、广东省教育厅广东省重点建设学科科研能力提升项目《粤港澳大湾区数字金融与产业链重构理论和实践研究》（2021ZDJS137）、珠海市哲学社会科学规划项目《数字经济推动珠海制造业高质量发展的重点难点与对策研究》（2023YBA008）和珠海科技学院创新能力培育工程项目《应用经济学》（2020XJCSQ002）的部分研究成果，并获得珠海科技学院"三个层次"人才建设工程资助。在此表示衷心感谢！

　　本书能够顺利出版，要感谢国家社会科学规划办公室的经费支持，同时，还要感谢国家发展与改革委员会、国家工信部和商务部等政府机构提供的咨询与建议。

　　本专著由何维达教授（珠海科技学院）和沈颂东教授（珠海科技学院）任主编。主要写作成员包括：何维达（负责第一章、第二章）；房建奇、沈颂东、亢秀秋（负责第三章）；沈颂东、亢秀秋（负责第四章）；何维达、付恩琦（负责第五章）；李钊（负责第六章）；杨嘉俊（负责第七章）；陆平、何维达（负责第八章）；李倩（负责第九章）；孔乐怡（负责第十章）。全书由何维达教授负责总纂。